토요타 EV 전쟁

세계 1위 토요타, 전기차 전략의 위기와 도전

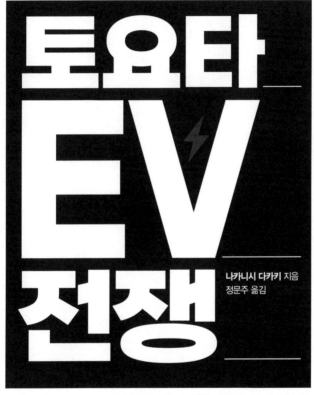

토요타
EV
전쟁

나카니시 다카키 지음
정문주 옮김

TOYOTA ELECTRIC VEHICLE WAR

시크릿하우스

일본 자동차 산업은 사상 최대의 위기를 맞았다.

탈탄소 실현으로 경제 안보를 강화하려는 서구 국가들의 전략 앞에서 '쉽게 사고, 쉽게 고치며, 오래가는 차'라는 일본 자동차 기업들의 종래 가치는 빛을 잃기 시작했다. 또 전기차 판매가 크게 늘고 있는 중국과 유럽에서는 일본 차의 시장 점유율 하락이 멈출 줄을 모른다.

일본 업체가 패배하고 일본 내 산업과 자동차 관련 기업이 쇠락할 수도 있다는 비관론이 감돌고 있음을 부인하기 어렵다. 일본 자동차 산업은 거대한 시장을 보유한 서구 국가들의 규제와 룰 메이킹에 압박받으면서도 소비자들에게 가치를 인정받고 선택받은 덕에 지속해서 성장할 수 있었다. 이번 위기를 기회로 바꿀 수 있을 것인지, 아니면 세상에 자동차가 등장하기 시작한 백여 년 만에 심각한 쇠퇴를 맞게 될 것인지 갈림길에 서 있다.

토요타 자동차는 소비자의 니즈에 귀 기울여 각 지역에 잘 맞는 정교한 차를 만들고, 꾸준히 연비 성능을 향상했으며, 군더더기 없고 유연하며 질 좋은 생산 시스템을 끊임없이 연마한 결과, 세계에서 가장 성공한 기업으로 등극했다.

그러나 2020년을 기점으로 토요타에는 적지 않은 의문과 불안이 제기되고 있다. 전기차 시대에 대한 대처가 늦어지며 그 경쟁력에 의구심이 들기 때문이다. 토요타가 전기차 시장의 지각생이라는 말은 맞는 말일까? 만약 그렇다면, 이는 앞으로 토요타의 경영에 어떤 영향을 미치게 될까?

2021년 12월에 있었던 '전기 자동차(EV) 설명회'에서는 도요다 아키오(豊田章男) 당시 사장이 '토요타는 전기차에도 진심'이라고 감정에 호소한 바 있다. 당시 토요타는 세계 정상급 규모인 전기차 350만 대 생산 체제를 발표했고, 무대 위에 무려 16종의 전기차 모델을 줄줄이 선보이는 충격적인 행보를 선보였다.

이로써 토요타의 멀티 패스웨이(Multi Pathway, 전방위) 전략은 하이브리드에 전기차까지 더해지며 한층 더 탄탄대로에 오를 것 같았다. 그러나 그 기대는 오래가지 못했다. 전기차 1호로 탄생한 bZ4X는 품질 문제로 등장 초기부터 힘을 쓰지 못했고, 그로 인해 2022년 토요타의 전기차 판매 대수는 불과 2만 대 수준에 그쳤다.

"주주들이 나서서 토요타에 대해 ICE(Internal Combustion Engine, 내연기관)의 단계적인 판매 중단과 ZEV(zero-emission vehicle, 온실가스 무배출 차량)의 도입 확대를 주장해야 한다!"

국제 환경보호 단체 그린피스는 전기차 생산을 꾸물거리는 토요타를 이렇게 비난했고, 탈탄소화 순위에서 2년 연속 최하위로 평가했다. 하이브리드 기술을 통해 세계 환경에 크게 기여하고 있음에도 환경운동가들로부터 강력한 비난을 받은 것이다.

2023년 1월, 토요타는 최고 경영진 교체를 단행했다. 14년간 토요타의 부흥을 주도한 도요다 아키오 사장은 회장으로 한발 물러났고, 4월에는 53세의 사토 고지(佐藤恒治)가 새 수장으로 선임되며 전기차 전략을 재검토하겠다고 발표했다.

"디지털화, 전동화, 커넥티드 카(connected car)① 등을 추진하기에 저는 구세대라고 생각합니다."

도요다 아키오 사장은 자기 부정이라고도 받아들여질 수 있는 내용을 직설적으로 언급하면서까지 신임 사장 손에 이루어질 변혁을 응원했다.

대체 무엇이 이 같은 경영진 교체를 가능케 했으며, 그 진정한 노림수는 무엇인가? 토요타는 지금 어느 방향을 바라보고 있는가? 그 결과, 일본 자동차 관련 산업은 어디로 흘러갈 것이며, 550만 명에 이르는 관련 고용자의 미래는 어떻게 될 것인가? 이 같은 문제는 제조업뿐 아니라 일본 경제와 산업의 국제 경쟁력을 좌우할 중대 사안임이 분명하다.

---

① 인터넷과 모바일 기기, 나아가 운전자가 연결된 자동차를 의미한다. 정보통신 기술과 자동차를 연결해 양방향 소통이 가능해지는 만큼 '타고 다닐 수 있는 스마트폰'이라 부를 정도로 다양한 기능을 제공할 수 있다.

이 책의 의도

필자는 이 책을 통해 토요타의 현실을 객관적으로 기록하려 했다. 전기차 전략에서 나타난 실책은 토요타의 미래 사업 전개에 중대한 쟁점으로 부상했지만, 이는 토요타가 안고 있는 문제의 본질 중 일각에 불과하다고 생각한다. 토요타의 과제를 찾아내고, 순조롭게 흘러가지 않는 진짜 원인을 따진 뒤, 힘센 토요타의 명성을 되찾으려면 어떻게 해야 하는지를 논고하는 것이 이 책을 집필하는 동기다.

그리고 토요타의 37만 직원, 관련 산업 종사자 550만 명, 나아가 토요타를 더할 수 없이 아끼는 소비자를 위해 이 정답 없는 세계에서 일본 자동차 산업이 어디로 가야 할지를 함께 생각하는 계기가 되었으면 한다. 일본의 기간산업뿐 아니라 제조업 전체의 전략을 재고하는 계기가 된다면 더욱 좋겠다.

언론은 토요타에 대한 보도를 끊임없이 쏟아내고 있지만, 제대로 된 정보는 적은 것 같다. 토요타의 자체 매체인 〈토요타임즈〉가 훌륭한 정보를 제공해 주고는 있으나 토요타의 아픈 곳까지 다 드러내지는 않는다. 필자는 오랫동안 증권계에서 애널리스트 일을 해 왔다. 늘 자본시장을 정면으로 마주하는 생활이었다. 이 책을 통해 애널리스트의 특징인 독립적이고도 중립적인 관점에서 현재 토요타의 문제를 차분하게 탐구하고 미래의 토요타, 일본의 장래를 진지하게 재고할 것이다.

이 책에는 특정한 정보제공자가 없다. 또 필자가 토요타로부터 특별한 지원을 받은 것도 아니다. 필자는 애널리스트 인생 30년 동안 쌓은 글로벌 네트워크 및 공개된 재무 정보를 매일 분석한 경험을 살려서 객관적인 근거를 바탕으로 여러 사안을 해석했다. 애널리스트의 분석력과 통찰력으로 미래를 예측하고 토요타의 나아갈 바를 논한 책으로 이해해 주기 바란다.

프롤로그   005
이 책의 의도   008

1장 토요타의 실책과 이면의 본질

CASE 혁명과 모빌리티의 미래   016
토요타의 새로운 철학   019
2021년 배터리 전기차 전략 설명회   027
bZ4X가 노출한 문제들   033
전기차 전용 플랫폼 e-TNGA 전략   041
전기차 지각생 토요타   049

2장 탄소 중립을 둘러싼 새로운 육중고

CASE 2.0, 모빌리티 산업의 가속도   058
탄소 중립을 향한 거대한 움직임   062
포스트 코로나의 뉴노멀   069
공적 표준 전략 vs 사실상 표준 전략   073
토요타가 움직인다   091
탄소 중립 연료를 향한 집념   096

3장 경쟁 상대들의 움직임과 전략

그레이트 리셋 중인 세계 전기차 시장   102

메리 바라 GM 회장의 야망 107

CEO 해임과 멈춰 선 폭스바겐 116

약진하는 현대자동차그룹 126

테슬라를 넘어선 중국 BYD 132

4장 토요타의 멀티 패스웨이 전략

토요타가 세계적 기업으로 클 수 있었던 요인 140

탄소 중립이라는 산을 오르는 여러 방법 148

멀티 패스웨이의 함정 153

멀티 패스웨이를 지탱할 밸류 체인 전략 160

5장 10년 주기로 도래하는 토요타의 위기

실패와 극복으로 점철된 역사 172

최대 난제로 부상한 품질 문제 180

토요타 뉴글로벌 아키텍처의 성과 185

자멸한 유럽 표준화 전략의 변화 190

6장 2020년, 다시 찾아온 최대 위기

전기차, 디지털, 소프트웨어에 산적한 과제 196

토요타는 타이타닉처럼 침몰할까? 199

강한 조직이 함정이다 204

반복된 대형 사태들   209

미래 밸류 체인 전략에 대한 불안   216

7장 테슬라의 야망

마스터플랜 3의 세계관   226

테슬라의 성공 요인   236

토요타 생산 방식을 뭉개 버린 테슬라   244

테슬라는 플랫폼 개념을 파괴한다   250

8장 SDV, 차세대 자동차의 혁명적 변화

완전히 달라진 새로운 데이터 전략   259

SDV가 만들어 낼 새로운 가치   266

SDV는 전기차 가치의 핵심이다   280

SDV가 만들어 낼 생활과 도시의 밸류 체인   285

9장 토요타 새 체제의 전략

결단의 시간   290

신임 사장과 CTO가 그리는 전기차 전략   296

목표는 2030년까지 우상향 영업이익   305

사상 최대 작전   311

10장 변혁을 위해 필요한 토요타의 도전

토요타를 덮칠 2026년 이후의 수익 절벽   332

Z 조직의 빛과 그림자   340

공격하는 법을 잊은 토요타   345

토요타에 필요한 발상   349

11장 세계 자동차 산업의 판도와 새로운 과제

세계 전기차 시장의 현재와 미래   362

토요타의 전기차 전쟁, 그 끝은?   369

혼다가 2023년 CES 무대에 선 이유   374

닛산, 마쓰다, 스바루의 각자도생   380

2030~2035년의 청사진   389

에필로그   399

감사의 말   402

주   404

참고문헌   406

1장

토요타의 실책과
이면의 본질

TOYOTA ELECTRIC VEHICLE WAR

CASE 혁명과 모빌리티의 미래

디지털화, 지능화, 전동화

CASE(케이스)라는 말이 자동차 산업의 디지털 혁명을 나타내는 표현으로 완전히 자리 잡았다. CASE란, 'Connected(양방향 연결성)', 'Autonomous(자율주행)', 'Shared & Service(차량공유와 서비스)', 'Electric(완전 전동화)'의 첫 글자를 딴 것으로 자동차 산업에 나타난 네 가지 트렌드를 말한다. 2016년, 다임러(Daimler, 현 메르세데스 벤츠(mercedes-benz) 그룹)가 처음 쓰기 시작했다.

포괄적 의미에서 각 트렌드를 원활하게 조합하면 사람, 자원, 자본의 이동을 넓은 의미로 재정의한 차세대 산업혁명, 이른바 'CASE 혁명'이 일어난다. 디지털화(소프트웨어), 지능화(인공지능), 전동화(전기차)라는 세 가지 기술혁신이 이 같은 디지털 혁명을 일으키는 결정적인 계기가 된다는 말이다.

1908년, 포드(Ford)가 대중화에 성공한 '포드 모델T'를 자동차 산업의 시초로 본다면, 그야말로 꼬박 백 년을 지나 맞이하는 대변혁이라 할 수 있다. 1900년의 뉴욕 맨해튼 5번가는 마차의 거리였지만 불과 십여 년 뒤, 그 많던 마차는 자가용 포드 모델T로 모조리 대체되었다. 포드 모델T는 언제 어디서나 이동의 자유를 제공해 사람들의 삶을 180도 바꿔놓았다.

지금 그와 맞먹는 대변혁이 일어나려 하고 있다. 자동차가 24시간 네트워크에 접속된 IoT 단말기로서 작동하고 자율주행 기술까지 보급되면 운전자는 운전이라는 행위로부터 자유로워진다. 또 자동차의 가치는 소유를 넘어 공유와 이용으로 그 범위가 넓어진다. 완전히 새로운 이동(모빌리티)의 가치를 실현할 동력원으로는 배기가스 없는 깨끗한 전기가 이용된다.

이것이 CASE가 일으키는 디지털 혁명이며, 장차 자동차 산업은 모빌리티 산업으로 진화하게 된다. 한때 '만들어서 벌고, 팔아서 벌고, 고쳐서 벌었던' 자동차 산업의 시대는 막을 내릴 것이다. 자동차 산업이 모빌리티 산업으로 변신하지 않고서는 살아남기 어려워지는 것이다.

CASE 혁명 속 토요타의 생존 전략

일본의 산업은 오래전부터 수차례에 걸쳐 존망의 대변혁을 겪었다.

2차대전 후 일본 경제를 지탱했던 섬유산업은 미국으로부터 시장개방에 대한 압력을 받아 돌연사하기라도 하듯 갑자기 스러졌다. 최근에는 일본의 특기라고 평가받던 가전 산업과 반도체 산업이 세계적 경쟁의 소용돌이에 휘말리더니 쇠퇴한 것이 역사적 사실이다. 자동차 산업이 그렇게 되지 않을 거라고 누가 장담할 수 있을까?

2015년, 구글(Google)은 깜찍한 마시멜로 모양의 2인승 자율주행차 프로토타입인 '파이어플라이(Firefly)'의 도로 주행 실험을 시작했다. 캘리포니아주 마운틴뷰에는 구글의 자율주행 사업 부문에서 분사한 웨이모(Waymo LLC)의 본사가 있다. 주민들은 파이어플라이가 주변 고속도로와 생활도로에서 지붕 위의 대형 회전식 라이다(LiDAR, 빛을 이용한 원격 감지 기술)를 돌리면서 대형 승용차 사이를 자율주행하는 기특한 모습을 일상적으로 목격했다.

그 장면을 본 사람들은 열이면 열, 다가올 모빌리티의 미래에 흥분을 감추지 못했다. 앞으로 5년만 지나면 로보택시가 돌아다니고, MaaS(마스)①를 통해 이동 수단을 공유하는 완전히 새로운 모빌리티의 시대가 도래할 것이라는 사실을 실감할 수 있었으니 말이다.

---

① Mobility as a Service. 통합형 이동 서비스. 버스, 택시, 철도, 공유 차량 등 다양한 이동 수단에 대한 정보를 통합해 사용자에게 최적의 루트를 제공하는 새로운 모빌리티 서비스다. 마스가 상용화되면 하나의 통합된 플랫폼에서 모빌리티 검색·예약·결제 서비스가 일괄 제공되고, 차량은 구매하는 대신 공유 또는 구독할 수 있게 된다.

TOYOTA ELECTRIC VEHICLE WAR

토요타의 새로운 철학

토요타는 누구와 싸우는가?

자동차에 닥칠 거대한 가치 변혁에 대응하고자 토요타는 2020년 11월, '신 토요타 필로소피'를 명문화하며 각오를 다졌다.

토요타는 새로운 시대의 사명이 '행복의 양산'이며, 자동차 제조사를 넘어 그 어떤 제품을 만들더라도 '행복을 양산하는' 기업으로 남겠다고 선언했다.

도요다 아키오는 사장으로서 경영을 진두지휘할 당시, 직원들에게 '싸운다'라는 말을 자주 썼다. 하지만 토요타에는 대립할 상대를 만들지 않는다는 토요타만의 전통 철학이 있었다. 이에 도요다 사장은 늘 '우리는 누구와 싸우는 걸까?'를 자문자답했다고 한다.

'토요타다움을 되찾을 싸움'.

도요다 사장이 얻은 답은 이것이었다. 과거 성장지상주의 속에서 잃어버린 토요타다움을 되찾기 위해 싸운다는 것이다.

그래서 '토요타다움'이란 무엇인지를 따지고 들었고, 그 끝에 찾아낸 것이 60여 년 전에 만들어진 원뿔형 철학이었다고 한다. 원뿔형 철학이란, 1950년대에 토요타를 창업한 도요다 아키오의 조부, 도요다 기이치로(豊田喜一郎)의 사후에 후대 경영자들이 정리한 개념이다.

원뿔의 꼭짓점에 토요타 그룹을 일으킨 도요다 사키치(豊田佐吉)가 만든 '토요타 강령'을 두고, 제공 가치로는 설비 및 협력 서플라이어 등의 하드웨어와 그 설비를 움직이는 창의적 아이디어인 소프트웨어를 내걸어 경영 이념부터 기업의 사명까지를 정리한 것이다. 기이치로 사후에 토요타가 길을 잃지 않기 위해 정한 기업 철학에 해당한다.

도요다 아키오의 시대가 '과거의 토요타다움을 되찾는 싸움'을 펼쳤다면, 앞으로의 리더는 도대체 무엇과 싸워야 할까? 정답이 정해져 있지 않은 모빌리티 컴퍼니로 나아갈 길을 개척하면서 토요타다움을 찾아 싸워야 한다. 신 토요타 필로소피는 리더가 나아갈 길을 헤매지 않도록 토요타라는 기업이 어디서 왔는지를 정리해 다시 한 번 명심하게 만든다. 새로운 사명을 '행복의 양산'으로 정한 토요타는 자신들이 무엇을 만들든 행복을 양산하는 기업으로 남을 것임을 맹세했다.

그러나 행복은 사람마다 그 형태가 다르다. 양산이라고 해서 범용

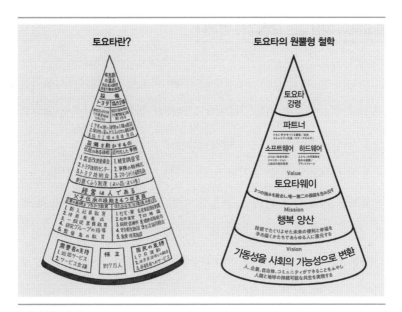

토요타 필로소피
출처: 토요타 홈페이지 https://global.toyota/jp/company/vison-and-philosophy/philosophy/

품으로 전락한 똑같은 형태의 제품을 대량으로 찍어낸다는 의미는 아닐 것이다. 다양성이 보장된 행복을 양산하는 것이 토요타의 미래 청사진이다.

양산하기 위해서는 '틀'이 필요하다. 행복을 상징하는 '미소'의 형태를 띤 틀이 의미하는 바가 무엇인지는 아직 아무도 모른다. 행복의 '정의', 행복을 양산하기 위한 '틀'에 대한 답을 찾아야 비로소 토요타가 지향하는 모빌리티 비즈니스를 완성할 수 있을 것이다.

토요타의 지향점은 모빌리티 컴퍼니

2018년 1월, 미국 CES(국제전자제품박람회)②에서 토요타는 자동차를 제조하는 기업에서 이동(모빌리티)과 관련된 총체적 서비스를 제공하는 모빌리티 컴퍼니로 다시 태어나겠다고 선언했다.

동시에 MaaS 전용 전기차인 e-팔레트(e-Palette)를 선보였다. e-팔레트는 자율주행 기술을 활용한 무인 MaaS 전용차로서 승차 공유, 물류, 수송, 소매부터 호텔 및 개인 맞춤형 서비스에 이르기까지 다양한 서비스를 제공한다. 또 아침에는 통근차, 오전에는 병원으로 가는 자율주행 셔틀, 점심시간에는 피자 배송차 등 시간대에 따라 자동차의 용도를 바꿔가며 사용할 수 있어 서비스 제공자가 소비자 니즈에 맞춘 설비를 탑재할 수 있다.

모빌리티 컴퍼니가 목표로 하는 바는 무엇인가? 토요타는 '행복을 양산하는 기업'을 내세우고 있지만, 그것만으로는 구체적인 모습을 떠올리기 어렵다. 모빌리티 컴퍼니를 조금 더 쉽게 설명하면, 자동차를 통신으로 연결된 커넥티드 카로 변환하고, 그렇게 해서 얻은 데이터를 해석해서 밸류 체인으로 이어가는 기업이라 할 수 있다.

그 중심에는 '커넥티드 전략'이 있다. 비즈니스 모델을 변혁하기 위해 토요타는 두 단계의 활동을 해 왔다. 그 첫 번째는 자동차를 커

---

② Consumer Electronics Show. 미국가전협회(CEA, Consumer Electronics Association)가 주관해 매년 1월 미국 라스베이거스에서 열리는 세계 최대 규모의 가전·IT 제품 전시회.

MaaS 전용 전기차 e-팔레트

넥티드 카로 변환하고, 거기서 얻은 데이터를 분석할 스마트 센터 및 빅데이터 센터 등 클라우드상의 커넥티드 기반을 구축하는 것이다. 두 번째는 서비스를 제공하는 플랫폼으로서 '모빌리티 서비스 플랫폼(MSPF)'을 구축한 뒤, 이를 바탕으로 토요타가 추구하는 자동차 주변 비즈니스, 즉 밸류 체인 사업을 연결해 수익을 키우는 것이다.

이를 위해 토요타는 2016년, 세계에서 가장 빨리 커넥티드 전략을 선언했다. 그리고 2019년에는 토요타가 조성할 스마트 시티인 '우븐 시티(Woven City)③'의 건설 계획을 발표하고 도시 전체 차원에서 생활의 새로운 밸류 체인을 창조하겠다는 목표를 내세웠다.

---

③ '그물망 도시'라는 의미로 2020 CES에서 토요타가 발표한 미래형 스마트 시티 모델이다. 수소연료와 태양광을 에너지원으로 사용하며 퍼스널 모빌리티, 자율주행차와 로봇, 도시 관리 인공지능, 스마트홈 등 다양한 첨단 기술을 현실 환경에 접목한다. 2025년에 일부 공개를 목표로 후지산 기슭에 건설 중이며 면적은 약 22만 평이다.

파트너 기업의 확보와 스핀오프 전략

CASE 혁명을 통해 자동차는 백 년에 한 번 있을까 말까의 일대 변혁기를 맞이했다. 이로써 토요타가 단일 기업으로서 자동차 하나만 만들어 벌어먹던 시대는 끝났다. 세상이 변한 뒤에도 자동차가 가치를 제공하려면, 여러 기업이 각자의 강점을 가지고 모여서 경쟁력을 확보하는 동시에 서로 힘을 합해 창의력을 발휘할 수 있는 '파트너'를 만들어야 한다.

토요타는 2022년까지 5년 동안 파트너 기업을 확보하는 데 집중했다. 그 기간의 출자액은 누계 1조 엔에 이른다. 자동차 기업으로는 스바루(SUBARU), 마쓰다(Mazda), 스즈키(SUZUKI), 이스즈(ISUZU)와 자본 제휴를 강화해 토요타의 강력한 파트너 기업을 형성했다. 토요타의 파트너 기업이 세계 시장에서 판매한 자동차 대수는 합계 1,450만 대에 달하며, 세계 시장 점유율은 18%로 2위 폭스바겐(VW)의 820만 대를 크게 앞질렀다.

그리고 이들 파트너 기업들과 함께 모빌리티 서비스로는 말레이시아의 그랩(Grab, 택시 배차 애플리케이션), 중국의 디디추싱(滴滴出行, 중국판 우버), 미국의 우버(Uber)에, 그리고 자율주행 기술 개발로는 미국의 우버-ATG(현 오로라(Aurora)), 중국의 포니(Pony.ai)에, 더 나아가 하늘을 나는 자동차 조비(JOBY) 등에도 무려 4천억 엔을 출자했다.

스마트 시티와 관련해서는 OS(기본 소프트웨어) 개발에 NTT와 2천억 엔을 상호 출자했고, KDDI와는 차량 통신 영역을 강화하는 데

522억 엔을 추가 출자했으며④, 그 유명한 모네 테크놀로지스(MONET Technologies)⑤를 소프트뱅크와 공동으로 설립했다.

눈여겨볼 점이 있다. 토요타가 스핀오프 기업을 맹렬한 기세로 늘린 이유는 본체 밖 실행 부대로서 일할 기업이 필요했기 때문이다. 자세한 내용은 4장 '토요타의 멀티 패스웨이 전략'에서 설명하기로 하고 여기서는 그 전체적인 느낌만 짚고 간다.

토요타는 모네 테크놀로지스, 킨토⑥, 우븐 플래닛(현 우븐 바이 토요타)⑦, 토요타 코닉⑧ 등 모빌리티 컴퍼니로의 변신을 돕는 기술과 사업 개발을 굳이 토요타 본체에서 분리해 파트너 기업들과 함께 밀어붙였다. 이것이 '스핀오프 전략'이다.

전기차 영역에서는 2019년에 배터리 제조를 담당하는 프라임 플래닛 에너지&솔루션즈(PPES)를 파나소닉(Panasonic)과 합작해 출범시켰다. 이를 통해 파나소닉이 인수한 옛 산요전기(三洋電機)의 각형 리튬 배터리 관련 인력 및 공장과 토요타가 보유한 각형 리튬 배터리 사업을 통합했다.

2017년에는 토요타·마쓰다·덴소⑨의 전기차 공동 개발 회사 'EV-CAS'를 설립했다. 이 회사의 목적은 시뮬레이션 개발의 기반

④ NTT와 KDDI는 일본의 1, 2위 통신사.
⑤ 토요타와 소프트뱅크가 공동 설립한 미래형 모빌리티 서비스 개발 업체.
⑥ KINTO. 토요타의 월정액 승용차 구독 서비스. 매달 일정액을 내면 신차를 마음대로 골라 탈 수 있다.
⑦ Wooven by Toyota. 토요타의 자율주행 담당 자회사.
⑧ TOYOTA CONIQ. 토요타 자동차와 덴쓰 그룹이 출자한 마케팅 회사.
⑨ 토요타 자동차·트럭의 부품 제조 및 판매를 담당하는 기업.

모빌리티 컴퍼니 실현을 위한 토요타의 스핀오프 기업군
출처: 필자 작성

기술이 되는 모델(사양서)을 협력 부문으로 정해서 파트너 기업들과 함께 개발하고, 물리적인 충돌 실험 데이터를 모으는 것이다. 개발 기법을 찾아내는 방식이나 원리 등은 EV-CAS 차원에서 협력 개발 하되, 모델을 이용해 각 사가 실제 자동차를 개발하는 작업은 경쟁 영역으로 두고 각기 매진하는 방식을 취했다.

그 성과로 토요타가 개발한 것이 e-TNGA라 불리는 전기차 전용 플랫폼이고, 이를 기반으로 2022년 봄에 투입된 것이 bZ4X였다. 그러나 bZ4X는 결과적으로 토요타 전기차 사업의 경영상 과제를 포함해 기술 관련 문제만 드러내고 말았다. CASE 혁명에 대한 대응이 순조로웠는데도 토요타의 전기차 실현에 차질이 빚어진 이유는 무엇일까?

TOYOTA ELECTRIC VEHICLE WAR

2021년 배터리 전기차 전략 설명회

세간을 놀라게 한 배터리 전기차 전략

'전기차에 소극적'이라는 우려를 사던 토요타 자동차가 2021년 말, 마침내 진지하게 갈고 닦은 전기차 전략을 발표했다.

토요타는 환경단체 그린피스가 평가한 기후 대책 순위에서 세계 최하위로 평가받은 탓에 퍼진 전기차 소극론을 말끔히 씻어낼 작정이었다. 이에 '배터리 전기차 전략 설명회'는 혼신의 열의를 쏟아부어 만반의 준비를 했다.

그 내용을 보면, 2030년까지 30개 차종의 전기차를 투입하고 2030년 전기차 목표 판매 대수를 2백만 대에서 350만 대로 대폭 상향 조정했다. 또 렉서스(Lexus)를 전기차 브랜드로 전환해 2030년까지 유럽·중국·북미 지역 렉서스 신차 판매의 100%, 2035년까지 전

배터리 전기차 전략 설명회에서 발표한 신형 전기차
출처: 토요타 홈페이지

세계 판매의 100%를 전기차로 전환하겠다는 목표를 제시했다.

그리고 승용, 상용을 포함한 전기차 풀 라인을 생산하겠다는 청사진을 제시하며 bZ 시리즈 5종, 렉서스 전기차 4종을 포함한 전기차 모델 16종을 무대 위에 선보였다. 세계 시장을 무대로 멀티 패스웨이(전방위) 전략 아래 풀 라인을 선보인다는 기본 전략에는 변화가 없었지만, 전 세계 전기차 경쟁에서까지 1위를 차지하겠다는 전에 없던 강한 의지를 드러내는 내용이었다.

시장은 향후 공개될 bZ 시리즈를 최초 공개한 데 주목했다. 당시 도요다 사장은 bZ 시리즈의 매력을 하나하나 힘주어 소개했다. 위 사진에서 맨 앞줄에 놓인 다섯 대가 bZ 시리즈다. 그중 맨 왼쪽이 2022년에 발매된 bZ4X다. 세련된 디자인과 토요타가 전력을 쏟아부은 첫 전기차에 현장 참석자들의 감탄이 쏟아졌다.

그 옆은 BYD(비야디, 중국 최대 전기차 기업)와 공동 개발해 2023년에 중국에서 출시한 bZ3X, 가운데는 스즈키와 공동 개발해 온 bZ1X, 그다음이 BYD와 공동 개발해 2022년 중국 시장에 출시한 bZ3, 오른쪽 끝은 3열 시트 SUV인 bZ5X다. bZ5X는 2025년 출시를 목표로 미국 켄터키 공장에서 생산을 시작할 가능성이 있다.

전기차에도 진심

"전기차에도 진심, 연료전지차에도 진심, 하이브리드에도 진심입니다. 그 어떤 선택지에 대해서도 토요타는 우선순위 없이 모두 **열과 성을 다하지요.** 내(도요다 사장)가 수소 엔진 차를 탄다고 해서 다른 것들의 우선순위가 낮을 거라고 넘겨짚는 분들이 일부 계시지만, 그런 일은 절대 없습니다."

눈앞에 닥친 bZ4X 부진의 원인으로 토요타의 진정성이 부족했다는 비판도 있었지만, 당시 이벤트를 떠올려 보면 틀림없이 토요타는 진심으로 전기차에 대처하려는 의욕이 넘쳤다. 그러나 토요타가 아무리 세계 시장을 상대로 풀 라인을 선보인다고 해도 다양성 넘치는 세계 시장이 무엇을 선택할지는 아무도 모르는 일이다. 토요타가 할 수 있는 일이라고는 자기 선택의 폭을 넓히는 것뿐. 이에 멀티 패스웨이(전방위) 전략을 채택하는 동시에 세계적인 전기차 경쟁에서 1위를 노릴 수 있는 태세를 만들겠다는 굳은 의지를 드러내는 것 말고는 당장에 할 수 있는 일이 없었다.

그린피스가 매긴 순위에서 세계 최하위로 평가받은 데 대한 소감을 요구받았을 때, 도요다 사장은 복잡한 표정을 지었다. 메르세데스와 스즈키의 전 세계 판매량에 필적하는 전기차 350만 대 판매 계획을 내놓았고, 30종이나 되는 전기차 모델을 투입하겠다는 의지를 보여주었음에도 토요타의 자세가 호평을 받지 못했기 때문이다.

"이렇게까지 하는데도 소극적이라고 말씀하시는 건가요? 어떻게 해야 적극적인 회사라고 할지 알려 주시면 감사하겠습니다."

"정답 없는 세계에서 수많은 선택지를 손에 쥐고 해결하려 합니다. 그 어떤 선택지에 대해서도 **진심으로** 열심히 노력하고 있음을 이해해 주십시오."

이날 도요다 사장이 한 발언 중 가장 진정성 있는 말로 들린 대목이었다.

오해가 생긴 두 가지 이유

토요타가 전기차에 소극적이라는 소문은 오해로 인해 생긴 것이다. 도요다 사장이 일본자동차공업회 회장으로서 국내 시장을 염두에 두고 일본 정부에 제시한 정책안이 전기차에 대한 저항으로 받아들여진 것이다. 시장은 그 내용이 토요타의 '글로벌 전동화 전략'이라고 혼동한 듯하다. 이 외에도 2021년 배터리 전기차 전략 설명회가 열리기 6개월 전인 2021년 5월에 발표한 2030년 전기차 목표 대수가 너무 적었던 점도 전 세계의 오해를 샀다.

당시 각국이 탄소 중립을 선언하고 NDC(국가 온실가스 감축 목표)로서 2030년 탄소 감축 목표를 속속 끌어 올리는 가운데, 토요타도 한 기업으로서 어떤 책임을 다할 수 있는지를 보여주려 했다. 이에 토요타는 2030년 ZEV(온실가스 무배출 차량, 즉 전기차와 연료전지차) 판매 대수 목표를 2백만 대로 제시했다. 이것만 해도 종전의 백만 대를 배로 늘린 숫자였다.

그런데 그 가운데 중국과 유럽 시장의 전기차 판매 비율(연료전지차 포함)은 그럭저럭 상식적인 수치였으나, 북미의 전기차 판매 비율은 15%에 불과해 누가 봐도 너무 낮은 수치로 비쳤다.

그 무렵 미국에서는 새로 출범한 바이든 행정부가 미국 자동차 산업과 관련 산업 노조원을 지키기 위한 '인프라 계획'을 내놓는 등 전기차 중시 쪽으로 정책을 명확히 전환하고 있었다.

다들 친환경 차량으로 불리는 전기차와 플러그인 하이브리드⑩의 판매 목표를 40~50%로 잡아야 한다고 주장하는데, 토요타만 미국 대통령의 뜻에 따르지 않고 15%라는 극단적으로 낮은 수치를 제시한 것이다.

미국 정부가 탈탄소 정책을 본격적으로 추진하자, 연비 성능이 낮은 대형차를 중심으로 사업을 영위하던 미국 자동차 업체들은 존망

---

⑩ 하이브리드차의 일종. 전기모터와 내연기관이 함께 동력원을 공급하지만, 내연기관보다는 전기모터에 조금 더 비중을 두어 전기차에 가까운 하이브리드차를 말한다.

의 위기를 느꼈다. 이에 제너럴 모터스(GM)와 포드는 쌍수를 들고 전기차 전략을 환영하고 따랐다. 사업의 구조 전환을 약속하면 거액의 예산과 보조금 등 정부 지원을 받을 수 있었던 것이다.

분위기가 그랬는데, 어째서 토요타는 자사에 득이 될 만한 메시지를 내놓지 않은 걸까? 단순히 수치 점검에 오류가 있었던 것일까? 진상은 알 수 없으나 토요타는 북미 전기차 시장에 대해 지나치게 조심스러운 수준의 판매 계획을 제시했고, 그 결과 전 세계의 오해를 사고 말았다.

이상과 같은 두 가지 배경이 얽히며 '토요타는 전기차 저항 세력이다'라는 평판이 단단히 자리 잡았다. 2021년의 전기차 계획은 그러한 왜곡을 바로잡는 의미가 컸다. 북미 시장에서 판매할 전기차 비율을 40%로 적절히 수정했으니 말이다.

TOYOTA ELECTRIC VEHICLE WAR

bZ4X가 노출한 문제들

범용 사양에 대한 의문

"0~100km 구간의 가속 성능이 낮은 이유는 무엇인가? 역시 기술력의 차이일까?"

2021년 10월, 토요타는 신형 전기차 bZ4X의 상세 사양을 공개했다. 해외 투자자들이 필자에게 가장 먼저 물어온 내용은 bZ4X 사양의 범용성에 관한 의문이었다.

가속 성능은 전기차의 여러 성능 중 하나일 뿐이며, 150kW(킬로와트) 모터를 고려했을 때 이상한 점은 없었다. 거기에 히트 펌프식 에어컨과 복사 히터 장착, 덴소가 만든 수준급의 배터리 감시·온도제어 시스템, 리사이클을 고려한 순환형 배터리, 스티어 바이 와이어 시스템[11] 등 많은 신기술이 도입되어 있었다. 실용적인 전기차로서

토요타 최초의 전기차 전용
양산차, bZ4X

이 차량이 제공할 가치에 경쟁력이 있어 보였다.

그러나 동급 전기차와 비교할 때, 테슬라(Tesla)만이 월등했고 bZ4X, 아리아(닛산(日産)), ID.4(폭스바겐) 등은 도토리 키재기 정도의 차이밖에 없었다. 뒤늦게 뛰어들어 겨우 남들 수준에 맞추는 정도로는 눈에 띄기 어렵겠다는 생각도 들었다.

물론 전기차의 경쟁력이 단지 모터 출력과 배터리 탑재량만으로 결정되는 것은 아니다. 전기차의 경쟁력은 1kWh(킬로와트시)당 배터리 가격, 전비(전기차의 연비, 1kWh의 배터리로 주행할 수 있는 거리), 차량의 잔존 가치(배터리 내구 성능) 같은 하드웨어의 바탕과 기본성능에서 드러난다.

동시에 자율주행 기술, 멀티미디어와의 연계, 차량 데이터와 사이버 공간이 만든 가치를 제공할 사업 디자인 능력과 소프트웨어 개발

---

⑪ 스티어링과 타이어를 전기신호로 연결해 전통적인 기계식 조향 시스템을 대체한 기술. 전기신호를 이용해 차량 바퀴를 조향한다. 기계식 부품이 필요 없어지므로 차량의 무게가 줄고, 그로 인해 연비와 성능, 조향의 정밀도 등이 향상된다.

력이 뒷받침되어야 경쟁 우위에 설 수 있다. 토요타는 모빌리티 컴퍼니로의 변신을 꾀하며 그 영역에서 남보다 빠른 움직임을 보인다. 필자는 크게 걱정하지 않았다.

전기차 전략 설명회가 끝나고 3개월이 지나 마침내 bZ4X의 콘셉트 모델에 시승할 기회가 찾아왔다. 코로나가 한창인 와중에 지바현의 소데가우라(袖ヶ浦) 포레스트 레이스웨이에는 양산 단계의 모델이 즐비하게 늘어서 있었다. 서킷을 운전해 본 첫인상은 주행 품질이 매우 좋고, 일반 휘발유 차를 타던 사람도 전혀 거부감이 없이 운전할 수 있었으며, 전기차답게 주행 시 조작성이 뛰어나다는 느낌이었다.

테슬라나 폭스바겐 같은 후륜 구동식 전기차에서 느껴지는 가속 시 트랙션(구동력)은 그리 강하지 않았는데, 이 점은 전륜 구동 전기차의 재미라고도 볼 수 있을 것 같았다. 그리고 그로 인해 오래 탈수록 호감도까지 천천히 높아지는 타입이라는 생각이 들었다. 필자는 운전 기술이 일반 운전자 수준밖에 되지 않지만, bZ4X의 주행 성능에는 전혀 불만이 없었다.

열기가 식어버린 현장

그런데 시승회가 한창 진행되던 그 시기, 토요타 내부에는 bZ4X의 판매 전망에 대해 비관론이 만연해 있었다.

완성된 자동차를 앞에 두고 '특출난 점이 없다', '세일즈 포인트가 없다', '디자인과 멀티미디어가 부족하다', '판매 대수를 늘리고 싶으면 가격을 낮춰라', '이래서는 수익이 나지 않으니, 가격은 올리고 비용은 더 쥐어짜라', '승용차 구독 서비스랍시고 킨토 하나 내세운다고 해서 국내 시장에서 승산이 있는가?'…… 등등. 이건 어디까지나 필자의 상상이지만, 당시 토요타의 판매 회의에서는 이런 부정적 의견이 난무했을 거라고 본다.

결국 나중에 공개된 기획 대수는 연간 고작 4만 대였다. 토요타의 전기차 전략을 대표하는 자동차치고는 영문을 알 수 없으리만큼 적은 숫자였다. 현장에서 '이건 팔아야 한다. 반드시 팔자!'라고 의욕을 보이거나 경영진이 '무슨 일이 있어도 팔아야 한다!'라는 지시를 내려도 시원찮을 판국에 어찌 된 일인지 그 같은 움직임은 전혀 찾아볼 수 없었다.

당시 일본은 탄소 중립을 달성하기 위한 산업 정책 논의가 정점에 달해 있었는데, 일본자동차공업회는 전기차 추진 정책을 억제하고 다른 선택지를 찾겠다며 정책 로비에 열을 올리고 있었다. 모르긴 몰라도 토요타 내에 그러한 분위기를 고려한 움직임이 있었다고 보는 게 합리적이지 않을까?

통한의 리콜

2022년 6월, 토요타는 국토교통성에 bZ4X의 리콜을 신고했다. 바퀴가 빠질 가능성이 있다는 이유에서였다. 타이어 휠과 허브(바퀴와 차축을 연결하는 부분)를 연결하는 방식을 너트 방식에서 볼트 방식으로 변경했는데, 허브 볼트가 풀려 최악의 경우 바퀴가 떨어져 나갈 수도 있다는 것이었다.

너트 방식이란, 차체 쪽 허브에 고정된 스터드 볼트를 휠 구멍으로 통과시킨 뒤 너트로 조이는 방식이다. 토요타는 기존에는 수리하기 쉬운 너트 방식을 이용했었다. 그러나 새로 도입한 허브 볼트 방식은 휠 구멍을 통과시킨 암나사에 차체 쪽 허브 볼트를 죄어 고정한다. 이 방식은 수리는 힘들지만, 주행 성능 향상으로 이어진다는 평가가 있다.

허브 볼트 방식은 bZ4X에 앞서 신형 렉서스 NX부터 적용했고, 렉서스 RX나 크라운(Crown) 등에도 확대 적용할 설계였기에 전기차라서 특별히 발생한 문제는 아니었다. 해당 부품의 품질 불량으로 인해 크라운의 생산 개시가 늦어지기는 했어도 그 외 모델은 복구가 빨랐다.

그런데 bZ4X는 10월 초에나 생산이 재개되어 무려 5개월 가까이 생산이 중단되었다. 아마도 휘발유 차량보다 전기차가 무겁고, 최대 토크(구동력을 나타내는 물리량)가 볼트에 부하를 주기에 훨씬 신중한 대책이 필요했을 가능성이 있다.

이러한 리콜 사태는 토요타가 bZ4X를 여봐란듯이 시장에 선보인 바로 그 시점에 일어났다. 먼저 판매가 시작된 미국에서는 주문 취소가 속출했다. 토요타는 구매 고객에게 대차 서비스 또는 5천 달러 할인을 제공했고, 그래도 불만일 때는 환매 조치에 나섰다. 미국에서 판매가 재개된 시점은 2022년 10월이었는데, 판매 결과는 월 백 대 정도에 그치며 경쟁 모델의 뒤꽁무니나 쫓는 꼴이 되고 말았다.

bZ4X에서 얻은 두 가지 교훈

생산이 재개되고 나서도 bZ4X의 평판은 눈에 띄게 나아지지 않았다. 자동차 정보 사이트 〈web CG〉 취재팀의 기사[1]에 따르면 장거리 시승 때 동력 상실의 공포를 느꼈다, 급속 충전이 쉽지 않다, 전비 성능이 떨어진다, 에어컨 사용 시 항속거리[12]가 대폭 떨어진다는 등의 수많은 지적이 잇달았다.

소비자의 지적은 크게 세 가지로, 첫째는 급속 충전 성능이다. 1일 급속 충전 횟수가 2회로 제한되고, SOC(배터리 용량 대비 충전율)가 80%를 넘으면 100%까지 충전되는 데 시간이 오래 걸리는 점이다. 이는 배터리의 성능 저하를 막기 위해 급속 충전 횟수와 속도를 제한했기 때문이다.

둘째는 계기판의 항속 가능 거리가 0km로 표시되는 타이밍이 너무 빠르다는 점이다. 그런데 이는 0으로 표시되고 나서도 일정 거리를 주행할 수 있도록 거리를 보수적으로 잡은 데 따른 것이다. 셋째는 계기판의 표시 방식이다. 충전용량을 요즘 세상에 당연시되는 퍼

---

⑫ 교통수단이 연료나 배터리 등의 에너지원을 가득 채웠을 때 자력으로 최대한 이동할 수 있는 거리를 말한다. 주로 항공기나 선박에 사용되며, 자동차에 적용되기도 한다.

센티지 표시가 아니라 막대 표시로 나타내다 보니 한눈에 알기 어렵다는 것이다. 게다가 에어컨을 켰을 때 남은 항속거리가 너무 작게 표시되는 점도 문제였다. 이는 전력 소비량을 실제 에어컨 전력 소비량보다 넉넉하게 계산해 보수적으로 표시했기 때문이었다.

이 같은 시장의 지적에 대해 토요타는 2023년 5월부터 소프트웨어를 업데이트하여 개선하겠다는 결정을 내렸다. 이에 따라 1일 급속 충전 횟수를 2회 정도에서 약 2배인 4회로 변경했고, 에어컨 사용 시 항속 가능 거리는 실태에 맞게 표시를 변경했다.

토요타는 전기차 분야에서 도전자에 불과했음에도 하이브리드라는 전동차의 성공 체험이 있었기에 처음부터 최고 수준의 상품 개발을 꿈꿨고, 그러다가 소중한 출구를 잃어버린 것으로 보인다. 제어와 안전성에 지나치게 집착하느라 소비자의 기대치를 충분히 예측할 수 없었던 것이다.

사토 고지 신임 사장은 새 체제의 경영 방침을 설명하는 자리에서 신중하게 단어를 골라 가며 설명했다. bZ 시리즈의 개발 과정에서 많은 교훈을 얻었다는 점, 개선이 필요하다고 느낀 두 가지 사항이 있다는 점에 관해서였다.

"전기차는 자동차 자체의 성능을 높이기 위한 노력이 기존의 (엔진) 모델과는 달랐습니다. 공기역학, 진동 소음, 운전의 용이성, 배터리 제어뿐 아니라 전류 제어 등을 깊이 있게 연구해야 했지요."

"비즈니스 모델 전체를 구조 개혁해야 합니다. 공급망만 보지 말고 제조와 판매까지 일거에 꿰뚫는 비즈니스 모델로 구조 개혁을 실행해야 합니다."

상품을 담당하는 나카지마 히로키(中嶋裕樹) 부사장은 이렇게 부연 설명했다.

"무엇을 실패했는지를 확실히 이해해야 합니다. 고객의 니즈와 우리(토요타)의 니즈가 어긋나면 그것이 바로 실패입니다."

오해를 무릅쓰고 말하자면, 나카지마 부사장은 실패에서 교훈을 얻고 배우면서 현재 자리에 와 있다고 할 수 있다.

엔진 차 개발은 엔진의 열효율 개선에만 우직하게 매달리는 작업으로서 개선점을 축적해 가는 과정이다. 그러나 전기차는 열효율 개선이 필요 없다. 그러니 전기차에 요구되는 가치는 어디에 있는지를 배운 것이리라. 수업료치고는 비싸지만, 늘 이기기만 하던 토요타에 익숙해진 지금의 젊은 직원들에게는 자신감 과잉을 바로잡는 약이 될 것이다.

폭스바겐이나 토요타처럼 엔진으로 성공해 온 업계 챔피언들이 어째서 이 전기차 분야에서는 좌절을 경험하는 걸까? 한때는 복잡한 엔진 차와 하이브리드차 제어 기술을 겸비한 전통적인 자동차 기업이 전기차에서도 강력한 선두 주자가 될 것으로 예측하는 사람들이 많았다. 하지만 아무리 봐도 전기차의 성공 요인은 전통적인 자동차 비즈니스 기술 중에는 없어 보인다. 솔직히 말해 그런 생각이 어렴풋이 들기 시작했다. 테슬라와 BYD를 보라. 그들은 원래 자동차 기업이 아니었으며, 자동차 사업에 뛰어든 역사도 10년에서 15년에 불과하다.

전기차 전용 플랫폼 e-TNGA 전략

TNGA와 밀접하게 연계된 전기차 전용 플랫폼

e-TNGA는 전기차 사업의 핵심으로서 토요타가 스바루와 공동 개발한 전기차 전용 플랫폼이다. 2017년경부터 본격적으로 개발에 뛰어들었고, 이를 이용해 2022년에 토요타는 'bZ4X', 스바루는 '솔테라(solterra)'를 출시했다.

e-TNGA는 2014년부터 휘발유 차와 하이브리드차를 위한 새로운 플랫폼으로 도입된 토요타 뉴 글로벌 아키텍처(TNGA)와 전기차 전용으로 설계한 차체를 결합해 장점만을 살린 전기차 전용 플랫폼이다. 전기차만을 위한 플랫폼을 완전히 처음부터 개발하는 테슬라, 폭스바겐이나 GM의 접근 방식과는 크게 다르다.

TNGA에 관해서는 5장에서 상세하게 설명하겠지만, 부품 표준화가 늦어진 토요타가 부진을 만회하고자 설계한 현행 엔진 차 플랫폼이다. e-TNGA는 엔진 탑재를 전제로 개발된 TNGA의 설계를 전기차와 연계했다는 점에서 대담한 발상이다.

일반적으로는 닛산의 리프(LEAF)나 메르세데스의 EQC처럼 기존의 엔진 차 플랫폼에 배터리를 깔아 전기차 플랫폼을 만들거나, 배터리와 구동 유닛을 일체화한 테슬라 방식의 전기차 전용 플랫폼(스케이트보드형이라 불린다) 중 하나를 선택하기 마련이다.

토요타는 전통적인 휘발유 차 플랫폼이 그랬던 것처럼 e-TNGA도 설계가 개선될 때마다 그에 맞춰 플랫폼도 진화시켜 나갈 생각이었다. 엔진 차를 위한 TNGA는 2017년 1세대 버전이 종료됐고 2022년에는 2세대 버전이 완성됐다. 토요타는 TNGA 2세대를 e-TNGA 1세대와 연계했다. TNGA는 2025년경에 3세대 버전으로 개선할 계획이며, 이에 발맞춰 e-TNGA는 2세대로 진화시킬 계획이다.

다시 한번 정리하면, 토요타의 전기차 개발은 처음부터 3단계 진행이 정해져 있다. 1단계인 e-TNGA 1세대 버전은 일단 전기차를 세상에 내놓는 것이 목적으로 기존의 생산 공장을 활용한 소량 생산에 주안점을 둔다. 그런 만큼 생산 물량이 적다는 전제하에서 수익성과 공장 가동률을 유지하기 위해 엔진 차와의 혼류 생산을 조건으로 e-TNGA의 개발 규격을 만들었다.

2단계인 e-TNGA 2세대 버전은 1세대 버전을 개선하는 단계로서 엔진 차의 TNGA 3세대 버전과 연계할 계획이다. 그런 다음 2029년경에는 3단계를 맞아 토요타가 지향해야 할 토요타다운 전기차를

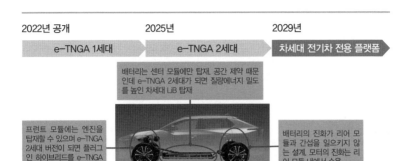

e-TNGA 1세대   e-TNGA 2세대   차세대 전기차 전용 플랫폼

배터리는 센터 모듈에만 탑재. 공간 제약 때문인데 e-TNGA 2세대가 되면 질량에너지 밀도를 높인 차세대 LiB 탑재

프런트 모듈에는 엔진을 탑재할 수 있으며 e-TNGA 2세대 버전이 되면 플러그인 하이브리드를 e-TNGA에서 떼어낼 계획.

배터리의 진화가 리어 모듈과 간섭을 일으키지 않는 설계, 모터의 진화는 리어 모듈 내에서 수용.

e-TNGA 개발 계획(2019년 당시)
출차: 필자 작성, 사진은 토요타 홈페이지에서 필자가 스크린숏

스케이트보드형 전기차 전용 플랫폼에서 선보일 계획이다. 그동안 토요타가 엔진 차를 끊임없이 개선해 성공을 거둔 것처럼 전기차에도 그런 접근법을 적용하려 한 것으로 보인다.

e-TNGA는 ① 프런트(전면부), ② 센터(중앙부), ③ 리어(후면부)의 세 개 플로어 모듈로 구성되어 있다. 이 중, ① 프런트와 ③ 리어는 TNGA를 거의 그대로 가져다 쓴 것으로 보이며, 배터리 팩을 탑재하는 ②센터는 전용 개발했다.

자율주행 기술과 충돌 안전 요건은 프런트에 집중되므로 이 영역의 진화는 프런트 모듈 내에서 해결한다. 또 하나 중요한 특징은 센터와 리어 모듈을 완전히 독립시켰다는 점이다. 일반적인 전기차 플랫폼은 이 둘을 연결한 곳에 배터리를 채운다. 그런데 토요타는 센터 모듈을 완전히 배터리에 종속시켰다. 이는 배터리의 진화를 센터 모듈 내에서 해결하려 했기 때문일 것이다. 후륜 모터의 진화는 리어

모듈에서 별도로 해결할 수도 있다. 엔진 차를 위한 TNGA에서 성공했던 모듈 개발 사례를 크게 참조했음을 알 수 있다. 모터, 배터리, 서스펜션을 포함한 다양한 기술을 단계적으로 진화시키려는 생각이 강했던 것 같다.

ZEV 팩토리

e-TNGA의 기획·개발을 담당한 조직이 바로 ZEV 팩토리다. ZEV 팩토리는 전기차나 연료전지차처럼 주행 중에 이산화탄소나 배기가스를 배출하지 않는 온실가스 무배출 차량의 개발을 강화하기 위해 당시 CTO(최고 기술 책임자)였던 데라시 시게키(寺師茂樹) 전 부사장(현 상임연구원)의 주도로 2018년 10월에 설립된 조직이다.

50명 정도의 소수 인원으로 전기차 개발 기획을 맡았던 '전기차 사업 기획실'이 모체인데, 분산되어 있던 인력을 한 조직에 모아 차량 개발부터 생산 라인 설계까지를 자체 전담하는 방대한 기능을 한다. 개발 작업에는 스바루, 스즈키, 다이하쓰공업 등의 전기차 개발 담당자들이 함께 참여한다.

이 ZEV 팩토리의 부본부장으로 실질적인 리더 역할을 한 인물이 도요시마 고지(豊島浩二)였다. 도요시마는 3, 4세대 프리우스, 프리우스 PHV의 수석 엔지니어를 지낸 인물로 토요타 내 전동차 개발에서 화려한 업적을 쌓은 인물이다.

필자는 2015년 프랑크푸르트 모터쇼(Frankfurt motor show)에서 도요시마를 단독 취재한 바 있다. 앞서 언급한 TNGA의 첫 작품인 4세대 신형 프리우스의 공개 시점에 맞추어 참석한 것인데, 당시 프랑크푸르트 쇼로 말하자면 세간의 이목이 온통 전기차에 쏠려 있었다. 토요타는 프랑크푸르트 쇼에서 하이브리드를 먼저 발표했다. 프리우스 플러그인 하이브리드는 이듬해 발표 예정이었기에 당시에는 선보일 수가 없었다.

"원래는 프리우스와 프리우스 플러그인을 이 자리에서 나란히 발표하고 싶었는데 아쉽네요. 사실 유럽에서 하이브리드만으로는 소구력이 약해요. 그래서 이번에 공개한 프리우스의 명칭을 아예 프리우스 하이브리드로 붙이고, 플러그인에 프리우스라는 이름을 붙일까도 고민했어요."

도요시마가 향후 비약적인 진보가 기대되는 플러그인 하이브리드에 대해 열정적으로 설명했던 기억이 난다.

전기차 전용이라지만, 실상은 멀티 패스웨이

토요타는 전기차 전용 플랫폼을 만든다고 하면서도 e-TNGA를 플러그인 하이브리드와 연료전지차의 플랫폼으로까지 활용할 가능성을 찾고 있었다고 보아야 한다. 토요타의 전기차 전용 플랫폼은 프런트에 고효율 소형 발전용 엔진을 탑재하면 플러그인 하이브리드가 된다. 센터에 수소탱크와 스택을 탑재하면 연료전지차도 된다. 분명 멀티 패스웨이를 의식하면서 전기차 전용 플랫폼을 개발한 것이다. 여타 기업들은 아무런 바탕이 없는 상태에서 전기차 전용 플랫폼을 만들기 위해 기를 쓰는데, 토요타는 휘발유→하이브리드→플러그인 하이브리드→전기차라는 연속적인 진화를 고집하고 있다. 전기차 전용이라고 하면서도 실상은 멀티 패스웨이를 염두에 둔 발상임을 밝힐 수는 없는 걸까? 솔직히 말해, 토요타는 이런 발상 때문에 e-TNGA의 첫 주자 bZ4X와 관련해 전기차로서의 과감한 개발에 실패한 것이다.

e-TNGA의 개발 투자 금액도 효율을 매우 중시했다. 수익화가 어렵다는 전기차 사업에 대해 투자금 회수를 강하게 의식한 개발 전략을 펼친 것이다. e-TNGA는 ZEV 팩토리가 B 세그먼트, C 세그먼트, D 세그먼트[13]를 합해 총 서너 개의 플랫폼을 변형한 것이다. 프리우스 한 대 수준의 개발 비용으로 여러 대의 전기차 개발 비용을 조달하는 매우 짭짤한 '계산'이었음이 분명하다.

스바루가 자체 개발하던 전기차 플랫폼을 폐기한 뒤, 토요타와 손을 잡고 전기차 전용 플랫폼 및 차량을 공동 개발하기로 했을 때 놀랐던 기억이 난다. 전기차 개발 시에는 최초 한 차종에 매우 많은 개발 비용이 든다. 토요타는 투자금으로 확실히 회수하기 위해 첫 차종의 개발 비용을 안분할 수 있는 파트너를 구했다. 거기에 스바루가 손을 들었다. 규모가 작은 스바루로서는 자사의 전기차 플랫폼

---

[13] 세그먼트는 유럽식 차량 등급(사이즈) 구분. B 세그먼트는 전장 3.7~4.2m, C 세그먼트는 전장 4.2~4.5m, D 세그먼트는 전장 4.5~4.8m를 가리키며 한국식으로는 소형, 소형, 중형에 해당한다.

'e-SGP'가 자칫 고립될 뻔했지만, 거대 기업 토요타와 손잡고 표준화 작업으로 전략을 변경함으로써 살길을 찾은 것이다.

토요타는 플랫폼을 공유할 파트너를 늘림으로써 배터리를 공유하며 표준화 작업을 추진하고 싶었던 것으로 보인다. 이러한 표준 배터리 구상, 이른바 차량 탑재용 배터리의 건전지화라는 개념은 멀리 미래를 내다본 발상이다. 참고로, 전에는 토요타의 웹사이트에서 관련 동영상을 볼 수 있었는데, 지금은 왜인지 그 URL이 사라졌다.

ZEV 팩토리는 왜 유연하게 대응하지 못했나?

토요타는 2017년 전동화 전략 설명회에서 e-TNGA 구상을 처음 언급했다. 그리고 그 후, 몇 번인가 그 진척 상황을 발표했다. 솔직히 말해, 당시 필자는 전기차 보급을 회의적으로 보기도 했기에 e-TNGA 전략이 합리적이고 효과적이라는 토요타의 생각에 찬성하는 쪽이었다.

그러나 2020년 이후, 세계의 환경정책이 격변했다. 아무도 상상하지 못한 전기차로의 전환이 전 세계 선진국에서 실제로 일어나 버렸다. 토요타도 일찌감치 이러한 조짐을 인식했을 것이다. 그러나 e-TNGA의 개발 콘셉트는 수정되지 않았고, bZ4X는 사내 여러 의견에 밀려 결과적으로 타협의 산물로 변하고 말았다.

필자는 이 문제의 진짜 원인이 토요타의 조직과 직원들의 의식에 있다고 본다. 이 책은 토요타의 전기차 문제에만 주목하지는 않는다.

토요타가 당면한 문제가 전기차 사업만은 아니기 때문이다. 디지털, 소프트웨어, 밸류 체인 사업 등 토요타가 지난 5년간 일사천리로 심어 둔 사업의 씨앗들이 순조롭게 성장 중이라고는 말할 수 없다.

게다가 최근 2년간 토요타는 중요한 결단을 내리지 못한 것처럼 보인다. 그것이 지금 토요타 전체의 위기로 이어지고 있다. 이 책은 그러한 토요타의 위기에 칼을 대어 해부하고, 최종적으로는 봉합까지 해 보려 한다.

다만, 문제 해결을 위한 토요타의 움직임이 믿을 수 없을 정도로 빨랐다는 점은 짚어두고 싶다.

토요타 EV 전쟁

TOYOTA ELECTRIC VEHICLE WAR

전기차 지각생 토요타

'나는 구세대'

2023년 1월 26일, 놀라운 뉴스가 들려왔다. 집행 임원 사토 고지가 새 사장에 지명되었고, 도요다 사장은 회장으로 물러난다는 인사 발표였다.

2009년 폭풍 속에 출범했던 도요다 사장 체제가 무려 14년이나 지속되다가 갑자기 경영진이 젊어진 것이다. 14년은 무척 긴 시간이었기에 사장 교체라는 깜짝쇼는 언제 일어나도 이상하지 않다고 생각은 했었다. 그러나 솔직히 말해 그 시기만큼은 놀라웠다. 필자가 판단하기에는 도요다 사장 체제가 작금의 전기차 및 소프트웨어 개발 과제를 해결할 길을 제시한 다음, 2024년에 교체될 가능성이 컸기 때문이다.

그러나 기자회견을 들으면서 필자의 생각이 틀렸음을 알았다. 토요타의 혼란스러운 과제를 젊고 에너지 넘치는 새로운 경영진에게 맡기려는 진정성 있고 대담한 결단이 느껴졌기 때문이다. 군더더기 없이 산뜻한 퇴진이었다.

"디지털화, 전동화, 커넥티드 등에 대응하기에 저는 구세대라고 생각합니다."

"자동차쟁이, 그 이상이 되기 어렵습니다. 그것이 제 한계이기도 하다고 봅니다."

도요다 사장은 조금의 꾸밈도 없이, 자칫 자기 부정으로 받아들여질 수도 있는 말까지 하면서 스스로 경영에서 한발 물러났고, 토요타가 새 장을 열어야 한다고 강조했다.

회장으로 물러난 도요다의 향후 역할은 딱 두 가지다. 이사회 의장과 마스터 드라이버[14]를 맡는다는 것이다. 그는 일본의 핵심 경쟁력인 자동차 산업을 성장시키기 위해 회사와 팀을 확실히 지원할 것이라 한다. 마스터 드라이버로서 신임 사토 사장을 가혹하리만큼 단련시키는 데에도 힘을 쏟을 것으로 보인다.

왜 지금인가?

현재의 토요타는 과거의 성공 요인을 고집한 탓에 딜레마에 빠져 있

---

[14] 토요타의 사내 호칭으로 토요타 자동차만의 '맛'을 최종 평가, 결정하는 역할을 한다.

음이 분명하다. 전기차뿐 아니라 소프트웨어, 디지털에 대한 대응도 썩 잘되고 있지 않다.

2022년 봄, 어느 상품화 회의 석상에서 일어난 일이다. 의장인 도요다 당시 사장이 언성을 높였다. 아린(Arene)이라는 이름의 자동차 OS(자동차 외부와의 연결을 정의하고 자동차 내부의 하드웨어와 소프트웨어를 중개하는 소프트웨어. 자세한 내용은 8장에서 설명)를 개발하는 우븐 플래닛(현재의 우븐 바이 토요타)의 CEO 제임스 카프너(James Kafner)가 2025년에 도입 예정인 차기 SUV와 관련해 '토요타가 목표로 한 소프트웨어 업데이트 안건의 대부분이 계획보다 지연될 것'이라고 보고했기 때문이다.

아린 OS란, 자동차 외부에 대한 서비스 플랫폼의 역할뿐 아니라 자동차 내부에 있는 하드웨어·소프트웨어의 조정 작업을 수행하는 차량 OS 같은 역할도 한다. 업데이트가 지연된 것은 조정 작업이 원활하지 않았던 탓도 있지만, 조직의 운영에도 원인이 있었다.

아린 OS의 개발 지연은 토요타에는 큰 타격이다. 토요타의 전략 자동차가 스마트폰은커녕 피처폰 수준이 될 수도 있으니까 말이다. 토요타 사내에서는 "이 정도면 '라쿠라쿠 아린®'이라고 불러야 하나?"라는 우스갯소리도 돌아다녔다.

전기차의 경쟁력은 단순히 전용 플랫폼을 개발하고 저렴한 배터

---

⑮ '라쿠라쿠 폰'이라는 고령자용 간편 휴대폰에 빗댄 표현. 큼지막한 화면, 단순한 인터페이스가 특징이며 화면을 터치하는 것이 아니라 누르는 느낌에 가깝게 사용한다.

리를 손에 넣을 수 있는 하드웨어 능력만으로는 확보할 수 없다. 하드웨어 측면에서 높은 표준성과 규모를 확립해 가격 경쟁력을 확보하는 것은 단순한 시작점일 뿐이다.

정말 중요한 것은 애플리케이션 등의 소프트웨어다. IT 업계는 일반적인 '소프트웨어 정의(Software-Defined)' 기술로 자동차를 진화시킨다. 그런 구조의 자동차를 'SDV (Software-Defined Vehicle, 소프트웨어 정의 자동차)[16]'라고 부른다.

쉽게 말해, 자동차가 스마트폰과 비슷한 구조로 진화하게 된다는 말이다. 소프트웨어와 하드웨어를 분리해 통신으로 자유롭게 소프트웨어를 업데이트할 수 있고, 새로운 서비스를 제공할 수 있는 구조로 진화하는 것이다. 이 개념은 토요타의 현재 위기와 미래에 대한 도전을 제대로 이해하는 데 매우 중요하며 이 책의 큰 주제이기도 하다. 8장에서 자세한 설명을 추가하기로 한다.

소프트웨어와 디지털을 동시에 진화시켜야 전기차가 경쟁력을 얻고, 토요타도 모빌리티 컴퍼니로 변신할 수 있다는 말이다. 이번 사장 교체의 의도는 낡은 체제를 버리고 완전히 새로운 젊음에 베팅한 것이 아닌가 싶다. 창업주 일가는 늘 토요타에 군림하는 특별한 존재다. 전기차나 SDV가 성공하지 못하면 토요타의 지속적인 성장은 요

---

[16] 소프트웨어로 하드웨어를 제어하고 관리하는 자동차. 자동차의 복잡한 시스템을 개별적으로 제어하는 것이 아니라 소프트웨어가 다양한 전자장치들을 통합적으로 제어하는 '중앙 집중형 제어'가 가능한 자동차를 말한다. 소프트웨어가 자동차의 주행 성능은 물론 편의 기능, 안전 기능, 차량의 감성 품질 및 브랜드 정체성까지 규정한다는 의미다.

원해지고 창업주 일가도 융성할 수 없다. 그러니 신임 사장 사토의 가능성에 많은 것을 걸었다고 보아야 한다.

"새로운 팀은 내가 못다 한 모빌리티 컴퍼니로의 변혁에 사명감을 가지고 임하기를 바랍니다."

도요다 전 사장의 이 발언을 솔직하게 받아들여야 한다. 토요타의 멀티 패스웨이 전략은 전기차냐 엔진이냐 하는 양자택일이 아니라 여러 선택지를 전방위적으로 제공하는 것이다. 우선은 선진국 소비자들이 요구하는 전기차의 경쟁력을 확보해야 한다. 그렇지 못하면 전방위적 접근도 불가능하다.

새 체제의 출범

취임 후 불과 3주밖에 지나지 않은 2023년 2월 13일, 사토는 임원 인사를 발표했다. 새 집행 임원들과 부사장 체제가 온통 상상을 훌쩍 뛰어넘는 대담한 변화를 보여줬다.

"이들의 면면! 그야말로 신생 토요타가 아닌가!" 필자는 소식을 듣자마자 SNS에 이런 글을 올렸다.

기술을 포함해 상품, 제조, 판매 분야의 새로운 핵심 인재를 모은 인사였다. 새 체제의 출범과 관련한 첫 기사는 미래에 대한 기대를 부풀리기에 충분했다. 사토가 신임 사장 회견에서 '상품'과 '지역'의 균형을 강화하겠다고 말한 대로 나카지마 부사장이 '상품', 미야자키 요이치(宮崎洋一) 부사장은 '지역(영업)'을 이끌게 됐다. 게다가 집행

토요타의 새 집행 임원
출처: 토요타 홈페이지. 왼쪽부터 신고 가즈아키, 미야자키 요이치, 사토 고지(가운데), 나카지마 히로키, 사이먼 험 프리스
https://global.toyota/jp/newsroom/corporate/38774288.html

임원 체제에는 중국을 맡을 우에다 다쓰로(上田達郎), 북미를 맡을 오 가와 테쓰오(小川哲男) 등 기존에 없던 지역 CEO가 더해졌다. 새 집행 체제는 CCO(최고 융합 책임자) 나가타 준(長田准)을 제외한 전원이 새 인물이었다.

이사를 겸하던 부사장 세 명은 현장으로 돌아가며 이사직도 내려 놓는다. '직함'보다 '역할'이라는 토요타의 인사 철학이 드러나는 대 목이다. 마에다 마사히코(前田昌彦) 부사장은 아시아 본부장을 맡아 이 지역 탄소 중립을 이끌 것이고, 구와타 마사노리(桑田正規) 부사장 은 전기차 100%를 내세운 렉서스의 전동화 담당, 곤 켄타(近健太) 부 사장은 우븐 바이 토요타의 대표이사와 CFO(최고 재무 책임자)로서 자

토요타 EV 전쟁

동차 OS와 자동차 제조의 조정역을 맡을 것이다. 이들의 역할은 지대하다.

토요타의 임원 인사는 마치 '회전문'과도 같다. 들어갔나 싶으면 바로 밖으로 나오기 때문이다. 다만, 재입장이 허용되기에 핵심 무대에 재등장해 활약할 수가 있다. 필자는 이들 셋 중 누군가는 반드시 경영의 중심으로 돌아올 것이라고 본다.

2026년, 렉서스부터 차세대 전기차 전용 플랫폼을 도입하겠다는 새 계획은 이 단계에서 발표됐다. e-TNGA 개발 계획에 명시된 내용으로 2029년 무렵인 3세대 때 도입하겠다고 계획되어 있던 소프트웨어 정의형 차세대 전기차 전용 플랫폼을 가리킨다.

2022년 여름 무렵부터 데라시 시게키 상임연구원(Executive Fellow)이 이끈 사내 TF '데라시연구소'가 탄생시킬 차세대형이다. 애초 2027년으로 2년 앞당길 논의가 있었는데 사토는 1년을 더 앞당기겠다고 발표했다. 이 같은 발표에 가장 놀란 사람은 분명 토요타 직원들일 것이다.

EV

2장

탄소 중립을 둘러싼 새로운 육중고

TOYOTA ELECTRIC VEHICLE WAR

CASE 2.0, 모빌리티 산업의 가속도

CASE 1.0: 모빌리티 트랜스포메이션

1장에서 언급했다시피, CASE란 자동차가 네트워크에 상시 접속된 IoT 단말기로 진화함으로써 일어나는 자동차 산업의 디지털 혁명이다. 이 혁명이 일어나면 소비자가 자가용을 보유한다는 전제로 판매가 중심을 이루는 형태의 산업에서 서비스 차량을 공유하며 이를 이용·활용하는 모빌리티 산업으로의 전환이 일어난다. 이 같은 전환을 '모빌리티 트랜스포메이션(MX)'이라 부른다. CASE 1.0이란 MX를 중심으로 한 모빌리티 혁명의 세계관을 의미한다.

CASE 1.0은 자동차의 판매, 보유 구조에 막대한 변혁을 불러일으킨다. 그 결과, 밸류 체인(기업 활동의 가치사슬)의 중심부를 차지하는 제조·판매의 수익성은 떨어지고, 그 대신 반도체나 소프트웨어뿐 아니라 서비스 제공자, 그 사업 기반을 제공하는 구글과 우버처럼 서비스 데이터를 지배하는 프로바이더에게로 수익이 넘어간다.

그리고 이른바 전기기계 업계가 빠진 '스마일 커브' 현상①이 자동차 산업을 덮친다. 구글, 아마존(Amazon), 애플(Apple), 바이두(Baidu) 같은 IT, 전자 분야의 다양한 기업이 신규 진입하기에 자동차 산업의 구조는 제조업체를 정점으로 한 수직 통합형 구조에서 수평 분업형으로 바뀐다. 경쟁력의 원천은 규모, 즉 '판매 대수'에서 '데이터'의 지배력으로 바뀐다.

하지만 필자는 변혁이라는 현상은 휴대 전화가 스마트폰으로 대체된 것처럼 순식간에 일어나는 것이 아님을 줄곧 주장해 왔다. 자동차는 레거시(legacy, 과거 유산으로서의 구조)를 축적하는 동시에 CASE가 요구하는 새로운 구조로 서서히, 단계적으로 대체될 것으로 예상되기 때문이다.

구글이 자율주행 실험 차량을 운행하기 시작한 2015년 당시, 수많은 기술자와 투자자는 2022년쯤이면 운전자 없는 로보택시가 돌아다니는 세상이 올 거라고 예상했다. 그러나 실제 로보택시는 거의 보급되지 않았다. 이 신기술의 하이프 사이클②은 2018년 무렵에 기대

---

① 상품기획-부품생산-제조-판매-애프터서비스(AS)에 이르는 과정 중 양쪽 끝에 있는 상품기획과 AS의 수익성이 가장 높고, 중간에 있는 제조의 수익성이 가장 낮은 현상을 일컫는 말. 그래프가 마치 웃는 입 모양처럼 양쪽 끝이 올라갔다고 해서 붙은 이름이다.
② 기술의 성숙도를 표현하기 위한 시각적 도구로 과대광고 주기라고도 부른다. 기술 촉발 단계, 부풀려진 기대가 정점에 이르는 단계, 환멸 단계, 계몽 단계, 생산성 안정 단계의 다섯 개 단계로 이루어지며 신기술 마케팅에서 점차 더 널리 사용되는 추세다. 환멸 단계란, 신

가 정점에 달한 이후, 지금까지 줄곧 환멸 단계에서 그래프가 곤두박질치는 중이다.

필자는 진화의 과정을 정리하면서 그 변혁이 자가용 차량에서 일어날지, 모빌리티 서비스에서 이용되는 서비스 카에서 일어날지를 나누어서 논의해야 한다고 생각해 왔다. 변환기에는 자가용의 구조변화는 완만하게 일어나는 한편, 서비스 카는 활용 사례가 늘어나 조기에 비약적인 변혁이 나타난다. 필자는 2035년쯤을 변곡점으로 해서 자가용 차량에서 서비스 카로의 전환(MX, 모빌리티 트랜스포메이션)이 시작될 것이라고 가설을 세웠다.

무너진 미국의 트럼프댐, CASE 2.0으로 진일보

그러나 지금은 그 보수적인 관점을 수정해야 할 것 같다. 2020년 이후 CASE 혁명은 CASE 1.0에서 CASE 2.0으로 한 단계가 진일보했기 때문이다. CASE 2.0이란 CASE 1.0 때 나타난 'MX(모빌리티 트랜스포메이션)'의 진보뿐 아니라 'GX(그린 트랜스포메이션)'와 'DX(디지털 트랜스포메이션)'라는 두 가지 메가트렌드가 동시에 나타나 자동차 산업이 모빌리티 산업으로 바뀌어 가는 흐름에 가속도가 붙는 단계를 말한다.

기술이 결과물을 내놓는 데 실패함에 따라 관심이 시들해지는 단계. 제품화를 시도한 주체들은 포기하거나 실패하고, 살아남은 주체들이 소비자들을 만족시킬 만한 제품 향상에 성공한 경우에만 투자가 지속된다.

GX는 탄소 중립 등 지속 가능한 사회의 실현이 목표이고, DX는 디지털 기술을 사회에 침투시켜 사람들의 생활을 더 낫게 변혁하는 것이 목표다.

CASE 2.0이란, 'MX', 'GX', 'DX'가 동시 진행되는 세계다. 코로나 사태가 길어진 영향으로 등장했으며, 미국 트럼프 행정부의 붕괴에 따른 지정학적 변화 및 이동에 관한 뉴노멀(행동의 변용 및 이동 요건의 변화)이 복잡하게 얽힌 결과라 할 수 있다.

2015년 파리에서 열린 유엔기후변화협약(UNFCCC)은 '지구 기온 변화 1.5도 시나리오'를 공개했지만, 솔직히 2020년까지는 그에 대한 현실감이 없었다. 그런 대응이 필요하다고는 느끼고는 있었지만, 현실적이라고는 생각하지 않았다. 왜냐하면 세계 최대의 권력을 가진 미국의 트럼프 전 대통령이 탄소 중립이라는 거대한 강물의 흐름을 막는 둑을 만들었기 때문이다. 둑은 거대한 댐이 되어 탄소 중립이라는 방대한 강물이 흐르지 못하게 했다. 그러나 트럼프 댐은 무너졌고 탄소 중립의 격류가 휘몰아쳤다.

탄소 중립을 향한 거대한 움직임

COP 26의 의의

2021년 11월, 유엔기후변화협약 제26차 당사국총회(COP 26)에서는 파리협정 때 공개된 내용인 '산업혁명 이전에 비해 기온 상승 폭을 1.5도 이내로 억제하자'라는 데에 전 세계가 협력하기로 공식 합의 했다. 2022년의 COP 27에서는 1.5도 목표를 실현하기 위한 파리협 정 제6조(시장 메커니즘)에 관한 운용세칙과 실천 방안도 책정되었다. 'GX(그린 트랜스포메이션)'는 불가역적인 거대 움직임이 된 것이다.

인도, 러시아, 사우디아라비아도 탄소 중립 선언에 동참하면서 탄소 중립 선언국이 세계 신차 생산 대수에서 차지하는 비율은 무 려 89%에 달했다. 이제 자동차 산업과 탄소 중립은 숙명적으로 엮 였다.

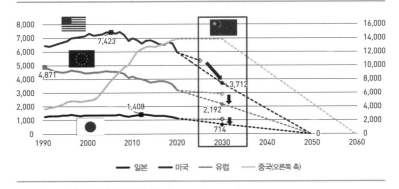

이산화탄소 배출량의 추이와 향후 목표(단위: 백만 tCO₂eq)
출처: 세계은행, Potsdam Institute for Climate Impact Research(PIK), EPA를 바탕으로 필자 작성

이에 따라 2030년 국가 온실가스 감축 목표(NDC)인 GHG(온실가스) 중간 목표 감축률은 선진국을 중심으로 대폭 상향 조정됐다. 그리고 이 중간 목표 감축률을 달성하기 위한 산업 정책과 연비 등의 환경규제 방안이 나왔다. 미국은 2030년의 감축률을 2005년 대비 50~52%로 정했고, EU는 기존에 1990년 대비 37.5% 줄이겠다는 목표를 55% 감소로 강화했다. 일본도 스가 요시히데(菅義偉) 전 내각에서 2013년 대비 26% 줄이겠다는 목표를 46% 감소로 강화했다.

이제 NDC를 실현하기 위해 'CAFE 규제'(Corporate Average Fuel Economy, 기업 평균 연비 규제)와 신차 판매의 일정량을 전기차 등 온실가스 무배출 차량으로 채울 것을 강제적으로 요구하는 'ZEV 규제'가 실시된다. 이 규제를 충족하려면 2030년 신차에서 차지하는 전기차의 비율이 유럽 50%, 중국 50%, 미국 40%, 일본도 10~20%가 되어야 한다는 점을 역산할 수 있다. 이를 충족하지 못할 때는 기업들이 크레디트(탄소 배출권)를 구매하는 비용을 들여야 하고,[3] 그 방법으로 충당하지 못할 때는 거액의 벌금을 물어야 한다.

환경규제와 산업 강화 정책에 나선 선진 각국

EU는 산업 정책으로 유럽 그린 딜 및 Fit for 55를 책정하고, 2035년의 CAFE(평균 연비 규제)를 2021년 대비 100% 감축(사실상의 엔진 차 판매 금지)하는 법안을 통과시켰다. 미국에서는 미국 인프라 투자 계획이 시작되었고 2022년에는 IRA(인플레이션 감축법)가 통과됐다. 2022년 6월, 그린 성장 전략을 수립한 일본은 2035년에는 승용차의 경우 100% 전동화(하이브리드차 포함), 상용차의 경우 이산화탄소 배출량이 실질 제로가 되는 탄소 중립 연료를 이용한다는 내용을 포함해 2040년까지 100% 전동화를 실현하기로 했다.

세계 각국은 에너지 정책과 자국의 경제 안보 강화를 위한 전략을 결부시키고 있다. 그 결과 중국과는 빠른 속도로 멀어지고 있다. 쉽게 말해, 경제 안보 측면에서 청정에너지 산업을 일으키고, 선진국의 핵심 산업인 자동차 산업을 지키며, 중요 공급망(반도체와 배터리)을 지배하려는 것이다. 그로 인해 일본 자동차 산업은 강대국의 룰 메이킹에 치여 국제 경쟁력이 위태로운 상황으로 빠져들었다.

---

③ 이를 탄소 배출권 저래 제도라 한다. 타사의 초과 달성량 즉 탄소 배출권을 구매할 수 있도록 인정하는 제도다.

나중에 '공적 표준 전략 vs 사실상 표준 전략'(73쪽 참조)에서 자세하게 부연 설명하겠지만, 일본의 산업 경쟁력, 특히 자동차 산업은 무거운 부담을 져야 할 것이다. 자국 산업과 경제 안보를 지키려는 서구의 국가전략에 부딪혀 일본 자동차 산업은 힘겨운 싸움을 벌여야 할 공산이 크다.

더욱이 최근에는 SDGs(지속 가능한 개발 목표) 및 ESG(환경·사회·거버넌스)의 관점에서 기업에 자금을 제공하는 투자자와 금융기관이 탄소 중립 실현을 염두에 두고 강력한 압력을 행사하고 있다.

TCFD(기후변화 관련 재무 정보 공개 협의체)[4]는 G20의 요청에 따라 기후변화 관련 정보의 공개 및 금융기관의 대응을 살피기 위해 설립되었다. 기업이 탄소 중립을 위해 행동하도록 지배 구조, 전략, 위기관리, 목표 등의 네 가지 주요 항목을 공개할 것을 촉구하여, 금융시장 참가자가 탄소 중립을 지향하는 기업을 쉽게 찾아낼 수 있게 함으로써 미온적인 점들을 모두 해소하려는 것이다.

기존에는 기업의 탄소 중립 의지를 불러일으키기 위해 규제와 벌금 같은 강제적인 방법을 썼다. 여기에 금융 자본 시장과 소비자, 거래처 등 이해관계자들의 압력이 증가하고 있다. 이제 자동차 제조사는 스스로 NDC 목표에 공헌할 수 있는 전기차 목표를 명확히 밝히

---

[4] Task Force on Climate-related Financial Disc. 2015년 주요 20개국(G20) 재무장관회의 금융안정위원회(FSB)가 설립한 협의체. 2017년에 기업이 지배 구조, 전략, 위기관리, 목표 영역을 기준으로 기후변화 관련 정보를 공개하도록 하는 권고안을 발표했다. 이에 대해 전 세계 78개국 2천여 개 이상의 기업·기관이 지지 선언한 바 있다.

고, 그 목표를 실현할 수 있는 기술·재무 전략과 지배 구조를 상세하게 표명하여 시장이 수긍하게 해야 한다. 그것이 생존의 조건이다.

LCA 기반 연비 규제의 움직임

또 하나 큰 난제로 부상한 것이 CAFE(기업별 평균 연비) 규제의 기준이 크게 변화하고 있다는 점이다. EU와 중국은 LCA(life cycle assessment, 전 과정 평가)에 기반한 연비 규제를 논의하기 시작했다. 기존의 연비 규제는 자동차 배기가스에 들어있는 이산화탄소의 총량을 산출한 뒤, 그것을 제조사의 전체 판매 대수로 나눈 CAFE로 규제하는 방식이었다. 연료탱크부터 바퀴까지만을 보기에 T2W(Tank-to-Wheel)라고 부른다.

이에 비해 이산화탄소는 화력발전 등 연료 제조 단계에서도 배출되므로 연료의 제조 및 수송, 주행의 각 공정에서 이산화탄소 배출량을 규제해야 한다는 개념도 있다. 이는 원유에서 바퀴까지라는 의미에서 W2W(Well-to-Wheel)라고 부른다. 일본의 2030년 장기 연비 규제의 기본 개념이다.

유럽과 중국이 논의하기 시작한 LCA는 원료 채굴뿐 아니라 제조·수송·사용·폐기 등 공급망 전체에서 이산화탄소 배출량을 계측하고 규제해 나가려는 개념이다.

이에 따르면 자동차 제조사가 탄소 중립을 실현하려면 사업자가 직접 배출하는 온실가스인 스코프(Scope) 1과 공급받은 전기·열·증

T2W: Tank to Wheel
연료 탱크부터 차량 테일 파이프까지 배출하는 이산화탄소의 양
지가 배출하는 이산화탄소의 양
또 규제(CAFE, 기업별 평균 연비)

W2W: Well to Wheel
연료 제조, 수송, 주행의 전 공정에서 이산화탄소 배출량을 규제(연료의 장기연비(규제) 등

LCA: Life Cycle Assessment
연료, 제조·수송·사용·폐기 등 라이프 사이클 전체에서 배출되는 이산화탄소의 양

연비 규제

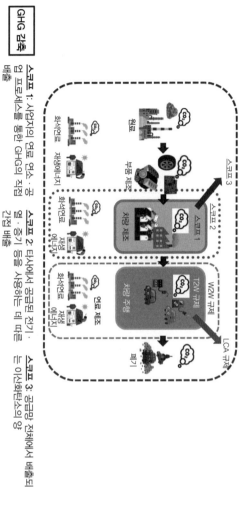

스코프 3
스코프 2
스코프 1
화석연료 재생에너지
화석연료 재생에너지
화석연료 재생에너지
원료
부품 제조
차량 제조
T2W 규제
W2W 규제
차량 주행
LCA 규제
폐기

GHG 감축

스코프 1: 사업자의 연료 연소·공업 프로세스를 통한 GHG의 직접 배출

스코프 2: 타사에서 공급된 전기·열·증기 등을 사용하는 데 따르는 이산화탄소의 양

스코프 3: 공급망 전체에서 배출되는 이산화탄소의 양

국제 경쟁력은 LCA로 탈탄소를 실현하는 국가와 기업이 차지한다.
출처: 필자 작성

기 등을 사용함으로써 간접 배출하는 스코프 2를 감축해야 한다. 또 재료부터 차량 주행, 재활용에 이르는 과정 전반에서 배출되는 온실가스인 스코프 3은 제조공정에서 시작해 공급망 전체를 통해 줄여야 한다.

그러니 LCA 기반 연비 규제는 스코프 3까지 포함한 과정에서 탄소 중립을 달성하겠다는 것과 같은 의미다. 이제는 탄소 중립이 필수 목표가 되는 것이다. 이는 전 과정의 탈탄소를 목표로 하는 국가와 기업만이 국제 경쟁력을 획득할 수 있다는 의미이므로 자동차 제조사의 CAFE는 LCA 방식의 탈탄소 능력으로 평가받게 될 것이다.

결국 경쟁력은 재생 가능 에너지를 쓰는지 원자력을 쓰는지에 좌우된다. 재생 가능 에너지로 전환하는 데 큰 비용이 드는 구조를 가진 일본으로서는 매우 불리한 싸움이다. EU의 Fit For 55 포괄 안에는 2030년을 목표로 공급망 전체에 대한 환경영향을 정량적으로 평가하는 LCA 평가법 도입이 포함되어 있고, 이미 법제화 작업이 진행되고 있다.

포스트 코로나의 뉴노멀

코로나 사태는 무엇을 남겼나?

3년간 지속된 코로나가 종식되며 우리 생활은 드디어 포스트 코로나 시대를 맞이했다. 자동차 산업은 평준화되겠지만, 그것이 곧 비포 코로나 시대로 돌아갈 것이라는 의미는 아니다. 신차 판매량의 회복력이 둔한 가운데, 사회적으로는 GX(그린 트랜스포메이션)와 DX(디지털 트랜스포메이션)라는 메가 트렌드가 한층 가속화하고 있다. 이제 곧 포스트 코로나 시대 자동차 산업의 뉴노멀이 탄생할 것이다.

　2000년대 말에 발생한 리먼 사태는 '인력·자원·자본' 중 금융 시스템의 위기를 맞은 '자본'의 흐름이 갑자기 멈춘 데서 비롯되었다. 하루아침에 전 세계 신차 수요의 30% 정도가 사라졌고, 자동차 재고가 폭증했으며, 길어진 리드타임 속에서 수요 감소 → 재고 증가 →

생산조정이라는 현상이 반복해서 나타났다.

그런데 중국이 100조 엔의 재정을 투입하고, 각국이 낡은 차를 새 차로 교체하도록 장려책을 도입해 '자본'의 흐름을 되돌린 결과, 위기 발생 불과 1년 만에 신차 수요는 과거 수치로 회귀했다. 다만, 회귀한 세상은 전과는 완전히 달랐다. 선진국은 쇠락하고 신흥국이 세계 신차 수요를 주도하는 구조변화가 일어난 것이다.

코로나 사태는 어떤가? 위기의 시작은 주요 도시가 연쇄적으로 봉쇄되어 '인력'과 '자원'의 움직임이 갑자기 멈춘 데서 비롯되었다. 행동이 제한되었기에 새 차를 살 수도 생산할 수도 없게 된 것인데, 수요보다 공급이 훨씬 크게 곤두박질치는 바람에 전 세계의 자동차 재고가 소멸했다는 점이 그 특징이다. '인력'과 '자원'의 이동이 회복되면서 리드타임이 짧아져 생산은 회복됐지만, 문제는 거기서부터 발생했다. 변종 바이러스가 재삼 등장해 '인력과 자원'의 이동이 몇 번이고 다시 봉쇄된 것이다.

세상에는 재택근무가 정착했고, 이동 요건과 이동 빈도에 큰 변화가 생겼다. 온라인 회의, 온라인 판매, 온라인 데이트, 구독 등의 서비스가 자리 잡으면서 클라우드 등 디지털 기반이 무서운 기세로 확장됐다. 비즈니스의 디지털화와 사용자가 요구하는 디지털 체험도 고도로 진화했다.

가속화 중인 GX와 DX

디지털화의 물결은 자동차를 덮쳤다. 테슬라와 중국 차가 기세등등한 이유는 자율주행, 디지털 계기판, 멀티미디어, 엔터테인먼트 등을 내세운 이른바 스마트폰 같은 자동차, SDV(소프트웨어 정의 자동차)가 인기를 누리기 때문이다.

2023년 4월에 열린 상하이 국제 자동차산업 박람회(Shanghai International Automobile Industry Exhibition, 이하 상하이 모터쇼)에는 모처럼 전 세계 다수의 자동차 제조사가 참가했다. 일본 제조사에서도 여러 관계자가 참석해 몇몇 전략적 새 모델과 콘셉트 카를 전시했지만, 그리 주목받지는 못했다. 제로 코로나 정책으로 중국 입국이 어려웠던 4년 사이에 상하이 모터쇼가 상상을 초월하는 SDV의 세계로 진화해 있었기 때문이다. 현장에는 소비자가 원하는 디지털화, 지능화 모델이 가득했다. 바야흐로 전기차라는 점만으로는 주목받을 수 없는 세상이 온 것이다.

"기존의 우리식 가치 전달 방식으로는 못 버틸 수도 있어요."

한 일본 자동차 제조사의 기술 기획 담당 임원이 중얼거렸다.

"코로나 사태를 겪는 동안 중국 SDV가 더욱 진화했다는 보고는 받았습니다. 그런데 직접 상하이 모터쇼를 보고 난 뒤, 그들이 상상 이상으로 앞서있음을 알았어요. 이대로 뒤처질 수는 없습니다."

귀국 후 '2023 비즈니스 업데이트' 자리에서 혼다의 미베 도시히로(三部敏宏) 사장은 뒤처지고 있음을 인정하면서도 반드시 판세를 뒤

집고 만회하겠다는 강한 의지를 보였다.

전기차를 통한 GX(그린 트랜스포메이션)의 실현에 가속도를 붙이려면 엔진을 모터로 바꾸는 하드웨어의 진화만으로는 부족하다. 소프트웨어로 전기차를 최적으로 관리하고, 서비스 지향적 고객 경험을 제공할 수 있는 SDV와의 결합이 필수다.

'GX(그린 트랜스포메이션)'를 실현하려면 전기차가 필수이며, 전기차의 보급은 'DX(디지털 트랜스포메이션)' 실현의 기반이 된다. 그 과정에서 자동차는 기술적인 공산품에서 소프트웨어가 정의하는 SDV로 진화한다. SDV는 클라우드 네이티브[5] 서비스와 엔터테인먼트, 자율주행과 AI 에이전트[6] 같은 새로운 자동차의 가치를 창조해 나갈 것이다.

코로나 사태는 'GX'와 'DX'의 가속화를 초래하는 구조적 변화를 가져왔다. 리먼 사태가 신흥국 시대를 앞당겼던 것처럼 말이다.

---

[5] 애초에 클라우드에서 애플리케이션을 실행하거나 소프트웨어를 개발할 것을 전제로 한다는 의미.

[6] 지능형 에이전트라고도 하며, 인공지능 기술을 사용하여 특정 작업을 수행하도록 설계된 컴퓨터 프로그램을 말한다. 사용자가 원하는 것을 AI가 알아서 해주는 'AI 비서'라고 할 수 있다.

공적 표준 전략 vs 사실상 표준 전략

에너지와 경제 안보 전략의 결합

예로부터 유럽·미국·중국 자동차 산업과 일본 자동차 산업의 싸움은 공적 표준 전략 대 사실상 표준 전략의 구도로 평가받았다. 공적 표준(De Jure Standard)이란 표준화 기관이 정식으로 제정하는 공적인 표준으로 일본공업규격(JIS) 등이 이에 해당한다. 자국에 유리한 룰 메이킹을 통해 해당 산업의 국제 경쟁력을 육성하는 방식이 공적 표준 전략이다. 국제 사회에서 권력 정치의 칼을 휘두르는 유럽·미국·중국이 구사하는 전략이다.

한편, 사실상 표준(De Facto Standard)이란 시장에 뛰어든 기업들이 치열한 경쟁을 펼친 끝에 사실상의 업계 표준으로 인정받은 규격을 말한다. 일본처럼 힘도 약하고 시장도 크지 않은 나라의 자동차 산업은 소비자의 선택을 받아 살아남는 사실상 표준 전략 외에는 살길이 없다. 토요타의 하이브리드가 대표적인 성공 사례라고 할 수 있다.

예를 들어 보자. 바이든 행정부가 탄소 중립을 선언하고 탈탄소 정책을 강력하게 추진하면, 미국 자동차 시장에서 가장 먼저 타격을 받는 기업은 연비 성능이 낮은 픽업트럭이나 대형 SUV 중심으로 사업을 펼치는 GM 같은 미국 기업이 될 것이다.

그런데 그 결과로 자국 산업이 쇠퇴해 버린다면 본말이 전도되는 것이기에 정부는 보조금을 지원해 자국 산업이 구조를 개혁하기 쉽도록 룰을 정하게 된다. 유럽의 그린 딜 정책, 중국의 NEV(신에너지 차량) 규제, 미국의 인플레이션 감축법이 대표적인 예다. 이들은 모두 에너지 전략과 경제 안보 전략을 결합해 공적 표준 전략으로 외국 기업을 옥죄며, 자국 자동차 기업은 국가의 가호 아래 구조 개혁을 추진하게 하는 형태다.

사실상 표준 전략밖에 선택지가 없는 토요타로서는 전기차와 SDV 영역에서 그야말로 토요타다운 가치를 제안해야 살아남을 수 있다. 그러려면 소프트웨어, 디지털, 전동화로 경쟁력을 확립해야 한다. 뒤처질 만하면 조기에 만회하고 힘차게 반격해 토요타의 명성을 되찾아야 하는 것이다.

막대한 예산과 보조금으로 전기차를 육성하는 미국

트럼프에 이어 집권한 바이든 행정부는 환경정책을 미국의 에너지 및 산업 정책의 기반으로 삼았다. 바이든은 2030년 친환경 차량(전기차+플러그인 하이브리드차+연료전지차)의 신차 판매 구성 비율을 40~50%까지 끌어올리겠다는 대통령령에도 서명했다(구속력은 없다).

정권이 핵심 공약으로 내세운 인프라 계획에는 소비자에 대한 보조금 및 세금 공제로 천억 달러, 전기차 50만 대에 대응할 충전기 건설용으로 150억 달러가 잡혔을 뿐 아니라 2022년부터 2029까지 8년간 총액 천6백억 달러(약 21조 3천억 엔)를 전기차와 관련해 지출한다는 내용이 포함되었다. 단, 보조금은 미국 내 노조원들이 조립한 전기차에만 지급한다는 다소 자국 산업 보호에 치우친 내용이었다. 이 인프라 계획은 좌절되었지만, 민주·공화 양당이 합의한 '초당적 인프라 프레임워크' 법안이 2021년 11월에 통과되면서 전기차 및 부품의 미국 국내 제조를 촉진하는 움직임이 시작됐다.

2022년 8월 미국에서 통과된 IRA(인플레이션 감축법)에 관해서는 일본에서도 많이 보도됐지만, 그 본질이 제대로 전해지고 있지는 않다. 본질은 기후변화 대책에 역대 최대인 3,690억 달러(약 50조 엔)를 투자하고, 신재생에너지, 전기차, 청정수소 등에 대해 세금을 공제하고 보조금을 투입해 세계 청정에너지 산업이 미국에 투자하게 만든다는 점이다.

북미에서 생산하고 현지 조달 조건을 일정 부분 충족한 전기차만이 7천5백 달러의 세금 공제(약 백만 엔으로 사실상 보조금)를 받을 수 있고, 미국 자동차 제조사를 우대하는 정책이라는 부분만 강조된 것이다. 2023년 4월에 세금 공제를 받을 수 있는 모델이 공표되었는데,

미국 업체의 22개 모델이었다(나중에 폭스바겐과 리비안(Rivian, 미국 전기차 제조사) 추가됨). 일본·유럽·한국 업체는 대부분 이 혜택의 대상에서 배제되었다. 그런데 포드, 크라이슬러(Chrysler) 등 다수 미국 업체의 전기차 모델도 대상에서 빠져 있기는 마찬가지다.

IRA에는 자국 전기차 우대라는 의미도 있지만, 여기서 주목해야 할 더 중요한 점은 배터리 등 청정에너지 산업을 미국 내에서 확립하겠다는 것과 중국 조달을 배제해 경제 안보를 강화하겠다는 측면이다. 목표는 우려국, 특히 중국에 대한 배터리 및 광물 조달 의존에서 벗어나는 것이다. IRA는 북미에서 생산하는 자동차라 하더라도 배터리 부품과 배터리 광물의 현지 조달을 정해진 비율까지 올릴 것을 요구한다. 이에 따르면 ① 2024년부터는 배터리 부품, ② 2025년부터는 배터리 광물에 대해 우려국인 중국으로부터의 조달을 완전히 배제해야 세금 공제를 받을 수 있다. 이 조건을 충족하기는 미국에서도 상당히 힘들다. 그중에서도 토요타는 이 요건을 충족시킬 만한 준비를 해 오지 않았기에 큰 차질을 빚을 수밖에 없다.

현재 상태 그대로라면 미국이 아무리 전기차 보급을 촉진해도 중국만 이득을 보게 되며 그 결과, 미국의 경제 안보는 위협받게 된다. 이에 바이든 정권은 당장 전기차 보급이 늦어지더라도 미국에 필요한 공급망부터 자립시키고자 한다. 그래서 3,690억 달러에 이르는 거액의 예산을 활용한 청정에너지, 배터리 부문 투자가 미국, 캐나다, 멕시코에서 무섭게 추진되고 있는 것이다.

놀라운 온실가스(GHG) 감축안

2023년 4월에는 또 하나의 놀라운 소식이 날아들었다. 미 환경보호청(EPA)이 2032년까지 적용할 미국 내 신형 승용차, 소형 트럭의 배출가스 감축안을 공표한 것이다. 마지막 해인 2032년 모델의 경우, 이산화탄소 배출 기준은 업계 평균 1마일(약 1.6km)당 82그램으로 설정되어 있어서 2026년 모델의 186그램에 비하면 56%나 감축해야 한다. 연평균 무려 13%의 감축 의무가 생기는 셈인데 EPA의 예측에 따르면 자동차 업체들이 이 규제를 만족시키려면 전기차를 중심으로 한 청정 차량 비율을 전체 신차 판매 중에서 2030년에는 60%, 2032년에는 67%까지 끌어올려야 한다.

이런 무모한 규제를 충족시킬 수 있는 일본 자동차 업체는 2024

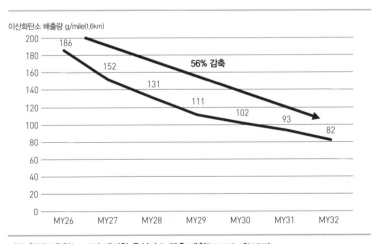

이산화탄소 배출량 g/mile(1.6km)

미국 환경보호청(EPA)이 제시한 온실가스 감축 계획(2023년 4월 발표)
출처: 미국 환경보호청(EPA)

년까지 100% ZEV화를 선언한 혼다뿐이다. 토요타의 사업 계획에는 이 같은 혹독한 전제가 없었음이 분명하니 토요타로서는 IRA에 이어 두 번째 치명타가 될 것이다.

탄소세와 배출권 거래제로 전기차 산업을 보호하는 유럽

공적 표준 전략을 먼저 구사한 것은 미국이 아니라 EU였다. 2019년 말, 유럽연합 집행위원장에 취임한 우르줄라 폰 데어 라이엔(Ursula Gertrud von der Leyen)은 '유럽 그린 딜'을 통해 탄소세와 배출권 거래제(ETS)를 수단으로 한 EU 주도의 강력한 온실가스 감축 계획을 밝혔다. 이는 환경정책인 동시에 EU의 성장 전략이기도 했다. 즉, 에너지 전략과 산업 성장 전략을 결합하려 한 것으로 봐야 할 것이다.

그런데 2020년, 코로나의 여파로 유럽이 엄청난 경제적 타격을 입었다. 이후 '유럽 그린 딜'은 어떻게 보면 경제회복을 위해 산업 성장 전략으로 비중을 옮긴 인상이 강하다. 2021년부터 2027년까지 총 1조 8,242억 유로(약 273조 엔)의 재정 계획이 수립됐고, 그중 경제회복 계획으로서 7천5백억 유로의 보조금·융자금을 지출하는 EU 기금이 설립됐다. 이 거대 재정의 30%는 GX(그린 트랜스포메이션)와 DX(디지털 트랜스포메이션)에 투입된다.

유럽 그린 딜의 실행 계획으로서는 앞서 언급한 Fit For 55 포괄안을 들 수 있다. 2030년의 CAFE(기업별 평균 연비)를 기존의 37.5% 감축에서 55% 감축으로 강화하고, 2035년에는 사실상의 엔진 금지인 100% 감축이 그 내용이다. 2030년을 목표로 LCA(전 과정 평가) 도입을 검토하는 내용도 포함된다.

EU는 지역 내 산업을 방어하기 위한 새로운 무역 규칙인 탄소국경조정제(CBAM) 카드도 만지작거리고 있다. 시멘트, 전력, 비료, 철강, 알루미늄, 수소 등의 수입에 대해 2023년 10월부터 정보를 보고할 의무가 생기고, 2026년부터 2034년에 걸쳐 단계적으로 제품당 탄소 배출량에 근거해 벌금을 부과한다는 것이다.

탄소국경조정제는 일본으로서는 낯설고도 큰 문제다. 전후 사정을 살펴보자. EU가 탄소세와 배출권 거래제를 도입하면 EU에서는 제품 비용이 그만큼 상승할 것이다. 배출 규제가 허술한 일본이나 인도에서 유럽으로 국내외 가격 차가 큰 역외 제품이 대량 수입되면 유럽 산업은 타격을 입을 수 있다. 이에 국내외 가격 차이를 보정하기 위해 수입 제품에 대해서는 인증서를 구매하게 해 수입품에 금액을 부가하려 하는 것이 탄소국경조정제다. 반면, 규제가 약한 국가로 수출할 때는 국내외 가격 차이를 메우기 위한 환급금을 지급해 수출 경쟁력을 키우겠다는 것이다.

현재는 자동차가 대상 밖이지만, 앞으로는 충분히 대상에 포함될 리스크가 있기에 유럽용 자동차 수출의 미래에 암운이 감도는 상황이다. 실제로 EU는 이미 EU 역내에서 판매되는 모든 배터리를 대상으로 탄소발자국(상품의 생산과 소비에 이르는 전 과정에서 발생한 이산화탄소 배출량을 정량적으로 나타낸 것) 신고 의무와 상한치를 도입하는 규칙안에 합의했다.

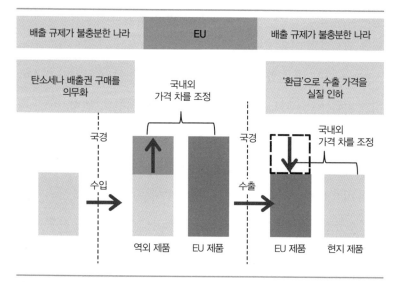

| 배출 규제가 불충분한 나라 | EU | 배출 규제가 불충분한 나라 |

탄소국경조정제의 메커니즘(EU의 경우)
출처: 니혼게이자이신문 2021년 2월 17일 자 기사 '미국과 유럽, 탄소국경조정제로 손잡나?'를 바탕으로 필자 작성
https://www.nikkei.com/article/DGKKZ069172610X10C21A2EA1000/

　그 결과, 유럽에서 판매할 전기차 배터리는 유럽 역내에서 생산해야 하는 상황이 왔다. 이리되면 전기차도 현지에서 생산해야 한다. 이러다가 유럽의 신차 판매 대부분이 전기차로 전환되면 일본은 유럽으로 자동차를 수출하기 어려워진다.

유럽은 엔진을 배척할까? 인정할까?

2023년 3월, EU와 독일 정부가 2035년 이후에도 조건부로 휘발유차 등 내연기관차의 신차 판매를 허용하기로 합의했다는 깜짝 뉴스가 보도되었다.

"가격이 적당한 자동차를 선택할 수 있는 여지가 있어야 기후변화 대책과 관련한 유럽의 입장이 지켜질 수 있을 것이다."[2] 볼커 위싱(Volker Wissing) 독일 교통부 장관의 발언이다.

앞서 유럽 의회는 2035년부터 엔진 차량을 금지하는 법안까지 채택했지만, 독일이 합성연료를 사용하는 엔진 차량을 허용해 주도록 요구했고, 이탈리아와 동유럽에서도 찬성하는 움직임이 있었다. 프랑스는 반대했다. 독일의 현 연립정부(독일 사회민주당, 녹색당, 자유민주당의 3당 연립)는 합성연료를 이용하는 차량의 판매가 허용되게 하겠다는 데에 3당이 합의한 상황이었다.

여기서 말하는 합성연료란 e-Fuel(이퓨얼)을 가리키는데, 그린수소(물을 전기분해 해서 만들어 낸 수소)와 이산화탄소를 합성해서 만드는 연료를 말한다. 연소 시에 이산화탄소와 질소 산화물 등의 배기가스를 발생시키지만, 애초에 수소와 이산화탄소를 합성할 때 대기 중의 이산화탄소를 재활용하기에 실질적으로 탄소 중립적 연료라고 할 수 있다. 일본에서도 합성연료의 도입을 촉진하기 위한 민관협의회가 설치되어 대규모 제조 과정을 개발하려는 논의에 돌입했다. 남은 숙제가 많지만, 탄소 중립 사회의 실현을 위한 중요한 탄소 리사이클 기술이다.

칠레의 하루 오니 프로젝트

지금 세계에서는 수많은 e-Fuel 프로젝트가 진행되고 있다. 그중 최대 규모가 칠레의 국가적 프로젝트인 '하루 오니(Haru Oni)'로 독일 정부, 지멘스, 폭스바겐 그룹의 포르쉐(Porsche)가 출자했다. 이 프로젝트는 풍력발전에서 얻은 그린수소와 DAC(Direct Air Capture, 대기 중 이산화탄소를 직접 회수하는 기술)를 이용해 이산화탄소와 합성한 메탄올로 휘발유를 생산하는데, 이때 MTG(Methanol to Gasoline, 메탄올에서 가솔린을 생산하는 방법) 프로세스가 이용된다.

2022년 말에 가동을 시작했으며, 파일럿 단계에서 연간 130kℓ e-Fuel을 생산할 계획이다. 2026년 전에 5.5억ℓ/년까지 증산하고, 가격은 2유로/ℓ까지 인하할 목표도 가지고 있다.

5.5억ℓ라고 하면, 전 세계의 포르쉐, 람보르기니(Lamborghini) 같은 고급 차량을 모두 e-Fuel로 급유, 주행하고, F1(포뮬러 원) 경주에서 펑펑 써도 2억ℓ 정도가 남을 만한 엄청난 양이다. MTG의 효율에 따라 그 결과에 차이는 있겠지만, 유럽 상류층들이 모는 고급 차량 이외의 차량에도 공급이 확대될 가능성이 있어 보인다.

2023년 2월, 포드는 2026년부터 F1에 복귀한다고 공식 발표했다. 지금은 혼다가 엔진을 공급하고 있으며, 포드는 2022년 컨스트럭터즈 챔피언인 레드불 레이싱 팀에게만 엔진을 공급하고 있다.

FIA(국제자동차연맹)와 F1은 e-Fuel 같은 지속 가능한 연료를 채택하고 파워 유닛을 전동화함으로써 모터스포츠의 지속가능성을 추구하고 있다. 이 점이 포드가 F1 복귀를 결단한 이유로 알려지는데, 장기적인 관점에서 연소 기술의 발전 가능성과 e-Fuel의 실용화가 가능하다고 판단했음이 틀림없다.

혼다도 2023년 5월에 F1 재참전을 발표했다. 2026년부터 애스턴 마틴 아람코 코그니전트 포뮬러 원 팀(Aston Martin Aramco Cognizant Formula One® Team)에 파워 유닛을 공급한다는 것이다. 혼다는 철수를 선언한 2020년 이후, F1을 진심으로 포기했던 것으로 보인다. 당연히 차세대 모델 개발에서는 손을 떼고, 불퇴전의 각오로 전기차와 미래형 사업 개발에 전념해 왔을 것이다. 그 결과, 전기차로의 전환을 순조롭게 이뤄냈고 지속 가능한 미래가 보이기 시작한 지금 드디어 F1 복귀를 결단한 것이다. 기업 브랜드에 대한 기여도도 크고, 탄소 중립적 연료를 태우는 차세대의 휘발유 차 비즈니스와 관련한 선택지를 장기적으로 늘릴 수 있기 때문이다.

하이브리드를 언제까지 육성할지 불투명한 중국

2050년 탄소 중립을 목표로 내세운 선진국들은 2030년까지 큰 폭으로 온실가스를 감축해야 한다. 그런데 중국은 목표를 2060년으로 잡았기 때문에 2030년부터 온실가스 배출량을 줄이기 시작해 2060년에 탄소 중립을 이루면 되는 상황이다. 이것만 해도 차이가 상당해서 중국으로서는 엔진 차량을 판매 중단하기까지 선진국보다 약간의 여유가 있다.

'에너지 절약 차량 및 신에너지 차량 기술 로드맵 2.0'은 2035년까지 신에너지 차량(NEV= EV+플러그인 하이브리드+연료전지차)을 전체의 50% 이상으로, 내연기관차는 100% 하이브리드로 만드는 로드맵을 제시했다. 이에 따라 한때 일본 제조사들은 중국이야말로 하이브리드차를 성장시킬 시장이라고 여겼다.

중국의 NEV 정책이란, 생산량의 일정 비율을 NEV로 바꾸어야 하고, 이를 충족할 수 없는 기업은 여유가 있는 타사로부터 탄소 배출권을 구매해야 한다는 내용이다. 중국은 이 NEV 규제와 동시에 유럽의 CAFE와 비슷한 평균 연비 도달 지표(CAFC)를 마련했다. 자세한 설명은 생략하겠지만, 쌍방의 탄소 배출권을 통일 관리하는 더블 크레디트 제도[7]가 특징이다.

2015년에 발표된 '중국제조 2025[8]'에서 중국은 NEV와 스마트카(SDV)를 양대 주축으로 삼아 '자동차 강국'의 꿈을 실현하겠다는 야심을 드러낸 바 있다. 그 결과, NEV 규제는 국가적 산업 정책으로 전환되었다. 보조금, 감세 외에도 NEV에 대한 번호판 우선 부여제를 실시함으로써 국가가 필사적으로 육성하는 전략 산업이 된 것이다. 2020년 2백만 대, 2025년 7백만 대, 2030년 천9백만 대라는 국가 계획 대수도 목표로 내세웠는데, 이는 당시로서는 도저히 실현하기 어

---

[7] 크레디트는 정부 정책 목표치에 대한 승용차 제조사의 달성도를 점수화한 것이다(탄소 배출권). 내연기관차의 크레디트는 제조사가 생산하는 모든 승용차의 평균 연비가 높을수록, 신에너지 차량의 크레디트는 친환경 차량 생산 대수가 많을수록 유리하다. 크레디트 총점이 플러스인 제조사는 이를 타사에 판매해 이익을 얻고, 크레디트 총점이 마이너스인 제조사는 내연기관차 생산량을 줄이거나 타사의 크레디트를 구매해 마이너스를 상쇄할 수 있다. 그런데 2022년 이 제도가 개정된 결과, 제조사가 확보해야 하는 최소 크레디트 목표치가 상향되었고, 전기차 한 대 생산 시에 얻는 플러스 크레디트의 상한이 축소됨으로써 자동차 제조사의 수익이 떨어지는 등의 문제가 발생했다.

[8] 제조업 기반을 육성하고 기술혁신, 녹색 성장 등을 통해 중국의 경제 모델을 '양적 성장'에서 '질적 성장'으로 바꾸겠다는 중국 정부의 산업 전략.

려워 보이는 엄청난 계획이었다.

중국에서 고전 중인 일본 자동차 기업들

2019년까지만 해도 중국은 NEV 판매 대수를 늘리는 데 상당한 어려움을 겪었다. 판매되는 차량의 절반 이상이 택시나 카셰어링 등 서비스형 모빌리티(MaaS)였다. 그래서 중국 정부는 제조사가 짊어져야 할 NEV 규제 부담을 줄이면서도 NEV 생산에 박차를 가하기 위해 하이브리드차까지 우대하는 더블 크레디트 제도를 도입했다.

하지만 코로나 사태 이후 더블 크레디트의 의미가 크게 변화하고 말았다. 2021년 이후, NEV 규제가 요구하는 크레디트 이상으로 중국 내 NEV 판매가 늘어난 것이다. 2020년 132만 대에 불과했던 NEV 시장은 2021년 369만 대, 2022년 660만 대에 달했고, 2023년에는 850만 대에 이를 가능성이 있다.

이런 상황의 발단을 제공한 것은 테슬라다. 상하이에 있는 테슬라 기가팩토리(Gigafactory) 3에서 생산이 시작된 '모델 3'이 폭발적인 인기를 끌면서 중국 소비자들이 전기차 기반 SDV(소프트웨어 정의 자동차)의 매력을 알게 된 것이다. 또 테슬라와 마찬가지로 SDV를 주축으로 하는 웨이라이(蔚來), 샤오펑(小鵬) 등 신흥 브랜드의 흥행이 이어지면서 부자들을 위한 30만 위안(약 6백만 엔)을 넘는 고급 차 시장에도 불이 붙었다.

같은 시기, 일본에서도 단돈 50만 엔부터 구매할 수 있는 상하

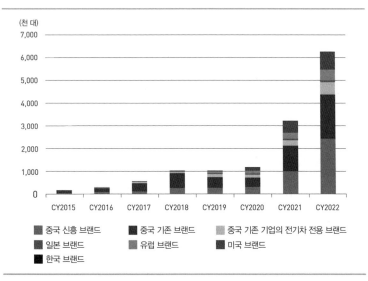

(천 대)

중국 내 신에너지 차량(NEV)의 판매 대수 추이
출처: 각종 자료를 기반으로 필자 작성

이-GM-울링 모터스(上汽通用伍菱汽车)의 '훙광(宏光) 미니(MINI) EV'가 2020년 여름 등장해 폭발적인 인기를 얻었다. 휘발유 차량이나 가능한 10만 위안(약 2백만 엔)~25만 위안(약 5백만 엔)이라는 가격을 제시한 놀라운 기업도 나타났다. 현재 시장에서 승승장구 중인 BYD이다. BYD의 플러그인 하이브리드 '친(秦) 플러스'는 가격이 10만 위안(약 2백만 엔)에 그쳐 토요타의 휘발유 차 코롤라(Corolla)보다 싼값에 살 수 있다.

현재로서는 2030년까지 2천만 대가 넘는 중국 승용차 시장의 85%가 NEV로 넘어갈 것이라는 전망이 일반적이다. 배터리 소재 및 광물과 관련한 전기차 밸류 체인에 대해 중국이 해외 직접 투자로

토요타 EV 전쟁

쏟아부은 금액은 2016년부터 2022년 사이에 40배 이상으로 급증했다. 전체 공정에 대해 빠짐없이 거액의 투자가 이루어지고 있다고 한다.[3] 이 같은 NEV 대국이 동남아 시장을 노린다면, 일본 차의 마지막 보루도 무너질 위험이 있다. 실제로 태국에서는 BYD의 거대한 전기차 공장이 이르면 2024년에 가동을 시작한다.

이미 NEV 성장에 밀려 일본 차의 중국 시장 점유율은 2020년 24%에서 2022년 18%로 급감하며 하락세가 멈추지 않고 있다. 중국 시장이 전체 순이익에서 차지하는 비중은 토요타가 20%, 혼다가 30%, 닛산이 40%다. 일본 기업보다 먼저 추락한 한국 기업들은 이미 거액의 적자로 돌아섰다. 중국 시장은 일본 자동차 기업에 가장 힘든 격전지로 변한 것이다.

갈라파고스가 되어야 하는 일본

"일본은 2050년까지 온실가스 배출을 전체적으로 제로로 만들 것입니다. 다시 말해 2050년 탄소 중립, 탈탄소 사회 실현을 목표로 할 것임을 이에 선언합니다."

2020년 10월 26일, 스가 요시히데 당시 총리의 소신 표명 연설에서 탄소 중립 선언이 터져 나오자, 세계적 흐름에 둔감하게 뒤처져 있던 일본 산업계는 깜짝 놀랐다.

이후 스가 요시히데 전 내각이 정한 2050년 탄소 중립 선언과 경제정책인 '그린 성장 전략'에 따라 일본의 전동화 전략은 착착 진행되고 있다. 화력발전의 비율이 높은 일본의 전원(電源) 구성을 유지해서는 아무리 전기차를 늘린다고 해도 온실가스 감축에 도움이 되지 않는다. 하이브리드와 플러그인 하이브리드 기술을 여타 선진국보다 훨씬 오래 활용해야 한다. 선진국들이 전동화 정책을 펼치는 가운데서도 일본은 갈라파고스 제도처럼 진화할 수밖에 없는 것이다.

앞서 설명한 대로 일본에서는 승용차 신차 판매의 경우, 2035년까지 하이브리드를 포함해 100% 전동화 방침이 그린 성장 전략에 포함되어 있다. 상용차는 탄소 중립 연료를 포함해 2040년을 목표로 100% 전동화한다. 2040년을 목표로 신차 판매 전량을 탄소 중립 차로 만들겠다는 목표다.

하지만 이 같은 목표로는 2050년까지 보유 차량까지 포함한 탄소 중립은 실현하기 어렵다. 따라서 탄소 중립 연료를 보급하고, 하이브리드나 플러그인 하이브리드를 전기차로 업그레이드하는 기술혁신이 과제로 남는다.

일본 자동차 산업의 보이지 않는 새 육중고 'SECRET'

동일본 대지진 발생 후 4개월이 지난 2011년 7월, 일본자동차공업회는 '일본 경제 재생을 위한 긴급 제안'을 발표했다. 당시 일본의 자동차 산업은 '육중고'를 겪고 있었다. 육중고는 ① 엔고, ② 높은 법인세율, ③ 엄격한 노동·해고 규제, ④ TPP나 EPA 등 경제 협정의 지연, ⑤ 엄격한 온실가스 감축 목표, ⑥ 전력 부족 외에도 전력 비용을

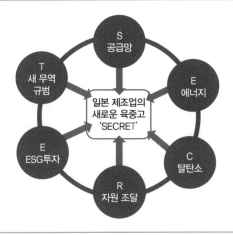

일본 자동차 산업의 새로운 '육중고'
출처: 필자 작성

부담하는 산업의 공동화 및 국내 고용 상실이었다. 업계는 국제 경쟁력을 잃은 전기산업의 뒤를 이어 자동차 산업까지 추락하는 것 아닌지 극단적인 비관론에 빠져 있었다.

일본의 자동차 산업은 새로운 '육중고'의 시대를 맞이할 것이다. 전기차와 탄소 중립을 둘러싼 외부 환경을 정리하면 여섯 가지 키워드가 떠오른다. 그 여섯 가지는 ① 공급망의 변화에 따른 조달 비용 증가(Supply Chain=S), ② 재생에너지 추진에 따른 에너지전환 비용(Energy=E), ③ 탈탄소 비용(Carbon=C), ④ 자원 확보의 어려움과 그 비용(Resources=R), ⑤ ESG, SDGs 실현을 위한 자본비용(ESG=E), ⑥ 탄소국경조정제 등의 새로운 무역 규범 외에도 보조금을 받으려면 현지 국가에서 부품 등을 조달해야 하는 등의 무역 환경 악화(Trade=T)다.

이들 키워드의 머리글자를 나열해 'SECRET'이라고 부른다. 아직은 심하지 않지만, 앞으로 오랫동안 이 여섯 가지 키워드는 일본 자동차 산업의 경쟁력에 걸림돌이 될 것이다.

TOYOTA ELECTRIC VEHICLE WAR

토요타가 움직인다

정책과의 불협화음

2020년 말, 일본자동차공업회는 '전동화를 실현하려면 방법은 전기차밖에 없다'라고 부추기는 일본 언론에 쓴소리를 퍼부었다. 그리고 2021년 3월, 재생에너지 보급이 늦어지면 자동차 업계의 국제 경쟁력이 떨어져 550만 명의 국내 자동차 관련 산업 종사자 중 "70만~100만 명의 고용에 영향을 줄 것"이라며 위기감을 호소했다.

당시 일본 정부는 2020년대 후반쯤 탄소 중립에 근접한다는 산업정책인 '그린 성장 전략' 정책을 논의하고 있었고, 전기차 보급을 서두르려는 정부 측과 도요다 아키오가 회장을 맡고 있는 일본자동차공업회가 불협화음을 일으켰다. 정권, 환경성과 경제산업성에서는 중국의 NEV 정책 같은 전기차를 강제적으로 일정량 보급하는 정책을 논의했다.

일본자동차공업회는 국내 시장에서 무턱대고 전기차 보급을 내세우다가는 550만 명의 자동차 관련 산업 고용에 큰 영향을 줄 것이라고 보았다. 그리고 2030년 재생에너지 전력 목표(3천5백억kWh)를 달성하기 위해서는 신규 발전 투자에 22조 엔, 노후화한 송전망 갱신에 2.5조 엔을 합해 2030년까지 총액 25조 엔(연간 1.4조 엔)의 투자가 필요할 것으로 추산했다.

국내 수송 부문은 이산화탄소 배출량을 2001년도 2.3억 톤에서 20년간 1.7억 톤까지 줄인 우등생이었다. 2030년 NDC 중간 목표인 35% 감축(2013년도 대비)을 실현하려면 수송 부문은 이산화탄소 배출량을 1.2억 톤으로 감축해야 한다. 이는 과거 20년간의 성과를 10년 만에 실현해야 한다는 말이다.

이를 달성하기 위해 전기차 판매에 가속도를 붙이더라도 결국 공급망 전체의 이산화탄소 감축으로 이어지는 것이 아니라, 높은 에너지 비용이 차량 비용으로 전가되어 국내 산업의 수출 경쟁력을 떨어뜨린다는 것이 일본자동차공업회의 주장이다.

"앞으로 수년간은 기존에 쌓아 온 기술적 장점을 살리는 동시에 지금 있는 전동차를 이용해서 조기에 이산화탄소를 최대한 줄임으로써 '여력'을 만들어야 한다고 봅니다."

일본자동차공업회의 도요다 아키오 회장은 이렇게 말했다.

또 일본의 경우, 전체 중 수송 부문의 이산화탄소 배출량은 20% 미만으로, 30%를 넘는 서구와 비교해 그 비율이 낮다. 바로 그 수송 부문 이산화탄소 배출량의 절반은 화물차에서 발생한다. 따라서 서둘러 물류의 효율화와 전동화에 힘을 쏟을 필요가 있다. 이에 토요타는 조인트벤처 '커머셜 재팬 파트너십 테크놀로지스(CJPT)'를 설립해 수송업이 안고 있는 과제를 해결하고 탄소 중립 실현에 기여하려 하고 있다.

폭넓은 선택지 남기기

도요다 전 사장은 일본자동차공업회 회장의 관점에서 일관되게 '일본의 전동차 규제가 전기차에만 편중되는 정책은 능사가 아님'을 지적했고, 기술적으로 폭넓은 선택지를 남겨야 일본 자동차 산업에 바람직하다고 주장해 왔다. 그와 관련한 영상이나 발언이 언론의 보도에서 배제됨으로써 '토요타의 사장은 전기차에 부정적'이라는 이미지가 붙은 것 같기도 하다. 필자가 보기에 도요다 전 사장(현 회장)의 발언은 토요타가 세계 시장을 대상으로 내놓은 전동화 전략이 아니라, 일본 국내 자동차 산업의 나아갈 방향에 관한 것이다.

"딜러 직원의 고용이나 보호하려 들다니 토요타도 앞날이 캄캄하구나"라고 냉담한 반응을 보인 정치인도 있었다. 이에 대해 일본자동차공업회의 한 임원도 "테슬라밖에 모르는 정치인이 말 같지 않은 소리를 한다"라고 험한 반응을 보였다.

양자의 관계가 악화하며 한때 삐걱거린 시기가 있었음은 부인할 수 없다. 그러나 2021년 6월에 발표된 일본의 그린 성장 전략은 대체로 일본자동자공업회가 기대하는 방향으로 정해졌다. '폭넓은 선택지를 남기는' 방향으로 일본의 공감대가 형성된 것이다.

그러한 정책 결정에 대한 답례는 아니겠지만, 도요다(레이싱카를 운전할 때의 닉네임 모리조)의 개인팀인 루키 레이싱이 일본에 기적을 선물했다. 2021년 4월, 수소 엔진(수소를 연료로 쓰는 엔진 차량)을 탑재한 코롤라 스포츠가 후지 스피드웨이의 슈퍼 다이큐 시리즈 3차전 후지 24시간 레이스에 참전해 첫 경기를 완주하는 위업을 이룬 것이다.

미래로 이어질 연소 기술

수소 엔진이 이 정도 완성도로 등장한 것을 보면서 기분 좋은 감동과 놀라움을 동시에 느꼈다. '연소 기술에 아직도 많은 가능성이 있구나!' 하는 한 줄기 빛이 비치는 느낌이었다.

수소 엔진은 한때 마쓰다나 BMW가 연구한 적은 있지만, 실현이 너무 어렵다는 이유로 많은 이들이 의문을 품고 있던 환상의 엔진이다. 토요타는 이를 **묵묵히** 개발해 온 것이다. 연료전지차 MIRAI로 쌓아 온 수소탱크 기술뿐 아니라, 덴소가 가진 고압 연료분사 기술이 축적되어 있었기에 가능한 일이었을 것이다. 도요다 사장의 후임으로 신임 사장 자리에 오른 사토 코지가 바로 GAZOO 레이싱 컴퍼니의 수장으로서 이 수소 엔진 코롤라를 담당해 온 사람이다.

필자는 후지 스피드웨이 시설 안에서 이 GR 수소 코롤라의 운전 체험에 참가한 적이 있다. 휘발유 차에는 없는, 수소 연소만이 보여줄 수 있는 가속감을 난생처음 느낀 필자는 그 잠재력이 어마어마하다고 느꼈다. 한편, 토요타는 '시판이 목표'라거나, 당시 수장이었던 사토까지 나서 '개발이 50~60% 정도나 진행된 상태'라고 발언하는 등 언론 홍보를 통해 수소 엔진의 기대감을 부풀리는 느낌도 부인하기는 어려웠다.

수소 연소는 기체 수소에서 액체수소로 변환하는 도전이 필수이며, 그보다 더 큰 장벽은 수소 조달, 수소 인프라 확립이다. 일본 기업만이 실현할 수 있는 기술을 고집한다면 시장에서 고립될 수 있다. 현실적으로 생각할 때, 먼저 보급될 가능성이 높은 쪽은 수소를 전기로 전환해서 달리는 MIRAI와 같은 연료 전지차다.

그럼에도 수소 엔진을 고집하는 이유는 두 가지다. 우선, 액체수소를 다루는 기술을 갈고닦은 다음, 이를 상용차에 필수적인 연료전지로 만들어 이 영역의 실질적 업계 표준으로 자리매김 하고 싶어서다. 그리고 수소 엔진에 대한 도전을 통해 연소 기술을 미래로 이어가기 위해서다. 현재 엔진 관련 개발자들은 의욕이 너무나도 많이 떨어진 상태다. "엔진은 네안데르탈인, 멸종될 종"이라는 냉담한 정치인의 발언이 얼마나 현장의 의욕을 떨어뜨리고 있는지 모른다. 아무도 원치 않는 개발 작업을 하면서 열정을 쏟기는 어렵다. 포기하는 순간 끝이다. 한 번 손 뗀 기술은 두 번 다시 활용할 수 없다.

탄소 중립 연료를 향한 집념

주목받는 탄소 중립 연료

연료전지차와 수소 엔진 차 사이에 보급될 것으로 기대되는 것이 탄소 중립 연료를 연소시키는 엔진 차량이다. 앞서 언급한 슈퍼 다이큐 시리즈의 경우, 수소 코롤라 외에도 마쓰다는 100% 바이오 디젤, 토요타와 스바루는 100% 합성연료를 연소하는 차량으로 시장에 뛰어들었다.

탄소 중립 연료란, 앞서 설명한 대로 공기 중 이산화탄소를 회수하는 방식이기에 연소시켜도 계산상 대기 중 이산화탄소를 늘리지 않게 된다. 탄소 중립 연료는 크게 두 가지로 나눌 수 있다. 첫 번째는 광합성을 개입시킨 차세대 바이오연료(바이오 디젤, 지속 가능한 항공유(SAF))다. 성장 중 광합성 과정을 통해 이산화탄소를 빨아들이는 식물을 원료로 만든 연료를 말하며, 연두벌레(유글레나) 등 미세조류를 이용한 바이오 디젤이 바로 그 예다.

두 번째는 공업적으로 합성해서 만들어 낸 연료다. 칠레의 하루오니 프로젝트처럼 재생 가능 에너지로 만든 그린수소와 이산화탄소를 합성한 합성연료(e-Fuel, SAF)도 있고, 바이오매스를 이용해 생성한 바이오에탄올을 탄화수소로 바꾸는 바이오 유래 합성연료도 예로 들 수 있다.

탄소 중립 연료는 흔히 꿈의 연료로 불리지만, 실제로는 값이 비싸고, 공급량이 적고, 에너지 효율도 나쁘며, 유해 배기가스를 배출하는 등 문제가 많다. 가격은 수소 조달 비용에 달려 있기에 경제산업성이 발표한 대로 2050년까지 휘발유 가격 아래로 끌어내리기가 쉽지 않다. 특히 수소 조달 비용이 큰 일본에서는 간단한 문제가 아니다. 결국, 일본으로서는 여러 요소를 수입에 의존해야 하기에 가공무역 후 수출하는 방식을 유지해야 지속가능성을 담보할 수 있다.

또 항공기와 선박에 대한 공급 우선도가 높기에 자동차 전용으로는 과연 얼마나 공급할 수 있을지도 불확실하다. 일본자동차공업회 자료[4]에 따르면, 피셔트롭쉬(FT) 합성[9]으로 항공유를 제조했을 때는 일정량의 휘발유, 경유 성분이 부산물로 발생한다고 한다. 에너지 효율(투입한 에너지에 대해 회수할 수 있는 에너지의 비율) 면에서 보면, 전기→수소→탄소 중립 연료 순으로 효율이 떨어진다. 그러나 효율은 낮

---

[9] 이산화탄소와 수소로 액체 탄화수소를 합성하는 방법.

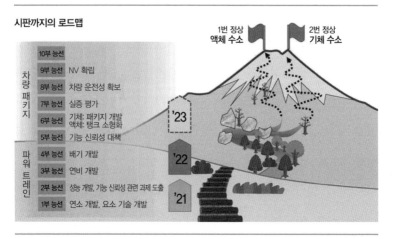

후지산 등정에 비유한 수소 엔진 시판까지의 로드맵
출처: 토요타임즈
https://toyotatimes.jP/report/hpe_challenge_2022/008.html#index01

지만, 재생에너지가 탄생시킨 귀중하고도 불안정한 전기를 탄소 중립 연료로 저장할 수 있는 장점이 있다고 한다.

탄소 중립 연료는 기본적으로 지금의 휘발유와 성분이 다른 것은 아니어서 기존 엔진의 연료로 사용할 수 있다. 단, 질소 화합물 등 유해 배기가스를 줄이는 제어 기술과 정화 장치를 장착해야 한다.

모터스포츠와 차세대 연료와의 관계는 세계적으로 깊은 연결고리를 가지고 있다. 세계 3대 모터스포츠 대회인 미국 인디500은 곡물 유래 바이오에탄올(에탄올 85%, 휘발유 15%를 혼합한 이른바 E85)을 쓰는데, 2023년부터는 전량을 폐기물 유래 2세대 에탄올(에탄올과 바이오연료의 혼합)로 바꾸기로 했다.

유럽 F1은 2026년 룰 개정을 통해 전량 합성연료를 사용하기로 했다. 아우디(Audi)가 일찌감치 참전을 표명하며 자우버 팀을 인수했고, 포드의 참전도 이어졌다. 혼다도 2026년 복귀를 발표한 상태다.

일본에서는 슈퍼 다이큐를 시작으로 슈퍼 포뮬러, 슈퍼 GT가 탄소 중립 연료를 도입할 예정이다(슈퍼 GT는 일부 도입된 상태). 모터스포츠의 장이 지속가능성을 목표로 내세우며 환경 기술을 연마하는 최전방으로 변모한 것이다.

탄소 중립을 위한 길

탄소 중립을 실현하려면 우선은 전원(電源)과 관련한 탈탄소가 먼저 이루어져야 한다. 그런데 전원 부문의 배출량은 비율로 따질 때 불과 35% 정도다. 그 외 대부분은 전력 외 산업·수송·가정 부문에서 배출된다. 이 부문의 탈탄소는 ① 제품 자체의 탄소 중립화(전기차, 연료전지차), ② 제조공정의 탄소 중립화, ③ 행동 변용이나 사업구조 변혁을 통한 순환형 경제 구축, ④ 카본 오프셋(탄소 상쇄, J-크레디트 제도[10]를 통한 크레디트 거래)과 ⑤ 탄소 리사이클(탄소를 자원으로 보고 재이용하는 기술)이 효과적으로 맞물릴 때 달성할 수 있다.

탄소 중립 연료는 탄소 리사이클 기술을 구현한 것이다. 현재 남아있는 과제는 2030년까지 보급할 목표를 세운 SAF(지속 가능한 항공

---

[10] 친환경에너지 설비를 도입하거나 재생에너지 활용을 통한 온실가스 감축량, 산림 관리를 통한 온실가스 흡수량을 일본 정부가 인증하는 제도로서 크레디트(배출권)는 거래할 수 있다.

유)뿐 아니라 폐유와 미세조류를 이용해 만든 바이오 디젤이 현실적인 비용에 접근하도록 해야 하며, 합성연료는 2040년을 목표로 휘발유 가격과 비슷해질 수 있도록 청사진을 그리는 것이다.

일본은 세계에서 전기차 산업이 가장 뒤처진 나라 중 하나라는 사실은 부정할 수 없다. 2050년에도 일본 내 차량의 약 70%가 어떤 형태로든 엔진을 탑재하고 있을 것으로 예상될 정도다. 제품의 탄소 중립화를 통해 탈탄소에 성큼성큼 다가가고 있는 유럽과는 사정이 다르다.

그럼에도 일본은 탄소 중립을 실현하기 위한 고유의 길을 갈 것이다. 탄소 리사이클 연료와 수소 기술의 조합으로 국제 경쟁력을 얻겠다는 전략은 합리적인 생각이다. 배터리는 자급자족, 전기차는 적재적소, 국내 차량 생산은 멀티 패스웨이(전방위)라는 형태가 일본에 적합한 전동화 전략일 것이다. 다만, 일본 내 차량 생산 방식이 현재와 같은 형태를 유지하고도 오래 살아남을 수 있을 거라는 생각은 너무 안일하다고 본다.

EV

3장

경쟁 상대들의
움직임과 전략

TOYOTA ELECTRIC VEHICLE WAR

그레이트 리셋 중인 세계 전기차 시장

공급자로서의 역할이 막중한 자동차 기업들

'그레이트 리셋(The Great Reset)①'은 2021년 다보스포럼(Davos Forum, 세계경제포럼)의 주제였다. 기후변화와 격차 등 사회문제에 대한 진지한 대처가 요구되는 작금의 세계에 필요한 것은 그레이트 리셋이라는 무거운 문제의식의 표현이었다.

자동차 산업도 처지는 다르지 않다. 산업이든 기업이든 탄소 중립

---

① 클라우스 슈밥(Klaus Schwab) WEF(세계경제포럼) 회장이 "코로나 사태는 우리의 낡은 시스템이 더 이상 21세기에 적합하지 않다는 것을 보여주었다"라며 위기의 모든 부분을 혁신하는 '그레이트 리셋'의 기회로 삼자고 제안하면서 전 세계의 화두로 등장한 개념. WEF는 그레이트 리셋에 대해 '보다 공정하고 지속 가능하며 탄력적인 미래를 위해 경제와 사회 시스템의 기반을 공동으로 시급하게 구축하자는 다짐'이라고 밝혔다.

을 실현하면서 자신들의 존재 의의를 찾아내려는 그레이트 리셋에 뛰어들지 않는다면 막다른 길에 도달하고 말 것이기 때문이다.

가능한지 아닌지의 믿음에 대한 논쟁은 차치하고, 이미 배경을 설명한 대로 파리협정의 온난화 1.5도 목표는 세계의 약속으로 자리 잡았다. 그 결과, 자동차 연비 규제는 한층 엄격해졌고, 많은 지역에서 엔진 차를 서둘러 전기차로 바꾸려는 정책이 발표되고 있다. 탈탄소의 무거운 책임을 지는 자동차 기업에는 공급자로서 막중한 역할이 있다.

각국 정부는 파리협정 제6조 2항의 '시장 메커니즘'[5]에 따라 기업들이 탄소 중립에 힘쓰게 만들기 위해 기후변화 관련 재무 공개를 강력히 요구하고 있다. 또 지속 가능한 금융(지속 가능한 사회와 지구를 실현하기 위한 금융)의 가치를 중시하는 투자자와 금융 업계의 압력도 거세졌다. 쉽게 말해, 자본의 힘을 동원해 기업을 탄소 중립이라는 강력한 규제로 옭아매고 있는 셈이다.

사정이 이렇게 되고 보니, 이제 자동차 기업들은 탄소 중립 실현 목표를 스스로 명확히 밝히고 전기차 전략, 기술·재무 전략, 지배 구조를 자세하고도 명확하게 제시해야만 한다. 이와 관련해 조금이라도 소통에 차질이 생기면 브랜드 파워, 기업경쟁력, 기업 가치에 중대한 영향이 미칠 수 있다. 그런 의미에서 '전기차에 부정적'이라는, 남들이 붙여준 꼬리표를 달고 사는 토요타로서는 고민이 지대했고, 그러한 부정적 이미지를 불식하고자 2021년 말에 배터리 전기차 전략 회견을 열었다고 할 수 있다.

네 가지 유형으로 정리되는 전기차 목표

"볼보(Volvo)의 목표가 100% 전기차인데, 토요타는 30% 선이다. 왜 이렇게 소극적인가?"

해외 언론은 이런 분석 기사를 많이 쏟아낸다. 비율을 계산하는 분모가 다르기에 이런 비교는 무의미한데도 미국계 경제지에는 좀처럼 논리가 통하지 않는다. 분모에 포함되는 판매 지역, 제품 구성이 다르면 비율의 의미가 크게 달라지는데 말이다.

105쪽 그림은 2020년부터 2022까지 전 세계 자동차 기업이 발표한 '신차 중 전기차 판매 비율과 달성 시기 목표'를 정리해서 분류한 것이다(기업별로 전기차, ZEV의 정의가 다르지만, 연료전지차의 기여 대수는 적으므로 모두 전기차로 표현했다). 각 기업이 지향하는 방향성은 네 개 유형으로 정리할 수 있다. 2030년은 국가 온실 감축 목표(NDC)의 중간 목표가 명문화돼 있어서 이를 실현하기 위한 공급 책임을 충족한다는 의미에서도 각 기업이 내세운 수치 목표는 전략적 의미가 강하다. 그이후 정책은 아직 정해져 있지 않은데, 2040년 목표는 굳이 말하자면 탄소 중립 목표 해로부터 역산한 비전이라는 의미가 강할 것이다.

첫 번째 유형은 '글로벌 틈새 프리미엄'이다. 일찌감치 전기차 100%를 내세워 틈새시장과 고수익으로 전기차와의 친화성이 높은 프리미엄 가치를 추구하는 기업군이다. 스마트(Smart), 볼보, 재규어(JAGUAR), 미니(MINI) 등 틈새 프리미엄 브랜드가 전기차 100%를 선언했다. 최근에는 메르세데스가 (시장 조건이 허락하는 지역에서는) 2030

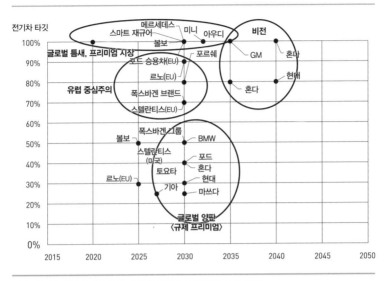

전기차 타깃

세계 자동차 기업이 제시한 전기차 판매 비율 목표(2021년 말 기준)
포르쉐, 메르세데스에는 플러그인 하이브리드가 포함됨
출처: 각 기업 자료를 바탕으로 필자 작성

년에 전기차 100%를 달성하겠다고 선언했다. 일본의 렉서스도 2035년에는 100% 전기차 브랜드로 변신하겠다고 표명한 상태다.

두 번째 유형은 '유럽 중심주의(Eurocentric)'로 세계에서 가장 환경 규제가 엄격해지고 있는 유럽 내 판매 비중이 높은 자동차 기업들이 이 유형에 들어간다. 유럽 포드(승용차 부문), 르노(Renault), 폭스바겐 승용차 브랜드, PSA와 FCA가 통합한 스텔란티스(Stellantis, 유럽 부문)가 2030년 기준으로 전기차 비율 70% 이상 달성을 목표로 내세우고 있다. 유럽 지역은 자동차에서 배출되는 이산화탄소를 2030년에 55% 감축, 2035년에 100% 감축을 목표로 내걸고 있으니 실현 가능성 면에서 이는 개연성 높은 목표치다.

세 번째 유형은 '글로벌 양판 브랜드'로 전 세계의 수많은 국가, 시장 세그먼트를 대상으로 폭넓게 판매하는 양판 브랜드다. 전기차 판매 비율은 마쓰다의 25%(최대 40%로 상승할 것이라는 시나리오 있음)가 가장 낮고, 토요타가 약 30%(필자 추정치, 토요타는 분모를 공개하지 않았다)이며, 포드와 스텔란티스(북미 부문), 혼다 등이 이 유형의 중앙치인 40%에 있다. 그리고 폭스바겐 그룹이 50%로 상한에 자리한다. 이 유형에 속하는 기업의 목표치 차이는 대략 분모에 있는 지역 판매의 구성 차이로 설명할 수 있을 것이다. 전기차로의 전환이 늦어진 일본, 동남아, 인도, 남미에서의 판매 구성 비율이 높으면 전기차 판매 목표 비율은 떨어진다.

네 번째 유형은 '비전'인데, 역산을 통해 탄소 중립을 실현하는 수단으로서 바람직한 전기차 비율의 수준을 보여준다. GM이 2035년, 혼다는 2040년 시점에 전기차 100%를 달성하겠다고 앞서 표명한 바 있다.

메리 바라 GM 회장의 야망

돌아온 카 걸

토요타의 경쟁 상대인 세계적 자동차 기업의 움직임도 살펴보자. 먼저 GM이다.

GM은 2009년 파산했지만, 그 후 최대 지분을 보유한 정부의 상당한 영향력 아래 회생에 성공해 지금은 미국 환경정책을 지탱하는 산업계 유력 기업으로 변모했다. 이 같은 대변혁을 이끈 수장이 바로 '돌아온 카 걸(car girl)' CEO 메리 바라(Mary Barra)다. 뼛속부터 GM 사람으로 평가받는 메리 바라는 GM 공장이 있는 워터포드 타운십(Waterford Township)에서 나서 자랐다. 제너럴모터스연구소에서 공부했고, GM 금형 공장에서 인턴으로 일하다가 GM 장학금을 받고 스탠퍼드대학교에서 MBA를 딴 인물이다.

GM을 회생시키고자 유럽과 인도 같은 거대 시장에서의 사업 철수를 결단했고, 호황기에도 인원 감축을 단행해 세상을 놀라게 했다. 노조와의 협상에도 전투적으로 임해 GM의 난관을 극복한 역량은 세간의 높은 평가를 받는다. 토요타가 세계 시장을 대상으로 한 풀라인을 고집하는 데 반해, 메리 바라는 북미 시장과 고가의 대형 모델에 선택과 집중해 강력한 수익 체질을 만들어 냈다.

회생이 정상궤도에 오른 뒤, CASE 혁명에 대응하기 위해 메리 바라는 GM을 단숨에 모빌리티 컴퍼니로 변신시키기에 나섰다. 그 성공 사례 중 하나가 자율주행 벤처 크루즈(Cruise)를 인수한 뒤, 자율주행 로보택시 사업 개발의 선두 주자 웨이모(구글 산하)를 따라잡은 것이다.

애초 계획보다는 몇 년 늦었지만, 크루즈는 2022년 샌프란시스코에서 일반인을 위한 자율주행 로보택시 서비스를 시작했다. 서비스는 애리조나주 피닉스, 텍사스주 오스틴으로 확대되고 있다. 크루즈는 2025년까지 매출 목표를 10억 달러(1,350억 엔)로 설정했고, 2030년까지 5백억 달러(7조 엔)로 늘릴 목표를 내걸고 있다. 경쟁자인 포드가 자율주행 개발 벤처 아르고 AI(Argo AI)를 인수하고 필사적으로 GM을 뒤쫓았지만, 결국 아르고는 2022년 폐업했고 완전 자율주행 기술 개발이 중단되며 양사의 명운이 갈렸다.

토요타 EV 전쟁

GM의 전기차 전략

GM은 2035년까지 판매 차량의 배기가스 제로(ZEV 100%) 달성을 목표로 내걸고, 2040년에는 기업 차원의 탄소 중립을 지향한다고 공표한 바 있다. 그리고 이를 위한 행동 계획을 세 단계로 설명했다.

1단계, 2019~2022년에는 전기차와 SDV(소프트웨어 정의 자동차)의 기술 기반을 마련하기 위해 요소 기술을 획득하고 다양한 제휴를 맺었다. 배터리는 LG화학의 배터리 사업을 승계한 LG에너지솔루션(LGES)과 전략적 제휴를 맺고 얼티움(Ultium) 배터리의 생산 기반을 마련했다. 또 SDV를 구현할 얼티파이(ultifi)라는 이름의 소프트웨어 플랫폼을 구축했으며, 슈퍼 크루즈와 울트라 크루즈 등 SDV가 제공할 첨단 운전자 보조시스템의 기술 기반도 마련했다. 자율주행과 관련해서는 앞서 언급한 대로 크루즈를 인수해 로보택시 사업의 토대를 구축했다.

2단계, 2023~2025년에는 투자에 박차를 가해 배터리, 전기차, SDV의 사업 규모를 확대한다. 2025년까지 전기차 백만 대 생산 능력을 갖추겠다는 목표 아래 디트로이트에 팩토리 제로 공장을 포함해 전기차 전용 공장 세 곳을 건설했다. 이 단계에서는 수익성이 높은 휘발유 차 판매로 회사 전체의 수익을 뒷받침하고, 역대 최고의 수익을 유지하면서 성장하는 것이 목표다.

3단계, 2025~2030년에는 전기차 사업을 기반으로 한 순환형 생태계(각 기업과 사업이 상호 보완을 통해 비즈니스 환경을 만들어 내는 구조로 생물의 생태계에 빗댄 경제 용어)를 발전시켜 매출을 두 배로 키우고, 영업이익률을 12~14%로 끌어올려 고수익 기업을 지향한다. 크루즈의 로보택시, SDV가 창출한 밸류 체인, 그리고 GM 에너지의 에너지 매니지먼트가 핵심 수익원이 된다.

GM은 휘발유 차를 부정하지는 않는다. 다만, 2030년까지 휘발유 차에서 뽑을 수 있는 수익은 다 뽑아낸 뒤, 전기차와 SDV에 대한 투자로 돌아설 생각이다. 토요타와 마찬가지로 밸류 체인의 중요성을 강조하고, 서비스 센터로서의 딜러와의 관계성을 중시하며, 보유 차 한 대당 매출 최대화를 목표로 삼고 있다.

"2021년만 해도 GM의 딜러에게 테슬라 차주의 수리 의뢰가 1만 1,180건이나 들어왔습니다. 이것도 새로운 비즈니스 모델이지요."

2022년 인베스터 데이의 무대에 오른 마크 루스(Mark Reuss) 사장의 발언에 투자자들의 웃음이 터져 나왔다.

밸류 체인의 수익 기반으로는 업계에서 경쟁력 높기로 유명한 온스타(OnStar)의 커넥티드 서비스, 슈퍼 크루즈에서 나오는 OTA(over-the-air, 다양한 기능과 서비스의 무선 업데이트) 수익, 판매 금융[2] 자회사, 부품 판매, 보험 수익을 들 수 있다. IRA(미국 인플레이션 감축법)에 의한 7천5백 달러의 세금 공제는 전기차로 인한 수익성 악화의 절반 이상을 메울 수 있을 전망이라고 하며, 일련의 밸류 체인을 합산하면 전기차

---

[2] 1910년대 미국에서 나타난 금융 회사의 일종. 주로 승용차나 기타 소비재 등의 소매 판매에서 발생하는 할부 납입 어음, 주택의 수리를 위해 발행되는 할부 납입 어음의 매입과 관련해 소비자에게 간접 금융을 제공한다.

의 수익성을 전통적인 자동차 사업 수준으로 올릴 수 있다고 한다.

현 단계의 목표는 2024년 중반까지 북미에서 누적 40만 대의 전기차를 생산하고 2025년에 백만 대 생산 능력을 확립하는 것이다. 이렇게 북미 시장에서 적극적으로 전기차를 판매하더라도 북미 지역 영업이익률은 8~10%의 높은 수준을 유지할 수 있다고 한다.

주목받는 이쿼녹스 EV

GM은 2022년 북미국제오토쇼(North American International Auto Show, 일명 디트로이트 모터쇼(Detroit motor show))에서 향후 주요 세그먼트에 투입할 프리미엄·대·중·소 크기의 전기차를 공약대로 나열했다. 쉐보레(Chevrolet)의 '실버라도(Silverado) EV', '이쿼녹스(Equinox) EV', '블레이저(Blazer) EV', '볼트(BOLT) EV', '볼트 EUV', GMC의 '시에라(Sierra) EV', '허머(HUMMER) EV', 캐딜락(Cadillac)의 '리릭(Lyriq)', '셀레스틱(Celestiq)' 등이 속속 시장에 선보인다는 것이다.

풀 라인을 통해 적극적인 전기차 공세에 나서서 단숨에 규모를 확대한다는 목표다. 풀 라인이라고는 하지만, 기본적으로는 북미 특화형 전기차 모델들이다. 고가의 SUV, 픽업, 캐딜락 같은 고급 차량의 경우, 일정 비율은 전기차로 넘어갈 것으로 기대할 수 있다. 최대 관심사는 3만 달러 정도(약 4백만 엔)로 가격을 예정 중인 이쿼녹스 EV가 시장에서 어느 정도 반응을 불러일으킬지다.

이쿼녹스 EV의 항속거리는 250~300마일(400~480km)로 150kw

DC 급속 충전 기능을 표준 장착한다. 만약 IRA 덕에 7천5백 달러 세금 공제를 전액 받을 경우, 2만 5천 달러(약 330만 엔) 수준의 놀라운 저가에 출시될 가능성도 있기에 일본 차의 중심 모델이며 하이브리드가 주력인 라브(RAV)4나 CR-V와 같은 가격 또는 그 이하로도 내릴 수 있다.

배터리 생산은 고전 중

GM은 LGES와 합작으로 오하이오주(40GWh(기가와트시), 2022년 가동 개시), 테네시주(40GWh(기가와트시), 2024년 가동 개시 예정), 미시간주(2025년 가동 예정) 세 곳에 배터리 생산 공장을 짓고, LG와 GM이 공동 개발한 라미네이트형 리튬이온배터리 '얼티엄'을 생산한다. 130GWh(전기차 환산 백만 대 이상)에 달하는 생산 능력 확립이 목표다.

네 번째 전지 공장에 관해서는 LGES와의 협의를 갑자기 중단한 뒤, 2023년 4월에 삼성SDI와 합작 공장(30GWh, 2026년 가동 개시 예정)

건설에 합의했음을 발표한 바 있다. 여기서는 각형과 원통형 셀 생산 라인을 세울 예정이다. 이 네 개 거점을 합치면 계획상 160GWh(전 기차 환산 160만 대 이상)의 배터리 생산 능력이 갖춰진다.

GM은 2024년과 2025년의 전기차 생산 대수를 명확히 공개하지 않고 있다. 기존에는 2025년에 북미 전기차 생산 능력을 백만 대로 끌어 올리겠다고 했지만, 실제 생산 대수는 그보다 훨씬 밑돌 가능성 이 크다. LGES와의 합작사 얼티엄셀즈(Ultium Cells)에서 배터리 증산 이 지연됐기 때문이다.

얼티엄셀즈는 배터리 생산 수율이 예상을 큰 폭으로 밑돌며 고전 중이다. 배터리 생산에서 고전하는 기업은 GM뿐만이 아니다. 토요 타의 PPES(프라임 플래닛 에너지 앤 솔루션, 파나소닉과의 합작사), 폭스바겐 과 스웨덴 배터리 회사 노스볼트(Northvolt)의 합작 공장에서도 같은 상황을 볼 수 있다. 미국의 한 조사회사의 보고에 따르면, 가동 개시 가 지연됨으로써 실제 생산은 58GWh, 전기차 55만 대분에 머무를 전망[6]이라고 한다. 그 외에 북미 경제 동향에도 암운이 드리우기 시 작한 탓에 GM의 2단계 계획, 즉 배터리, 전기차, SDV 사업의 규모 를 단숨에 키우려는 야망을 이루려면 해결할 문제가 많을 것으로 보 인다.

SDV의 선두 주자를 목표로

당장은 가시밭길이 틀림없지만, GM의 강점은 뭐니 뭐니 해도 사업

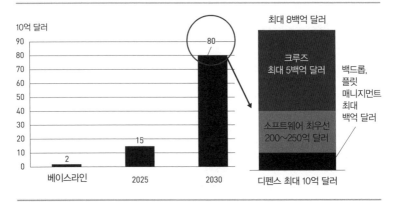

GM의 소프트웨어 및 신규 사업 규모
출처: 기업 자료를 바탕으로 필자 작성

결정부터 개시까지의 속도감이다. GM은 자사 역량만으로 해결하려는 고집을 부리지 않고, 쓸 수 있는 수단이라면 그것이 무엇이든 긍정적으로 검토하는 오픈 이노베이션[3]을 적극적으로 활용해 왔다. SDV를 실용화하기 위한 소프트웨어 및 전자 플랫폼과 관련해서는 IBM 산하의 레드햇(Red Hat), 토요타에 직접 부품을 공급하는 티어(Tier) 1 기업인 앱티브(Aptiv)를 활용해 SDV의 기반이 되는 소프트웨어 플랫폼 '얼티파이'를 조기에 선보였다.

소프트웨어 정의 사업의 핵심 가치가 될 첨단 운전자 보조시스템 '울트라 크루즈'는 센서로 셉톤(Cepton)사의 라이다(LiDAR, 빛을 이

---

③ 기술이나 아이디어가 기업 내외의 경계를 넘나들며 기업의 혁신으로 이어지도록 하는 것. 기업 내부의 R&D 활동을 중시하는 '폐쇄형 혁신'이나 특정 방향으로 역량을 이동시키는 '아웃소싱'과 비교되는 개념이다.

용한 원격 감지 기술), 시스템온칩으로는 퀄컴(Qualcomm)의 스냅드래곤 (Snapdragon) 드라이브를 채택해 저렴한 가격에 서비스의 조기 개시를 노리고 있다. 빠른 속도로 전기차와 SDV의 규모를 키운 뒤, 2030년에는 로보택시, 소프트웨어 정의, 에너지 매니지먼트를 중심으로 한 신사업에서 최대 8백억 달러(약 10조 엔)의 성장을 이루려 하는 것이다.

CEO 해임과 멈춰 선 폭스바겐

돌연 해임된 헤르베르트 디스

폭스바겐은 전통적인 자동차 기업 중 가장 먼저 전기차 정책을 발표하고 역동적으로 경영개혁에 나섰다. 그러나 구조적 문제 해결에 대한 지지부진한 대응, 불안정한 경영진, 창업가와 노조 간 불협화음 속에 심각한 고전을 면치 못하고 있다. 혼란에 혼란이 이어지는 모양새다.

2022년 7월, 폭스바겐의 전기차 정책을 강력히 추진해 온 당시 CEO 헤르베르트 디스(Herbert Diess)는 미국 출장에서 돌아온 직후, 감사회로부터 해임을 통보받았다. 후임으로 선정된 인물이 포르쉐의 CEO 올리버 블루메(Oliver Blume)였다. 디스의 해임 사유는 디스가 밀어붙인 소프트웨어 자체 개발 작업이 지연되면서 신차 투입 계획에까지 지연이 초래된 책임 추궁이었다. 그러나 실질적으로는 그동안 디스의 방패막이가 되어준 폭스바겐의 창업가이자 대주주인 볼프강 포르쉐(Wolfgang Porsche)가 노조와의 불화가 끊이지 않는 그를 포기했기 때문일 것이다.

폭스바겐의 경영적 특징은 그 유명한 페르디난트 포르쉐(Ferdinand Porsche)④ 박사의 후손인 포르쉐 가문과 피에히(Piëch) 가문 두 창업 일가가 군림하고 통치한다는 점이다. 원래 폭스바겐은 히틀러가 설립한 공익재단이 원점이기에 국가 정책이나 지역사회와 밀접한 관련이 있다. 경영 권력은 감사회에 있는데, 감사회는 노동자 대표 열 명과 주주 대표 열 명 등 총 스무 명으로 구성된다. 주주 대표는 포르쉐 가문과 피에히 가문이 주도권을 쥐고 있다. 따라서 노조와 창업가가 타협하지 못하면 목이 날아가는 것이 폭스바겐 CEO의 숙명이기도 하다.

"낡은 구조를 타파하고 폭스바겐을 더욱 민첩하고 현대적인 회사로 바꾸겠습니다."[7]

디스는 이렇게 밝히며 조직 문화를 파괴적으로 개혁하려 했고, 이러한 과격함이 노동자와의 갈등을 반복해서 일으킨 것이다.

디스는 2015년 '코스트 커터(cost-cutter)'라는 별명과 함께 BMW에서 폭스바겐 승용차 브랜드 사장으로 이적해 온 인물이다. 이적 직

---

④ 독일의 기계공학자이자 폭스바겐 및 포르쉐의 창업자. 메르세데스-벤츠에도 일부분 관여했으며 하이브리드 자동차에 지대한 관심을 가졌다. 완벽함을 추구하며 자동차 산업을 혁신한 업적이 높이 평가받는다.

후, 폭스바겐 배기가스 조작 사건으로 알려진 '디젤게이트'가 터졌고, 무너지던 폭스바겐의 승용차 브랜드 사업을 과감한 감원과 전기차 정책으로 정상 회복시켰다. 그 공을 인정받아 2018년에는 마티아스 뮐러(Matthias Muller)의 후임으로 그룹 CEO에 올랐다.

디스는 여러 차례 목이 날아갈 뻔했는데, 노조 대표인 오스터로(Bernd Osterloh)와의 불화로 2020년에도 해임 직전까지 간 적이 있다. 당시에는 굴욕적인 사과와 함께 겸임하던 폭스바겐 승용차 브랜드 CEO를 퇴임하는 선에서 넘어갔다. 불씨가 다 꺼지지도 않은 2021년, 임기를 2025년까지 연장한다는 결정이 난 것은 포르쉐 가문과 피에히 가문의 지원이 있었기 때문이다.

결정적 사유는 소프트웨어 개발 지연

자회사 카리아드(Cariad)는 소프트웨어 개발을 맡았으나 전혀 진척이 없었다. 이에 신차 개발은 오랜 기간 악영향을 받을 수밖에 없었다. 디스에게는 특히 차기 포르쉐 마칸(Porsche Macan)의 개발이 크게 지연되는 데 대한 강력한 책임 추궁이 쏟아졌다.

2022년 무렵부터는 이미 카리아드 재건 담당 전속 임원이었으니 결과에 대한 책임을 질지 해임될지의 갈림길에 서 있었던 것으로 보인다. 또 하나, 독일의 신 연립정권이 추진하려 한 탄소 중립 연료인 e-Fuel(그린수소 유래 합성연료)에 반대하던 디스는 정치적인 뒷받침도 잃고 있었던 것 같다.

필자가 디스를 처음 만난 것은 2017년 도쿄 모터쇼(Tokyo Motor Show)에서였다. 그는 이미 'MEB'라는 전기차 전용 플랫폼을 주축으로 디젤에서 벗어나 전기차로 트랜스포메이션하겠다는 전략을 내세우고 있었다.

"테슬라의 모델S 플랫폼은 충격이었다. 우리도 따라잡아야 한다."

그는 테슬라를 극찬했고 테슬라 추종을 숨길 기색도 없이 주저하지 않고 돌진하려 했다. 2019년 프랑크푸르트 모터쇼(Frankfurt motor show)에서도 만났는데, 그때는 폭스바겐 그룹의 CEO로서 구조 개혁을 단행할 의욕에 한껏 부풀어 있었다.

후임 올리버 블루메는 1994년에 입사한 뒤 줄곧 폭스바겐을 지킨 인물이다. 아우디, 세아트(SEAT), 폭스바겐 브랜드, 포르쉐의 각 브랜드를 역임하는 동안, 생산 현장 경험이 길었고 노조를 어떻게 다루어야 하는지도 잘 안다고 알려진다. 전기차 정책 방향은 디스와 마찬가지지만, 포르쉐 CEO로서 앞서 언급한 칠레의 하루 오니 e-Fuel 프로젝트를 추진했고, 포르쉐의 2026년 F1 참전에 열정을 쏟아온 인물이기도 하다.

폭스바겐의 세 가지 전략

폭스바겐은 전기차 정책에 활용할 비장의 카드로 세 가지 전략을 밝혀왔다. 첫 번째는 전기차 전용 플랫폼을 진화시켜 높은 표준성, 메가 스케일을 실현할 것. 두 번째는 플랫폼에 탑재할 배터리·반도체

·소프트웨어 등 부가가치가 높은 영역을 수직 통합(자사 관할)해 자체적으로 개발과 제조를 직접 장악할 것. 마지막으로 세 번째는 전기차로의 전환과 디지털화를 패키징하고 에너지 매니지먼트 등 소프트웨어 정의 사업에서 새로운 밸류 체인을 창출하는 것이다.

폭스바겐에는 양판 엔진 차 플랫폼으로 MQB, 스포츠·프리미엄 엔진 차 플랫폼으로 MLB라는 양대 체계가 있다. MQB를 전기차로 대체하는 플랫폼이 MEB인데 이미 ID.3, ID.4 등의 전기차 시리즈가 시장에 투입됐다.

MLB는 2023년부터 PPE(Premium Platform Electric)를 투입해 전기차로의 전환을 목표로 한다. 또 기존 계획에서는 2025년 아우디의 전략 신차 아르테미스(Artemis)와 관련해 통합 플랫폼인 SSP(Scalable Systems Platform)⑤를 선보일 예정이었다.

SSP는 앞서 여러 번 언급한 SDV를 구현할 플랫폼이다. 자동차 OS(자동차 외부와의 연결을 정의하고 자동차 내 하드웨어·소프트웨어를 중개하는 소프트웨어)인 VW.OS를 버전 2.0으로 업그레이드하여 소프트웨어와 하드웨어를 분리한 서비스 지향 비즈니스를 본격화할 수 있는 SDV를 만들 계획이었던 것이다. 바로 그 OS를 개발하는 조직이 '카리아드(Cariad)'다. 카리아드는 당초 OS뿐 아니라 자동차에 필요한 소프

---

⑤ MEB와 PPE의 뒤를 잇는 차세대 전기차 전용이자 완전히 디지털화된, 고도의 확장성을 갖춘 메카트로닉스 플랫폼이다. 거의 모든 차량에 활용할 수 있으며 고도로 모듈화된 것이 특징이다.

폭스바겐의 세 가지 전략

① 표준화, 메가 스케일화를 실현한 BEV 전용 플랫폼 구축

② 배터리 및 소프트웨어 사업의 수직 통합

③ 소프트웨어 정의: 소프트웨어, 충전, 에너지 매니지먼트

2020　2023　2025

MQB → MEB

MLB → 프리미엄 스포츠

VW.05 1.1 (E3 1.1)

VW.05 1.2 (E3 1.2)

VW.05 2.0 (E3 2.0)

양산

SSP 그룹 메카트로닉스 플랫폼

PPE

SSP~그룹 메카트로닉스 플랫폼 모듈랜드/표준화

2028년경으로 도입이 지연될 전망

E3 1.1　E3 1.2　E3 2.0

ID 패밀리

PPE 플랫폼 (포르셰)

Software Stack 그룹 전체 출시

이르면(이후디)

2025년 이후

CARIAD

2020　2021　2022　2023　2025년 이후

브랜드별 소프트웨어 개발

선행투자기

수익화

2025년 이후 수익화

출처: 2021년 해당 기업 자료를 바탕으로 필자 작성, 사진은 폭스바겐 홈페이지.

트웨어들을 코딩하는 공장으로서 향후 소프트웨어 내제화율 60%를 목표로 내걸었었다.

그러나 소프트웨어의 개발 지연은 ID.3, ID.4의 도입 시점에서 이미 현실로 드러났다. 이에 하드웨어는 탑재했으나 소프트웨어는 비어 있는 사태가 발생했다. 이는 토요타의 우븐 바이 토요타가 드러낸 소프트웨어 개발 지연과 동질의 문제다. 자동차 기업들은 소프트웨어 개발을 자체적으로 해결하려는 경향을 보이는데, 이런 점에서 보면 포드도 역시 비틀대는 중이다.

소프트웨어 개발의 좌초

블루메가 CEO로서 풀어야 하는 첫 번째 숙제는 암초에 부딪힌 소프트웨어 개발 건이다. 소프트웨어 자체 개발 노선을 변경해 외부와 손잡아야 한다고 판단한 블루메는 자체 개발의 깃발을 내렸다. 자동차 OS의 개발 목표 시점은 2028년 무렵으로 대폭 미뤘고, 당분간은 클라우드 제휴와 OTA 업데이트의 범위가 넓어지도록 VW.OS 버전 1.2를 강화해 극복할 작정이다. 카리아드는 그룹 내 소프트웨어 인력을 동원해 최대 6천 명의 개발팀을 꾸렸었는데, 현재는 천 명으로 줄어든 것 같다.

2023년, 세계 최대 이동통신 박람회 'MWC(Mobile World Congress)'가 코로나로 인해 3년 만에 스페인 바르셀로나에서 열렸다. 카리아드는 자동차를 업그레이드하고 폭스바겐 애플리케이션 스토어(앱스

토어)를 발표했다. 개발 속도를 중시해 기존의 앱 생태계를 도입한 모습이었다.

이 앱스토어의 바탕은 삼성전자 산하 하만(HARMAN)이 제공하는 이그나이트 스토어(Ignite Store)로 해당 인터페이스를 통해 스토어에서 판매되는 앱을 인증함으로써 널리 알려진 앱을 폭스바겐의 차세대 인포테인먼트로 제공할 수 있게 했다. 종래의 자체 OS에 구글의 안드로이드 OS를 추가한 것이다. 널리 보급된 안드로이드를 인포테인먼트 OS에 채택해 스포티파이(Spotify, 스웨덴의 세계 최대 음원 스트리밍 플랫폼), 옐프(Yelp, 소비자 리뷰 웹사이트), 알렉사(Alexa, 아마존에서 개발한 인공지능 플랫폼), 틱톡(TikTok) 등 주요 앱을 이용할 수 있는 환경을 마련한 셈이다.

터무니없는 전기차 투자효율

2023년 3월에 발표한 투자 계획 '플래닝 라운드 71(PR71, 2023~2027년)'에 따르면, 폭스바겐은 향후 5년간 천8백억 유로(26조 엔)에 달하는 막대한 설비투자와 연구개발비를 투자할 계획이다. 이를 통해 다시 한번 폭스바겐의 전기차 투자효율이 떨어지고 있음이 드러났다. 2023년은 선행 투자에 기존 엔진 차량에 대한 투자의 마지막 국면이 겹치기 때문에 투자 금액이 370억 유로로 정점에 달한다지만, 그 이후에도 눈에 띄는 감소는 없을 것으로 보인다.

2022년 폭스바겐의 전기차 판매량은 57만 대에 달했다. 폭스바겐이 세계 시장에 판매한 대수 중 전기차의 비율은 6.9%로 늘어났지만, 계획의 7~8%에는 못 미치는 수치다. 폭스바겐은 2025년에 전기차 약 2백만 대 판매를 이루기 위해 휘발유, 경유 차 중심 구조를 변혁해 왔다. 그러나 전기차 투자는 배터리 투자를 포함해 520억 유로(약 7조 5천억 엔)에 이를 가능성이 크다.

이는 테슬라가 창사 이래 투자해 온 규모를 25%나 웃도는 금액이며, 2030년에 350만 대를 목표로 하는 토요타의 5조 엔 투자도 크게 웃도는 규모다. 터무니없이 낮은 전기차 투자효율이 향후 사업의 비용 경쟁력을 우려하게 하는 요인이다.

폭스바겐은 이미 니더작센주 츠비카우(Zwickau) 공장을 전기차 전용 공장으로 전환하고 생산 능력이 30만 대인 공장에 약 12억 유로(1,740억 엔)를 투자한 상태다. 또 드레스덴(Dresden)의 통칭 '투명한 공장'뿐 아니라 니더작센주 엠덴(Emden) 공장 등을 전기차 전용 공장으로 바꿔 나갈 계획도 가지고 있다.

배터리 조달과 관련해서는 유럽에 배터리 공장을 여섯 군데 세워 연간 생산 능력 240GWh(토요타는 2030년에 280GWh)를 확보할 생각이

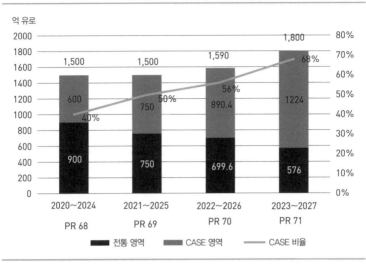

플래닝 라운드별 투자(연구개발비+설비투자) 금액
출처: 해당 기업 자료를 바탕으로 필자 작성

다. 독일 잘츠기터(Salzgitter) 공장은 기가팩토리인데 주력인 내제화 배터리 공장으로 지은 것이다. 노스볼트(Northvolt)와 공동으로 2025년부터 양판 세그먼트용 배터리를 생산하기 시작해 최대 생산 능력은 40GWh(전기차 환산 약 50만 대)에 이를 전망이다.

노스볼트는 테슬라의 전 간부 피터 칼슨(Peter Carlsson)이 2016년에 설립한 스웨덴의 신흥 배터리 업체로 폭스바겐의 출자 규모가 20%다. 2021년부터 스웨덴 북부 셸레프테오(Skellefteå)에 첫 번째 전지 공장을 가동하고 있지만, 생각만큼 생산 수율이 오르지 않아 새삼 배터리 생산의 어려움을 실감하게 한다.

TOYOTA ELECTRIC VEHICLE WAR

약진하는 현대자동차그룹

일본만 모르는 현대의 실력

현대와 기아 두 개의 자동차 기업을 산하에 거느린 현대자동차그룹은 전기차를 비약의 기회로 보고, 세계 톱3의 전기차 기업을 목표로 적극적이고 공격적인 경영을 이어오고 있다. 일본에서는 생소하지만, 세계 시장에서 차지하는 위상은 해마다 높아지는 중이다. 2022년에는 글로벌 판매 대수에서 만년 5위를 벗어나 마침내 토요타, 폭스바겐에 이은 3위 자리를 꿰찼다. 또 2022년부터는 일본 승용차 시장에도 재진입했다.

현대차그룹은 1967년 현대그룹의 창업자 정주영이 창립한 자동차 기업이다. 창업가의 일원이었던 정몽구는 현대그룹 후계자 선정을 둘러싼 다툼에서 패한 뒤, 현대차를 이끌며 그룹에서 독립했다.

1999년, 외환위기로 파산한 기아차를 산하에 들이며 지금의 현대차그룹 형태를 유지하고 있다.

새로운 도전주의

현대차그룹은 2000년대 초반, 일본 자동차 업계가 방심한 틈을 타경쟁력 격차를 크게 줄인 시기가 있었다. 당시는 기아그룹과 함께 추진한 24개 플랫폼을 소형, 중형, 대형, 스포츠, 프레임, 상용 등 6개로 집약한 플랫폼 통합 전략의 효과가 강력하게 발휘된 것으로 평가할 수 있다. 또 현대모비스를 중심으로 한 공급업체의 가격 경쟁력, 장기간에 걸친 원화 약세도 가격 경쟁을 뒷받침했다.

그러나 독자적인 기술력이 내부에 충분히 축적되지는 못했다. 그뒤, 마구잡이식 확장 전략이 역효과를 내고 품질 문제 및 여러 불상사로 인해 하락세를 보였다. 2000년대 중반 들어 현대차그룹은 성장이 멈췄다. 일본 자동차 업계로서는 한국 차에 대한 경쟁력을 만회한셈인데, 최근 몇 년 사이 실력을 키운 현대차그룹은 다시 기세를 되찾아 일본 차를 위협하는, 아니 능가할 수 있는 존재로 부상했다.

이 같은 부활을 이끈 인물이 정몽구에 이어 2020년 그룹 회장으로 취임한 장남 정의선이었다. 정의선은 정체 중이던 기존 노선의 방향을 틀어 CASE에 대응하는 차세대 기술을 적극적으로 도입했다. 전기차에 대한 대응도 빨라 현재 전기차 시장 확대 붐을 타고 급부상하고 있다.

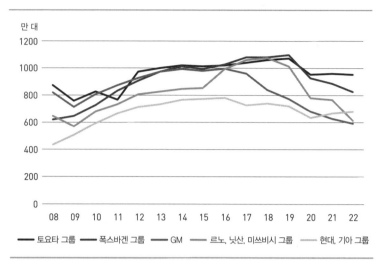

글로벌 판매 대수 상위 5개 그룹
출처: 각 기업 자료를 바탕으로 필자 작성

정의선은 현재 52세로 매우 젊다. 토요타의 새 사장인 사토도 53세라 한국에서는 이 젊은 두 경영자의 행보, 토요타와 현대차그룹의 경쟁 구도를 크게 주목하고 있다.

아이오닉으로 토요타를 격침한 현대

현대의 전기차 '아이오닉5'는 2022년 4월 뉴욕 국제 오토쇼(New York International Auto Show)에서 '세계 올해의 차'에 선정됐다. 아이오닉5는 전기차 전용 플랫폼 'E-GMP(Electric-Global Modular Platform)'를 기반으로 2021년부터 세계 시장에 선보이고 있는 모델이다. 2022년부터는 일본에도 수입되어 자동차 저널리스트들의 높은

아이오닉6

평가를 받았는데, 실은 토요타의 bZ4X가 출시되기 1년 전부터 이미 세계적으로 호평받고 있었다. 토요타는 출시도 늦고 이기지도 못한 것이다.

현대차그룹은 E-GMP에서 11개 전기차 전용 모델을 시장에 투입해 전기차 판매 대수를 2025년까지 백만 대로 늘릴 계획이다. 현대차는 실리콘 카바이드(SiC) 반도체를 사용한 인버터를 채택해 8백 볼트(V) 고전압 아키텍처를 준비하고 있다. 충전 속도와 전비 성능이 우수한 가운데 가격도 비교적 저렴하게 설정할 거라는 후문이다. 앞으로는 차세대 전기차 전용 플랫폼인 '통합 모듈러 아키텍처(IMA, Integrated Modular Architecture)' 방식에 따른 차종별 전용 플랫폼을 개발할 예정이다. 우선은 승용 전기차 플랫폼 'eM'이 2025년에 도입될 예정이라 주목할 만하다.

차량 성능도 좋은데 그에 못지않게 눈길을 끄는 점은 디자인이 매우 뛰어나다는 점이다. 디자인을 진두지휘하는 이는 글로벌 디자인 부문 수장인 이상엽이다. 이상엽은 GM에서 폭스바겐, 벤틀리

(Bentley)까지 유수의 기업을 두루 거친 인물이다.

현대차는 전기차의 2030년 세계 판매량 목표를 2백만 대라고 밝힌 바 있다. 기아의 최신 계획은 2030년 160만 대로, 이 둘을 합하면 현대차그룹의 전기차 판매 대수는 토요타를 웃도는 360만 대로써 세계 톱3의 전기차 기업을 노린다고 봐야 한다. 현재 계획 중인 모델 수는 현대가 17개, 기아가 14개다.

뉴욕 국제 오토쇼를 휩쓴 현대

필자는 2023년 4월, 코로나로 인해 무려 4년 만에 열린 뉴욕 국제 오토쇼를 관람했다. 유럽 차는 폭스바겐을 제외하고는 거의 참가하지 않았기에 유럽 기업을 위한 무대는 비어 있었다. 그만큼 전시장 면적은 균등하게 한국, 미국, 일본 기업에 배분되며 각 기업이 자사의 존재감을 한층 돋보이게 꾸밀 수 있는 환경이었다. 그러나 일본 차는 의미 없이 면적만 넓다는 느낌이 들었고, 한국 차는 이렇게 넓은 면적을 제공했는데도 자리가 더 필요하다는 생각이 들 정도로 위세가 대단했다. 사방에서 한국어만 들렸다. 일본의 기세가 크게 꺾여 나도 모르게 위축된 기억이 선명하다.

놀라운 사실은 세계 올해의 차 7개 부문 중 5개 부문을 한국 차가 수상했다는 점이다. 세계 올해의 차에는 전년의 '아이오닉5'에 이어 그해에는 포르쉐를 방불케 하는 디자인의 '아이오닉6'가 수상하며 현대 전기차가 2년 연속 영예를 차지했다. 퍼포먼스 부문에서는 기아의 'EV6', 올해의 인물로는 앞서 언급한 이상엽이 선정됐다. 이 같은 한국 차의 기세는 당분간 수그러들 것 같지 않다.

테슬라를 넘어선 중국 BYD

NEV 특화로 비약적인 급성장

중국 전기차의 선두 주자 BYD는 중국 토종업체로 2023년 일본 시장에 진입해 높은 인지도를 얻기 시작했다. 2022년의 전기차 판매량이 91만 대를 기록하며 테슬라의 154만 대를 바짝 추격한 세계 2위업체로 올라섰고, 플러그인 하이브리드를 더한 NEV(신에너지 차량)의 판매 대수로는 185만 대를 달성하며 테슬라를 제치고 세계 정상의자리에 올랐다. 이 같은 파죽지세는 2023년 들어서도 전혀 수그러들지 않았다. 2019년까지만 해도 2% 정도에 불과했던 중국 시장 점유율은 2022년 8%로 상승했고, 2023년 1~4월 누적 집계에 따르면 11%에 달했다. 폭스바겐에 이은 중국 2위 자동차 기업으로 단숨에 뛰어오른 것이다.

BYD란 'Build Your Dreams(당신의 꿈을 설계하라)'의 머리글자를 딴 줄임말로, 1995년 휴대용 배터리 제조업체로 출발해 현재도 창업자이자 경영 수장으로 군림하고 있는 왕젠푸(王建福)에 의해 설립되었다. 그는 안후이성(安徽省)의 가난한 시골 출신으로 종업원 20여 명의 영세기업을 만든 뒤, 현재는 57만 명을 고용하는 대기업으로 발전시킨 입지전적인 인물이다.

당시 휴대용 리튬 배터리는 산요전기, 소니(SONY), 파나소닉 등 일본 기업의 영향력이 압도적이었다. 이에 왕젠푸가 취한 전략은 고액의 자동화 클린 룸을 이용하지 않고, 필요한 부분만 클린박스를 만들고 나머지는 사람 손에 의존하는 방식이었다. 그야말로 인해전술을 통해 배터리를 저렴하게 공급한 것이다. 이 배터리가 대규모 휴대폰 제조사에 들어가면서 BYD는 설립한 지 몇 년 지나지 않아 전 세계 휴대용 리튬 배터리 시장의 40%를 차지하는 기업으로 변신했다.

이 같은 성공은 자체 공급망을 도입한 수직 통합 덕이었는데 부자재, 생산설비를 포함해 필요한 것은 모조리 직접 개발·생산하는 방식이다. 이 수직 통합 방식은 전기차의 성공 요인과 맞아떨어지며 현재 NEV 시장에서의 놀라운 성공으로 이어졌다.

BYD가 자동차 시장에 뛰어든 것은 2003년 1월, 거의 무명이었던 진촨(秦川) 자동차 유한공사를 매수하면서부터다. 당시에는 BYD의 자동차 사업 기술이 볼품없었기에 엔진을 외부에서 조달해 코롤라를 흉내 낸 차량을 제조·판매했다. 그러다가 'F3DM'라는 이름의 플러그인 하이브리드 차량을 2008년에 선보였는데 이것이 워런 버핏

(Warren Buffett)의 눈에 띄면서 상황이 급변했다. 워런 버핏의 투자회사 버크셔 해서웨이(Berkshire Hathaway)가 BYD에 18억 홍콩 달러를 투자하고 10%를 출자하면서 BYD의 평가는 급상승한다.

F3DM은 코롤라를 닮은 'F3'를 기반으로 개발된 플러그인 하이브리드 차량이다. 16kWh의 배터리를 탑재해 전기차 주행 레인지가 100km 정도 나오지만, 가격은 15만 위안(보조금을 받으면 약 9만 위안, 약 140만 엔)으로 경쟁력이 높았다. 그때부터 배터리 가격은 세계 표준 대비 절반 이하 수준이었다.

BYD의 경쟁력은 어디서 나오는가

최근 NEV 시장에서 BYD가 성공을 거둘 수 있었던 요인은 2장에서도 언급했지만, 지금까지 NEV가 공략하지 않았던 10만~25만 위안의 대중적 차량에 휘발유 차량보다도 싼 전기차와 플러그인 하이브리드를 선행 도입한 데 있다.

이런 수를 쓸 수 있었던 것은 ① 전기차 전용 플랫폼 3.0, ② 'DM-i'로 불리는 독자적인 플러그인 하이브리드 기술, ③ '블레이드 배터리'가 모두 가격 경쟁력을 갖추고 있었기 때문이다. 블레이드 배터리는 자회사인 핀드림스 배터리(FinDreams Battery)가 개발과 생산을 모두 맡는데, 양극재로 저렴한 인산철을 이용하는 리튬이온배터리(LFP)다.

블레이드 배터리는 셀을 모듈화하지 않고 배터리 셀 자체를 배터리 팩의 구조 부품으로 삼아 박형 블레이드(날) 모양의 셀을 촘촘하게 배터리 팩에 장착한다. 이렇게 함으로써 배터리 팩의 공간 이용률을 기존 대비 약 50% 높여 에너지 밀도를 높인다. 구조의 복잡성이 떨어지기에 고장률도 낮다.

BYD는 배터리뿐 아니라 모터, 인버터, ECU(전자 제어 유닛), 전력반도체 등의 개발·제조까지 직접 수행하며 NEV 제조의 전 과정에서 수직 통합의 공급망을 구축함으로써 한층 가격 경쟁력을 끌어 올리고 있다.

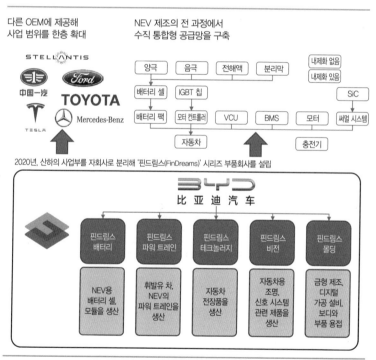

NEV의 개발 및 생산과 관련한 BYD의 수직 통합
출처: 해당 기업 자료를 바탕으로 필자 작성

전기차 전용 플랫폼 3.0은 소프트웨어와 하드웨어 모두 전기차에서 높은 경쟁력을 창출할 수 있는 최신 설계를 도입했다. 소프트웨어는 SDV로서 더욱 폭넓은 가치를 제공할 수 있는 차세대형 전자 플랫폼을 채택해 다수 ECU를 통합했다. 하드웨어의 경우는 일반 모터와 감속기, 인버터 등 주요 세 개 부품을 통합한 '3-in-1'을 넘어 모터 컨트롤러, 배터리 관리 시스템(BMS), DC-DC 컨버터, 차량용 충전기, 전선 단자를 일체화한 '8-in-1'로 통합도를 높인 유닛을 채택하고 있다.

동남아시아 시장까지 위협하는 BYD

BYD는 해외 진출에 매우 적극적이다. 특히 최근에는 태국에서 강력한 공세를 펴고 있다. BYD는 태국 전기차 시장에서 점유율 1위를 차지하고 있는데, 2023년 5월의 전기차 시장 점유율은 38.6%에 달했다. 태국 정부의 적극적인 전기차 보조금을 지렛대로 발판을 마련한 뒤, 차량 좌측통행·우측 핸들 시장인 태국을 기지로 삼아 인도네시아, 말레이시아 시장을 공략할 노림수인 듯하다. 태국 시장에서 판매를 견인하는 모델은 SUV 'ATTO3'로서 2022년 10월에는 태국에서 출시됐고, 2023년부터는 일본 시장에서도 출시되었다.

이 모델은 일본 언론도 강력히 주목하고 있다. 전기차로서 성능도 좋은데, 아우디에서 높은 실적을 올렸던 자동차 디자이너 볼프강 에거(Wolfgang Josef Egger)의 디자인에 대해서도 호평 일색이다. 가격은

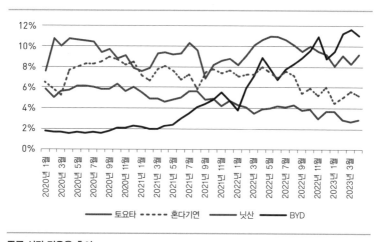

중국 시장 점유율 추이
출처: CAAM 데이터를 바탕으로 필자 작성

경쟁 차량보다 20% 정도 낮게 책정되었다. 이어서 선보일 모델은 2탄이 '돌핀'(소형 해치백), 3탄이 '씰'(세단)로 예정되어 있다. BYD는 일본에 정규 딜러 2백 개 점포를 설립할 목표를 내걸고 일본 내 인지도 확보를 노리고 있다. 이 같은 도전은 브랜드 가치를 확립하기 위한 것이다. 일본에서 구축한 브랜드 가치는 핵심 시장인 동남아시아 내 사업 확장에 크게 도움이 될 것이다.

BYD는 동남아시아 내 사업 확장의 기반으로서 태국에 해외 최초 생산 공장을 건설 중이며 2024년에는 연간 약 15만 대를 생산할 계획을 내걸고 있다. 태국 정부는 2030년까지 전기차 비율을 30%로 끌어 올릴 목표로 보조금 제도를 강화하고 있다. 베트남에서도 부품 공장을 건설할 계획인데, 이와 관련해 필리핀과 인도네시아에서도 차량 생산을 검토하고 있는 것으로 알려졌다.

일본 자동차 기업의 중국 시장 점유율은 2020년 24%로 정점에 이른 뒤, 2022년 18%까지 떨어졌다. 2023년 들어서는 점유율이 15%에 불과하다. 그 점유율을 빼앗은 기업이 BYD다. 일본 자동차 기업들이 중국 시장에서 맛본 패배를 핵심 시장인 태국에서도 반복해서는 안 된다. 그러나 현실은 선진국뿐 아니라 신흥국에서도 전기차 전쟁이 발발하기 직전이다.

지금까지 토요타의 해외 경쟁 기업에 대해 살펴보았다. 테슬라에 대해서는 7장에서 상세히 설명한다.

EV

4장

토요타의
멀티 패스웨이
전략

TOYOTA ELECTRIC VEHICLE WAR

토요타가 세계적 기업으로 클 수 있었던 요인

1990년대 월드카 공세와 정치적 압력

1990년대, 일본 자동차 산업의 국제경쟁력은 나날이 곤두박질쳤다. 토요타조차 월말 결산이 적자로 돌아설 정도였으니 말이다. 거품경제 속에서 과잉투자의 후유증은 극명하게 드러났다. 미국은 경제 안보를 위해 외교적 압력을 가함과 동시에 표준을 주장하는 대규모 새 플랫폼을 기반으로 월드카 구상을 내세우더니, 이내 국제경쟁력을 끌어올려 일본 시장을 공격했다.

미일 통상마찰이 한창인 시기였다. 미국 정부의 칼끝은 컴퓨터와 반도체로부터 자동차로 초점을 옮겨 '미일 자동차 문제'로 번졌다. 오랫동안 유지해 온 대미 수출 자율규제 대신, 일본의 신차 시장을 외국 기업에 개방하고 북미 현지 생산을 늘리라는 강력한 압박이 일본 자동차 기업에 쏟아졌다.

그러나 일본 차는 굴복하지 않았다. 정치적 압력을 계기로 일본 자동차 기업들은 오히려 철저한 현지화를 추진하며 진정한 세계화의 길을 걷기 시작했다. 이것이 오늘날 성공의 원동력이 되었다. 위기는 기회로 바뀌었다.

미국 빅 쓰리(Big Three) 자동차 회사[1]는 구조조정을 단행했고, 일본의 경쟁력으로 여겨지던 '린 생산 방식(Lean Production)'(이른바 토요타 생산 방식)을 배워 표준화한 대량의 월드카로 세계 시장을 공략하려 했다.

표준화와 대량생산을 전제로 한 단순 푸시형 마케팅으로 월드카는 순조롭게 팔려나갔다. 그러나 '일본 차 킬러'라던 크라이슬러의 '네온(Neon)', 포드의 '토러스(Taurus)', GM의 '카발리에(Cavalier)' 등 요란하게 등장한 월드카 중 이렇다 할 히트작은 없었다.

빅 쓰리는 수요 변동이나 베리에이션[2]에 대한 유연한 대응력이 부족했다. IT에는 신바람 나게 투자했으면서도 자동차의 심장부라고 할 수 있는 엔진에 대한 투자는 깎으면서 소비자가 원한 저연비라는 가치를 창출하지 못한 것이다.

---

[1] 현재의 디트로이트 쓰리(Detroit Three), 크라이슬러, 포드, GM을 말한다.
[2] '변화, 변동, 변종' 등을 뜻한다. 자동차 용어로서는 기본형 차량에서 발생한 차를 말할 경우도 있지만, 기본 차종과 일부 사양이 다른 차종을 가리킬 때도 있다.

지역특화형 브랜드로 퇴화한 서구 자동차 기업

국제적 정치력을 앞세워 산업의 경쟁 우위를 역전시키려는 현재 서구 국가의 전기차 전략을 보면, 이 같은 1990년대의 움직임이 떠오른다. 환경규제나 국가 경제 안보를 강화하려는 서구의 룰 메이킹, 자국 자동차 산업을 우대하는 유럽의 탄소 국경 조정 및 미국의 보조금 정책, 그리고 표준화의 정도를 높여 규모를 장악하려는 전기차 상품군 등이 서구의 공격 양상이다.

현재 일본에는 서구의 공적 표준 전략에 일본 자동차 업계가 패배하고, 일본 산업과 자동차 관련 기업이 쇠퇴할 수도 있다는 비관론이 무성하다. 그러나 예로부터 일본 자동차 기업은 대규모 시장을 거느린 서구의 규제와 룰 메이킹의 억압을 받으면서도 독자적으로 제공한 가치가 소비자의 인정을 받아왔다. 그리고 그러한 수많은 소비자의 선택은 일본 자동차 기업을 지속해서 성장시켰다.

그중 가장 성공한 기업이 토요타다. 토요타는 소비자의 니즈에 귀기울여 각 지역에 적합한 섬세한 자동차를 만들었고, 연비와 배기가스 성능을 꾸준히 높였으며, 최적화되고(lean) 질 좋은 탄력적 생산 시스템을 끊임없이 갈고 닦아 세계에서 가장 성공한 자동차 기업이 되었다. 현재 세계적인 대중 브랜드 중, 전체 시장에서 풀 라인업을 유지하며 고수익을 올리는 기업은 토요타밖에 없다. 그러니 그 존재감은 더욱 강하다.

이에 반해, 서구 자동차 기업들은 각 지역 내 싸움에서 거듭 패배

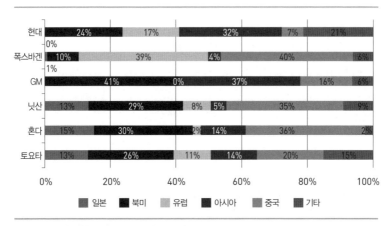

글로벌 자동차 기업의 세계 소매 대수 구성비
GM의 자료는 중동 및 아프리카의 판매 수량을 아시아에 포함했다.
출처: 각 기업 자료를 바탕으로 필자 작성

했다. 시장 판세는 어느새 디트로이트 쓰리가 북미 지역, 유럽 기업들이 유럽과 중국을 주요 시장으로 하는 지역 판매 구도로 굳어졌다. 수익으로 따져보면, 그 쏠림 현상은 더욱 두드러진다.

1998년 세계 판매 4백만 대 정도에 불과했던 토요타는 현재 천만 대 고지를 굳힌 상태다. 그동안 적자, 리콜 사태, 대지진 등 온갖 고난이 토요타를 덮치고 또 덮쳤다. 그때마다 토요타는 자신들이 강해질 수 있었던 '본질과 사상'으로 되돌아감으로써 위기를 벗어났다. 현재에 대입하면, 그 본질과 사상이란 '지역 경영'과 '좋은 자동차 만들기'로 표현되는데, 이것이 토요타가 2020년까지 성공할 수 있었던 근본 요인이었음은 틀림없다고 본다.

"각 지역의 시장 특성과 고객 니즈에 대응하면서 TNGA로 개발한 좋은 자동차 한 대, 한 대를 지역 CEO의 지휘 아래 정성 들여 판매

했습니다. 그 결과, 신흥국 시장의 확대와 맞물려 매우 균형 잡힌 지역별 판매 실적을 달성할 수 있었습니다."

2023년 4월에 열린 신체제 경영 방침의 설명회 자리에서 지역과 사업 담당 미야자키 요이치 부사장은 당당하게 토요타의 성과를 자랑했다.

고객이 원하는 가치를 제공하는 토요타 생산 시스템

토요타는 세계적인 대중 브랜드로서 수익성을 유지하는 동시에 지속 가능한 성장을 이뤄왔다. 자칫 폭스바겐과 비교하기 쉽지만, 박리다매 경향에서 벗어나지 못하는 폭스바겐과 한 대, 한 대 정성스럽게 판매 실적을 쌓아가는 토요타의 철학적인 차이는 분명하다.

토요타가 고수익의 세계적 기업으로 발전한 성공 요인으로는 토요타 생산 방식을 꼽을 수 있다. 토요타 생산 방식은 필요한 것을 필요한 양만큼만 필요할 때 공급하는 '저스트 인 타임(Just In Time)'과 '사람 인(人) 변이 붙은 동(働)'을 쓴 '자동화(自働化)[3]' 양대 축으로 널리 알려져 있다. 그리고 이 생산 방식은 이미 토요타 불변의 사상이자 기업 철학이라 부를 만큼 그 위상이 공고한 상태다.

'저스트 인 타임'에는 몇 가지 원칙이 있는데, 그중에서 '후공정 인

---

[3] 일반적으로 쓰는 자동화(自動化)는 '기계나 소프트웨어가 작업을 자동으로 실행하는 프로세스'를 말하고, 토요타의 자동화(自働化)는 '인간과 기계가 협력하여 업무를 수행하는 형태로 인간의 판단과 창의성이 필요한 작업'을 말한다.

수'라고 불리는 원칙이 중요한 역할을 한다. 이를 간단히 설명하면, 한 줄의 시리얼(직선, 순차적)로 늘어선 생산공정 상에서 후공정이 필요로 하는 양만을 선공정으로부터 받는 구조인데, 그 선공정은 후공정에 인수될 만큼만 생산한다. 후공정의 끝단에 있는 존재는 소비자다. 그 소비자의 수요 정보가 선공정으로, 그 전 공정으로 피드백되게 하면서 수요에 맞추어 자율적으로 낭비 없이 생산해 내는 것이 토요타의 생산 방식이다. 소비자의 취향(옵션이나 차체 색상)은 다양하므로 토요타의 생산공정은 그 수요에 맞추어 하나의 생산공정에 여러 품종을 섞어 작업하는 '혼류 생산'이 기본이다.

그런데 현재 토요타의 강점인 토요타 생산 방식과 그 기본 조건인 순차식 생산공정을 파괴하려는 시장 참가자가 나타났다. 바로 전기차 분야에서 대약진을 이룬 미국의 테슬라다. 테슬라가 새로운 방식으로 뛰어들 수 있는 이유는 기계식이 아니라 전기식으로 제어되는 전기차만의 단순한 진화 방식에 있다. 이런 정반대의 접근법이 전기차 부문의 강력한 성공 요인으로 자리 잡는다면, 토요타는 어떻게 진화해야 할까? 이에 관해서는 뒤에 가서 자세한 설명을 덧붙이기로 한다.

경쟁력의 3대 원천

토요타가 생각하는 진화 방식은 이렇다. 환경규제를 이유로 '전기차만 팔아야 한다'라거나 '2030년까지 전기차 350만 대 판매를 목표로 내걸겠다'라는 것은 공급자의 논리일 뿐이니, 수요자가 전기차를 찾기 시작하면 그 니즈에 맞춰 유연하게 전기차로 넘어가겠다는 것이다.

토요타의 멀티 패스웨이(전방위) 전략은 소비자의 니즈에 귀 기울이며 각 지역에 적합한 섬세한 자동차를 토요타 생산 방식으로 제조한다는 토요타의 철학에서 나온 것이다.

세계 각국은 다양한 에너지믹스④를 내세우고 있기에 거기에 적합한 전동차는 다종다양할 수밖에 없다. 소비자의 니즈도 다양하다. 따라서 그들이 원하는 자동차 한 대, 한 대를 세심하게 누구 하나 불만 없게 제공하려면, 기술과 상품을 폭넓게 갖추고 하이브리드차부터 플러그인 하이브리드차, 연료 전지차, 나아가 수소 엔진 차나 탄소 중립 연료 차까지 전방위적인 선택지를 갖추어야 한다는 결론에 이르게 된다. 이런 점에서 볼 때 멀티 패스웨이는 '전략'이라기보다는 토요타 철학의 '결과'라고 보는 편이 더 적합할 수도 있다.

토요타는 '지역 경영'과 '좋은 차 만들기' 그리고 토요타 생산 방식을 유기적으로 연결함으로써 진정한 세계적 기업으로 진화했다. 동네에서 일등 하던 자동차장이가 한 대, 한 대 실적을 쌓아 올린 결과, 세계 시장 구석구석에서 천만 대 규모의 실적을 올리는 세계적 풀 라인의 사업 기반을 만들어 낸 것이다.

---

④ 다양한 에너지원을 활용해 에너지 공급의 효율을 극대화하는 것을 말하는데, 각 에너지원의 비중 자체를 뜻하기도 한다. 현대의 모든 국가는 다양한 에너지원을 바탕으로 에너지믹스를 실현 중이다.

결과적으로 보면, 진정한 세계적 양산 브랜드는 토요타밖에 없다고 해도 과언이 아니다. 기업 인수합병 등에 의존하지 않고 유기적으로 성장시킨 판매량, 전 세계 시장을 대상으로 한 풀 라인, 그리고 차입금 상쇄 후에도 8조 엔에 이르는 순수유동성 보유액(수중의 현금). 이 세 가지는 토요타가 자랑하는 세계 최고 경쟁력의 3대 원천이다.

탄소 중립이라는 산을 오르는 여러 방법

적군은 탄소다, 내연기관이 아니다

각국의 자동차공업회가 가입하는 국제단체로 국제자동차공업연합회(OICA)라는 곳이 있다. 이 단체는 2022년 11월 이집트에서 개최된 COP27(제27차 유엔 기후변화협약 당사국총회)에서 정책 제언서 '2050년까지의 탄소 중립'을 발표했다. 탄소 중립을 목표로 전기차가 대세를 이루는 현 상황에 대해 전체 의견을 모은 것이었다.

제언서는 탄소 중립이 전 세계 자동차 기업의 공통된 목표이며, 지속 가능한 길을 열기 위해서는 직접 이산화탄소를 배출하지 않는 ZEV(온실가스 무배출 차량, 전기차와 연료전지차)와 더불어 탄소 중립 연료를 연소시키는 내연기관 차량 등 다양한 기술을 진화시켜야 한다고 주장했다.

"탄소 중립이라는 산을 오르는 방법은 하나가 아니다. 다양한 선택지를 고객에게 제공해야 한다."

"적군은 탄소다. 내연기관이 아니다."

"이산화탄소 감축은 에너지를 '만들고', '운반하고', '사용하는' 모든 공정에서 이루어져야 한다."

"기술력을 높여야 하는 이 상황에 규제가 선택지를 제한해서는 안된다."

이러한 주장은 일본자동차공업회의 도요다 아키오 회장이 여러 차례 반복해 온 메시지이기도 하다.

30년 전쟁, 일본 제조업은 죽지 않았다

"일본 제조업이 쇠퇴했다는 주장과 전기차 예찬은 수박 겉핥기식 고찰이다."

2021년 니혼게이자이신문의 경제 해설란 '경제 교실'에서 후지모토 다카히로(藤本隆宏) 당시 도쿄대학교 교수는 일본 제조업 쇠퇴론을 단호하게 부정했다.

후지모토 교수는 헤이세이(平成, 1989~2019년)의 잃어버린 30년 동안에도 일본 제조업의 부가가치 총액이 줄어들지 않았음을 지적했다. 이거야말로 당초 약 20배나 차이 나던 중국과의 임금 핸디캡을 일본 제조업이 생산 혁신으로 극복한 30년 전쟁의 성과라는 것이 교수의 주장이었다.[8]

정말 제조업의 힘이 쇠퇴하지 않은 거라면, 탄소 중립을 실현할 다양한 기술적 선택지와 관련해 큰 가능성이 남아있다고 봐야 한다. 일본 제조업의 힘과 멀티 패스웨이(전방위) 전략이 합쳐지면, 결과적으로는 가공 무역을 발전시키는 동시에 일본 제조업의 고용까지 유지할 수 있는 밝은 미래가 찾아올 것이다. 이 가능성을 실현하려 하는 일본자동차공업회 회장 도요다의 신념은 놀라울 만치 굳건하다.

탄소 중립에는 크게 두 가지 접근법이 있다. 신차의 테일 파이프에서 이산화탄소를 배출하지 않는 ZEV(온실가스 무배출 차량) 보급이 주축을 이루게 하겠다는 것이 '유럽·중국형'이다. 이들 지역에서는 2050년 기준으로 보유 차량의 70% 안팎이 ZEV로 대체된다. 반면, 보유 구조에 대량의 내연기관이 잔존하는 것이 '일본·세계 평균형'이다. 일본의 경우, 2050년 단계에 들어서더라도 국내 보유 차량 중약 76%에 하이브리드나 플러그인 하이브리드 등의 형태로 엔진이 남게 된다. '일본·세계 평균형'의 경우는 엔진 탑재 보유 차량의 연료로 탄소 중립 연료를 쓰는 전동차(탄소 리사이클, 하이브리드 등을 보유한 전동차)를 전기차로 업그레이드하는 기술, 즉 보유 차량의 업데이트가 중요하다.

일본 자동차 산업은 ZEV인 전기차와 연료전지차뿐 아니라 에너지를 절약하는 하이브리드, 플러그인 하이브리드, 그 후의 수소 엔진까지 실로 다양한 기술을 개발할 가능성을 보유하고 있다. 아시아 등의 신흥국을 비롯해 북미 지역은 '유럽·중국형'과 '일본·세계 평균형'의 양쪽이 혼재하는 하이브리드형 시장이므로 일본 기업의 기술

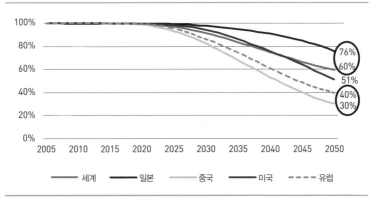

세계 ■ 일본 중국 ■ 미국 ----- 유럽

보유 대수 중 내연기관 탑재 차량의 구성비
출처: 필자 작성

력을 발휘할 중요 무대가 될 것이다.

멀티 패스웨이 전략의 근본은 다양한 선택지를 동시에 추구하면서 해당 지역의 현실에 부합하는 솔루션을 제공하는 것이다. 돈 많은 선진국은 전기차를 밀어붙여 탄소 중립에 접근할 수 있다. 하지만 에너지 활용의 제약이 심한 일본이나 신흥국의 경우, 하이브리드야말로 당장에 꾸준히 이산화탄소를 줄일 수 있는 기술이기에 매우 현실적인 솔루션이라는 점은 분명한 사실이다.

다만, 멀티 패스웨이를 강력히 추진하더라도 기업 경영의 지속 가능성이나 인프라 발전을 따질 때, 기술적으로 힘을 가지기까지는 합리적인 순서를 거쳐야 하는 것도 사실이다. 에너지 전환 효율이 높은 순서나 인프라 기반을 구축하는 데 드는 시간을 고려하면 연료전지차, 탄소 중립 연료 차, 수소 엔진 차보다 더 빨리 전기차의 시대가 올 것이 분명하다. 따라서 토요타의 최우선 과제는 선진국에 먼저 도래할 전기차 기술에 대해 서둘러 주도권과 지배권을 장악하는 일이다.

물론, 이미 토요타가 압도적인 경쟁력을 쌓은 하이브리드 기술의 수명을 늘리고, 일본 자동차 산업을 보호하기 위해 선택지를 넓혀서 멀티 패스웨이의 중요성을 설파하며, 그 포석을 놓는 의의는 크다. 그러한 방향성은 틀림없이 토요타에 장점이 된다. 하지만 멀티 패스웨이의 전략적 의의만 떠받들어 결과적으로 그것이 목적으로 변질된다면 위험하다.

레거시(과거의 유물)로 전락할 사업 기반을 전기차로 전환하는 비용과 선진국 내 환경규제에 대응하는 비용은 앞으로 방대한 규모로 늘어날 것이다. 하이브리드의 수명을 늘려 마지막 순간까지 이익을 내겠다고 매달려 본들 거기서 얻는 수익보다 하이브리드 사업을 전기차로 전환하는 비용이 많아진다면 본말전도일 뿐이다.

더욱이 멀티 패스웨이 전략은 기업의 경영 효율을 악화시켜 경쟁력에 큰 영향을 미치는 중대 문제를 발생시킬 수 있다. 효율 악화의 약점을 보완하고 지속가능성을 높이는 보완적인 사업구조를 미리 만들 전략이 필요하다. 이거야말로 자동차 보유의 밸류 체인(부가가치 사슬)을 연장해 한 대당 수익을 극대화하는 '밸류 체인 전략'이다. 멀티 패스웨이 전략과 밸류 체인 전략이 잘 섞이지 못하면 효율 악화가 미래 토요타의 전반적인 경쟁력 악화를 불러올 것이다.

멀티 패스웨이의 함정

글로벌 자동차 기업의 전기차 전략

서구 국가들의 자동차 전략을 떠올려 보자. 그들의 전략은 탄소 중립을 지향하는 환경 정책과 자국 산업 강화 정책을 연계해 국가 에너지 정책과 경제 안보를 확립하는 데 목적이 있다. 유럽은 탄소세와 탄소 국경 조정 메커니즘(자세한 내용은 2장 참조)을 도입해 유럽 역내에 배터리와 전기차 생산 기반을 구축하려 하고 있다. 미국은 IRA(인플레이션 감축법)에 규정된 친환경 차량 보조금으로 북미 이외 지역에서 생산되는 배터리와 전기차에 대한 원조를 끊음으로써 자국 산업을 강화하고 중국 리스크를 줄여 경제 안보를 확립하려 한다.

서구 자동차 기업들로서는 일단 엔진에서 전기차를 중심으로 하는 사업으로 자동차 산업의 구조를 서둘러 전환할 필요성이 생겼다.

전기차 우선 전략을 내걸고 이를 실현하기 위한 기업 구조 변혁을 보조금 및 자국 보호 정책의 지원을 받으면서 진행할 수 있기 때문이다.

서구 자동차 기업의 전기차 전략에 대해서는 누구나 비슷한 내용을 이야기한다. 그들은 전기차의 표준성을 높이고 고효율·대규모의 스케이트보드형 전기차 전용 플랫폼(차대)을 도입하고 있다. 또 자체 배터리 공장을 수직 통합형으로 설립해 엔진 차 공장을 전기차 전용 공장으로 전환 중이다. 포드와 르노는 전기차 사업을 본사에서 분리하거나 독립 채산 사업으로 조직을 개혁하는 작업에도 돌입했다.

각 기업의 전기차 전략은 기본적으로 세 단계로 형성된다. 첫째, 전기차 전용 플랫폼과 관련해 차원이 다른 메가 스케일을 노리는 것이다. 이와 관련해서는 3장에서 설명한 폭스바겐의 차세대 전기차 전용 플랫폼 SSP가 여기 해당한다.

둘째로 배터리, 전동화 기간 부품, 반도체, 소프트웨어의 개발·생산을 자동차 기업이 자체 통제해 수직 통합도를 한층 높이는 것이다. 이 같은 접근법은 테슬라와 중국 BYD에서 두드러지게 나타나는데 전 세계의 전통적인 자동차 기업으로서는 두 기업을 따라잡기 위해 서둘러 대책을 세워야 할 판이다.

셋째는 OS로서 기능하는 소프트웨어가 차량의 본질을 이루는 SDV(소프트웨어 정의 자동차)를 기반으로 밸류 체인 사업을 만들어 내고, 그러한 새 사업을 통해 새 비즈니스 모델을 서둘러 확립하는 것이다. 이 내용은 8장에서 상세하게 분석한다. 이는 전통적인 판매형 수익 모델(one-time-fee business model)⁵이었던 자동차 사업이 스마트폰과 같은 애플리케이션 생태계로 수익을 내는 모빌리티 산업으로 변신하는 것을 의미한다.

서구 기업의 전기차 전략은 고효율이 강점

서구 자동차 기업들은 애초에 전기차 기반부터 구축하겠다는 전략으로 접근했다. 그래서 전기차 우선 정책을 내세우며, 오래된 휘발유 차 사업으로 인해 깊이 뿌리내린 전통적 사업 기반을 뿌리 뽑는 구조 개혁을 서두르고 있다. 그렇다고 해서 꼭 엔진 차 사업을 완전히 접겠다는 뜻은 아니며, 전기차의 기반 구축을 최우선시하되 필요한 엔진 차 사업은 남겨두면 된다는 생각으로 보인다.

전기차는 부품 수를 대폭 줄여 소프트웨어로 바꾸는 데서 부가가치 대부분이 창출된다. 그래서 매우 효율적으로 개발, 생산, 판매할 수 있다. 전기차 전용 플랫폼의 표준화 정도를 높이고 메가 스케일을 실현하면 개발과 설비의 투자효율이 높아진다. 동시에 복잡하고 효율이 떨어지는 엔진 차에 대한 투자는 줄어들어 기업이 개발·설비를 포함한 내부 투자에 들이는 효율은 한층 높아지게 된다.

그 결과, 고정비(생산량과 무관하게 들어가는 고정화된 비용)는 줄어들고 수익의 손익분기점(매출이 총비용과 같아져 수익이 균형을 이루는 판매량)은

---

⑤ 상품이나 서비스를 판매해서 매출이나 수익이 오르는 과정이 일회성인 비즈니스 모델.

떨어진다. 또 거기서 나오는 수익을 SDV가 만들어 내는 새로운 비즈니스나 로보택시 같은 신사업으로 벌어들일 미래 지향적 밸류 체인 비즈니스 모델에 쏟을 수도 있다.

게다가 2030년을 지나면 에너지 공급 방식은 다양해진다. 풍부한 수소 공급 인프라와 합성연료 같은 탄소 중립 연료를 쓸 수 있게 되면, 적시에 멀티 패스웨이(전방위)의 선택지를 넓혀가면 된다는 생각이다.

이 같은 구조 전환을 국가가 거액의 보조금으로 지원해 준다고 하니 확실히 괜찮은 생각이기는 하다. 그러나 2030년을 향해 전기차에만 치우쳐 투자하는 행위는 리스크도 적지 않다. 2022년, 러시아-우크라이나 전쟁으로 발발한 에너지 위기가 바로 그 좋은 예이며, 재생 가능 에너지로 전환하는 작업이 예상외로 지연될 리스크, 중국이라는 지정학적 리스크도 상당하다.

토요타의 전기차 전략은 유연성이 강점

한편, 일본은 재생 가능 에너지로 전환하는 데 유독 비용이 많이 들기에 전기차만으로는 이산화탄소를 줄일 수 없다. 게다가 토요타는 신흥국까지 포함한 전 세계에서 골고루 풀 라인을 공략 중이다. 그래서 토요타는 파워 트레인(power train)⑥ 선택의 유연성을 전략으로 내

---

⑥ 엔진에서 발생한 동력을 전달하는 동력 전달 장치물을 말한다. 클러치를 포함한 미션부터 추진축, 종감속 장치, 엑슬 축, 휠, 타이어 등이 이에 속한다.

세우고, 다양한 지역에 다양한 상품을 사용자의 요구에 맞춰 제공하는 멀티 패스웨이를 지향한다.

이렇게 하면 소비자는 파워 트레인을 자유롭게 선택할 수 있고, 토요타는 사업상 리스크를 분산시킬 수 있다. 일본 국내 산업의 관점에서 보면, 여러 종류의 차량을 생산해 수출하는 가공 무역의 혜택을 노릴 수 있고, 고용도 유지할 수 있다는 장점이 있다.

하지만 효율 악화와 장차 발생할 이른바 레거시 비용(Legacy Costs)⑦ 문제는 무시할 수 없다. 토요타는 전기차와 하이브리드 모두에 계속 투자해야 하는 상황이라 서구와는 사정이 다르다. 사실 양쪽에 대한 지속적 투자는 이중 투자로서 효율도 나쁘고, 재무적 압박도 무거우며, 장차 과거의 유산으로 전락할 하이브리드 사업의 기반을 전기차로 전환할 때 레거시 비용도 들어간다.

이 같은 토요타의 멀티 패스웨이 전략이 지속가능성을 가지려면 어떻게 해야 할까? 해답은 서구 기업과는 순서를 반대로 잡아서, 휘발유 차와 하이브리드차에서도 실현할 수 있는 밸류 체인 기반을 서둘러 구축해야 한다는 것이다.

앞서 나왔던 회계의 관점으로 설명하면 이렇다. 필연적으로 효율 악화가 발생할 토요타로서는 서구 기업과 같은 고정비 삭감을 기대할 수 없다. 따라서 토요타는 변동비(매출 한 단위를 올리는 데 연동되는 비

---

⑦ 과거 유산의 운영 시스템 및 구조와 관련된 재정적 부담과 비효율성을 말한다. 최근 미국 자동차 산업에서는 레거시 비용이 기업 운영과 재무 건전성에 영향을 미치는 중요한 요소로 부상했다.

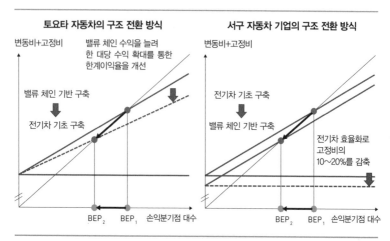

구조 전환 방식의 전략적 차이
출처: 필자 작성

용)를 낮추어야 한다. 여기서 밸류 체인 전략이 중요하다. 밸류 체인 기반의 수익력은 변동비율(변동비를 매출액으로 나눈 비율)을 떨어뜨린다. 변동비율이 떨어지면 손익분기점이 낮아진다. 이렇게 만들어진 수익력을 향후 전기차로 전환할 때 기초 자금으로 충당하면 수익성 악화를 피할 수 있는 것이다.

하이브리드를 활용하면서도 토요타보다 빠르게 전기차 정책을 추진하려 하는 혼다나 닛산은 서구 자동차 기업과 토요타의 전략 사이에 자리 잡고 있다. 토요타에 비해 기업 규모나 재무 능력에서 뒤지는 양사는 멀티 패스웨이로 폭넓은 파워 트레인을 개발·투자할 만한 체력이 없어 접근법을 더 세밀하게 짜야 한다. 혼다는 미국 GM, 닛산은 프랑스 르노와 제휴 관계를 맺고 규모를 보완해 나갈 수밖에 없다.

요컨대 토요타의 멀티 패스웨이는 이질적인 전략이 아니다. 각자가 자신들이 처한 상황에서 가장 합리적인 선택을 할 뿐이다. 서구 기업들은 전기차 기반부터 구축하고 표준화를 진행해 효율성을 누린 다음, 그 기반 위에 소프트웨어나 모빌리티 서비스의 밸류 체인을 이용한 생태계를 만들려 한다. 이에 비해 토요타는 밸류 체인의 기반부터 구축하고, 밸류 체인의 이익과 토요타 생산 시스템으로 파워 트레인 분산에 따른 효율 악화를 흡수한 뒤, 전기차 이후의 다양화를 노린다는 노림수다.

전기차에 대한 집중 투자는 효율이 뛰어나지만, 그에 따른 리스크도 높다. 반대로 멀티 패스웨이 전략을 쓰면 경영 리스크는 분산되지만, 효율을 크게 희생해야 하므로 당장에 밸류 체인의 이익을 생각대로 늘릴 수 없다면 지속가능성을 놓칠 수밖에 없다. 그뿐 아니라 토요타로서는 토요타 생산 방식이 만들어 낸 원단위®의 감소, 리드타임 단축이라는 개발·생산상 유연성이 효율 악화를 만회해 토요타의 국제경쟁력을 유지할 수 있을지도 의문시되는 상황이다.

---

⑧ 한 개 또는 일정량의 제품을 만드는 데 필요한 원재료의 양.

멀티 패스웨이를 지탱할 밸류 체인 전략

모빌리티 컴퍼니의 관건은 밸류 체인의 연장

1장에서 자세히 설명했다시피 2018년 1월, 토요타는 세계 자동차 기업 중 최초로 모빌리티 컴퍼니로의 진화를 선언했다. 모빌리티 컴퍼니의 목표는 '자동차를 커넥티드 카로 전환하고 거기서부터 펼쳐지는 밸류 체인을 확대해 가는 것'이다.

선언 후 5년이 지난 지금까지 토요타의 밸류 체인 전략은 폭발적으로 팽창하고 있다. 그 어느 세계적인 자동차 기업과 비교해도 토요타의 밸류 체인 전략은 폭넓게 전개되고 있고, 이미 회수기에 들어간 영역도 나타나고 있다. 오히려 서구 기업들은 코로나로 어려움을 겪는 동안 사업을 축소하거나 철수하는 등 토요타처럼 꾸준히 산을 오르는 회사는 없었다.

현재 전통적인 자동차 사업의 밸류 체인은 신차 대출과 리스라는 판매 금융 사업(주로 토요타 파이낸스가 담당), 딜러를 상대로 한 부품과 액세서리 판매(주로 토요타 모빌리티 부품이 담당), 수리와 유지보수, 보험 대리점 수익이 중심을 이룬다.

자동차가 커넥티드 카로 변하다 보면 커넥티드 서비스나 모빌리티 서비스에서 수익의 기회가 생기고, 때에 따라서는 딜러를 거치지 않고도 소비자의 신용카드에 직접 과금할 수 있는 비즈니스도 생긴다. 커넥티드 카에서 얻어지는 데이터 축적은 새로운 서비스와 사용자 경험을 창출하고, 수익 기회는 더욱 확대된다. 승용차 구독(구매해서 소유하는 것이 아니고, 이용에 대해 요금을 내는 과금 모델. 토요타의 구독 서비스의 명칭은 킨토)이나 자동차 주문 제작, 업데이트, 수리 등도 유망한 시장으로 부상하게 된다.

앞으로 자동차는 사회적 디바이스, 인프라 디바이스로 활약하게 될 것이다. 자동차는 2030년경에 8장에서 해설할 SDV로 진화한다. 통신으로 소프트웨어를 업데이트하기(OTA), 앱스토어에서 앱 판매 수익 올리기, 에너지를 운반하고 출납하는 에너지 매니지먼트, 스마트 시티와 연결되는 완전히 새로운 사업 등이 생겨날 것으로 기대할 수 있다.

토요타가 전개하는 밸류 체인 전략의 몇 가지 주요 노력과 성과는 다음과 같다.

A: 다목적 MaaS 영역

다목적 MaaS(Mobility as a Service, 통합형 이동 서비스) 영역에서는 모빌리티 서비스인 '모네 테크놀로지스(MONET Technologies)'[9], 교통 데이터를 통합하는 외출용 MaaS 앱인 '마이 루트(my route)' 외에도 자율주행 MaaS 차량 'e-팔레트'의 제조 판매와 유지보수가 사업 영역의 핵심이다. 개별 사업에서는 소프트뱅크와 손잡은 모네 테크놀로지스의 모빌리티 서비스 플랫폼이 핵심이다.

2018년에 출범한 모네는 컨소시엄으로 완성차 8개 사, 기업 350개 사, 350개 지자체가 참여해 사회적 과제를 해결할 수 있는 모빌리티 솔루션을 목표로 내세웠으며, 서비스 및 차량 개발, 앱 작업, 규제 완화를 위한 로비 활동을 펼쳤다.

여기까지만 해도 실증, 실험이 중심이었기에 그다지 눈에 띄지 않았지만, 현재는 사회 적용을 준비하는 단계에 와 있다. 2024년부터 보급기 단계에 들어가면 서서히 규모가 커질 것으로 기대된다. 2025년 이후에는 자율주행 레벨 4(시스템이 운전하고 운전자가 없어도 되는 자동화 레벨)로 가동되는 자율주행 MaaS 차량인 e-팔레트를 이용한 서비스가 보급 단계에 들어간다.

토요타로서는 MaaS 차량의 제조·판매, 유지보수 수익에 더해 서비스를 제공하는 사업자(servicer)에 대해 앱스토어에서 이루어지는

---

[9] 운전기사가 딸린 회사용 차를 복수의 법인 기업이 공유하는 법인용 서비스.

앱 판매나 월정액으로 이용하는 구독 수익 등을 기대할 수 있다. 인적 유통 및 물적 유통에 관한 데이터와 서비스, 그리고 물품 판매 데이터를 잘 버무리면 데이터 구동형의 새로운 서비스 개발, 수요 예측 및 행동 분산에 관한 알고리즘(절차나 계산 방법) 개발에서도 앞서갈 수 있다.

일본은 저출산 고령화 선진국인 만큼 일본에서 개발하는 사회 해결형 제품과 서비스는 향후 중국이나 아시아에 수출될 가능성이 크다. 미국에서 이루어지는 로보택시와 유럽의 교통 모드 통합 MaaS 앱(핀란드의 Whim이 대표적)과 모네의 차이점은 사람과 물자를 A 지점에서 B 지점으로 운반하는 것만이 아니라, 사람과 물건을 서비스로 연결해 A 지점과 B 지점을 양방향으로 이동시키는 개념이다. 사람이 병원을 찾아가는 것이 아니라, 의료서비스가 이동하는 이동 진료차가 그 쉬운 예인데, MaaS를 사회과제의 해결 수단으로 삼는다는 것이다.

B: 인적 유통 MaaS와 로보택시 영역

2018년경부터 토요타는 중국 디디추싱, 말레이시아 그랩, 미국 우버 등 자가용을 이용한 배차 서비스 기업들과 속속 전략적 제휴를 맺어 왔다. 서구 자동차 기업은 처음에는 자체적으로 모빌리티 서비스 사업을 시작해 서비스 제공 사업자의 관점에서 모네타이즈(Monetize, 현금화)를 염두에 뒀지만, 지금은 대부분 사업을 철수했다. 반면에 토요타는 유력 프로바이더와 손잡음으로써 서비스 제공 사업자가 아니라 차량·보험·금융·유지보수·중고차 판매 등의 밸류 체인에서 수익을 발생시켜 이익을 극대화하는 전략을 택했다.

대표적으로 미국의 공유 자동차 서비스인 겟어라운드(Getaround)를 위한 스마트키, 동남아의 그랩을 위한 '토요타 토탈 케어', 중국의 디디추싱을 위한 차량 유지보수와 운전자 안전운전 지도 등이 있다. 이들은 모두 모빌리티 서비스 플랫폼(MSPF)을 기반으로 한 커넥티드 서비스로 제공되며, 차량 판매 → 보험 및 금융 판매 → 차량 관리 → 유지보수 → 중고차 판매의 밸류 체인에서 이익을 얻는 구조를 취하고 있다.

우버와는 로보택시 기술 개발을 위해 제휴했었다. 그런데 개발을 맡은 우버-ATG가 자율주행 개발 벤처인 오로라와 사업을 통합한 뒤, 토요타의 파트너는 오로라로 바뀌었다. 토요타 시에나(Sienna, 미국 전용 미니밴)는 오로라와 개발한 차량의 지붕에 자율주행 키트를 탑재해 실증 실험 중이며, 미국의 로보셔틀 벤처인 메이 모빌리티(May Mobility)도 자율주행 시에나의 실증 실험을 시작했다. 여기서 개발되는 자율주행 키트는 앞으로 일본 국내 택시의 로보택시화에도 활용될 수 있다.

C: 스마트 시티 영역

2020년 1월, 토요타의 자회사 토요타 홈(TOYOTA HOME), 미사와

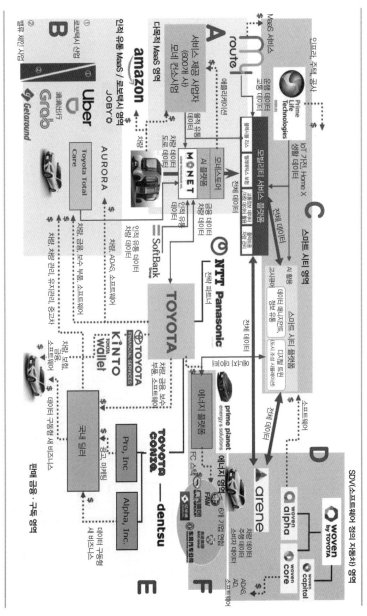

토요타의 밸류 체인 확대 조감도

출처: 필자 작성, 사진은 토요타 홈페이지

홈(MISAWA HOMES), 파나소닉의 자회사 파나소닉 홈즈(Panasonic Homes) 등이 경영을 통합해 프라임 라이프 테크놀로지스(Prime Life Technologies)를 설립했다. 스마트 시티와 같은 복합 개발을 담당할 수 있는 디벨퍼를 지향하는 조직으로서 스마트 시티의 하드웨어를 맡는다.

같은 해 4월에 토요타와 NTT는 스마트 시티 비즈니스의 사업화를 위해 자본업무 제휴를 맺었다. '스마트 시티 OS 플랫폼'을 공동으로 구축한 뒤, 선행 사례로 시즈오카현 스소노에 있는 토요타 히가시후지(東富士) 공장 철거지에 건설 중인 '우븐 시티'에 적용할 생각이다. 스소노시의 우븐 시티는 부지 면적이 도쿄 디즈니랜드 약 1.5개분(약 70만㎡)에 이를 정도로 방대하다. 사유지를 활용함으로써 기존의 규제에 얽매이지 않는 선진적인 개발, 실증을 빠른 속도로 추진하려는 속내다.

1단계는 2021년 2월 23일에 착공식을 연 뒤, 현재 건설이 한창이다. 설계를 스타 건축가 비야케 잉겔스(Bjarke Ingels)[10]가 맡아 화제성도 높다. 2025년경 완공될 예정으로 우선 수백 명이 거주를 시작하고, 2단계에 들어서면 2천 명이 거주할 계획이다. 집과 소프트웨어의 통합, 물류와 소프트웨어의 연계, 소프트웨어 업데이트 기법, 자율주행 MaaS 차량이 주행하는 인적 유통, 물적 유통의 효율적 설계 등

---

[10] 덴마크 출신의 세계적 건축가. 2016년 미국 〈타임〉지의 '세계에서 가장 영향력 있는 100인'에 선정되는 등 도전적인 디자인과 천재적인 아이디어로 주목받는 인물이다.

실증 실험이 시작될 것으로 보인다.

D: SDV(소프트웨어 정의 자동차) 영역

2021년 1월, 토요타는 우븐 플래닛 홀딩스(현 우븐 바이 토요타)를 설립했다. 조직은 둘로 나뉘었다. 먼저 우븐 코어는 자율주행 소프트웨어를 개발했다. 그리고 우븐 알파는 두 가지 중요 임무를 수행했는데, 하나는 자동차의 OS화를 실현할 '아린(Arene)'이라는 이름의 자동차 OS 개발이었고, 또 하나는 NTT와 공동 개발하는 스마트 시티 OS와 연계할 서비스, 제품, UX(사용자 경험)의 개발이었다.

서비스, 제품, UX를 개발할 때는 스마트 시티, 스마트 모빌리티, 스마트 홈의 '원단위'부터 정한다. 그런 다음 그 구도를 디지털 트윈(digital twin)[11] 기술로 투사하고, 시뮬레이션을 거듭하면서 토요타 생산 방식의 기본인 '카이젠(KAIZEN)[12]'을 축적함으로써 미지의 미래 생활 속 하드웨어와 소프트웨어를 설계하게 된다.

이렇게 해서 얻은 성과는 그린 필드형[13] 스마트 시티뿐 아니라 기

---

[11] 현실 세계에서 수집한 데이터를 컴퓨터상에 쌍둥이처럼 똑같이 구현하는 기술.
[12] 개선(改善)이라는 한자를 일본식으로 읽은 것. 카이젠은 명령에 따라 실행하는 것이 아니라 작업자 스스로가 지혜를 짜내서 개선을 이루어 내는 것이 특징이다.
[13] 스마트 시티의 건설 형태는 크게 '브라운 필드형 스마트 시티'와 '그린 필드형 스마트 시티'로 나눌 수 있다. '브라운 필드형 스마트 시티'는 기존에 있는 도시의 큰 틀을 유지하면서 개선해 나가는 형태이고, '그린 필드형 스마트 시티'는 무에서 유를 창조하듯 허허벌판에 새롭게 인프라를 구축하는 신규 개발 형태이다.

존 생활을 개선하는 데도 활용할 생각이다. 토요타의 사업 영역이 스마트 카에서 스마트 홈, 스마트 시티로 밸류 체인이 확장되는 것이다.

여기서 한 가지. 이때 등장하는 자동차 OS인 아린, 그리고 아린을 탑재한 SDV에 관해서는 8장에서 상세하게 분석할 예정이다. 독자 여러분들은 이 새로운 기술, OS화된 자동차가 제공하는 가치가 왜 중요한지를 이해했으면 한다. 이 책 안에서도 상당히 중요한 장이다.

여기서는 기본 개념만 소개한다. 아린은 차량에 탑재되는 자동차 OS이지만, 동시에 스마트폰의 안드로이드 OS처럼 제삼자가 소프트웨어를 개발할 수 있다. 해당 OS를 탑재한 차량은 하드웨어 사양의 간섭을 받지 않고 동작하기에 차량과 애플리케이션의 생태계를 만들 수 있다. 아린 OS는 모빌리티와 삶을 연결하는 안드로이드 OS와 같은 존재로서, 데이터 구동형 소프트웨어 비즈니스를 확대해 토요타의 미래 밸류 체인 성장을 이끄는 기반이 될 것이다.

E: 판매 금융 및 구독 영역

전통적인 '판매형' 수익 모델은 막을 내리게 된다. 그리고 차량의 전체 라이프타임 동안 고객과의 접점을 활용하면서 서비스, 모빌리티, 비욘드 모빌리티(Beyond Mobility, 미래 모빌리티)로 밸류 체인을 확장할 것이다. 그런 가운데 신차나 중고차의 판매 방식은 온라인 직판이나 구독으로 변화할 것이다. 서비스 센터로서 딜러의 역할은 변치 않더라도 그 위상은 재정의할 필요가 있다. 자동차 제조사가 소비자에게 제공한 차량을 제조사가 계속 보유하는 자산 보유형 비즈니스 모델로의 전환을 서둘러야 한다.

이와 동시에 업데이트, 퍼스널라이즈, 리빌드, 리유스, 리사이클 등의 순환형 비즈니스도 시급히 확립해야 한다. 이를 실현하기 위해서는 차량의 디지털화뿐 아니라 딜러, 판매 시스템, 고객관리, 수리·정비 서비스를 디지털화해야 한다.

이러한 사업을 설계하고 실현하기 위한 시장의 최전선에는 구독 서비스 킨토와 캐시리스 결제 서비스 토요타 월렛(TOYOTA Wallet)을 운용하는 토요타 파이낸셜 서비스(Toyota Financial Services)가 있다. 킨토는 구독용 '킨토 ONE', 환승형 구독인 '킨토 SHARE', 합승용 '킨토 JOIN', 카 셰어용 '킨토 SHARE', 라이드 셰어용 '킨토 RIDE', 경로 검색과 결제까지 할 수 있는 '킨토 GO' 등 여섯 가지 비즈니스에 도전해 전 세계 30개국 이상에서 선보일 종합 모빌리티 서비스 기업을 목표로 내걸고 있다. 현재 계약 점유율은 토요타 국내 판매의 1%를 조금 넘는 수준이지만, 필자가 보기에는 2030년 무렵이면 20%까지 늘어날 가능성이 있다. 밸류 체인을 순환경제형 비즈니스 모델로 제공하는 것이 이 구상의 목적이다.

보험·정비·수리 서비스, 중고차 판매라는 밸류 체인 확장 외에도 차량의 전체 라이프타임을 통한 순환경제형 비즈니스 모델도 육성 중이다. 2022년부터 시작된 '킨토 팩토리(KINTO FACTORY)'가 그것이다. 또 보유 차량 수가 줄어드는 가운데, 레트로피트(Retrofit, 오래된 상품을 수리하고 새로운 기능을 더하는 것)나 리사이클 사업 기회를 만들어 딜러가 수리·폐기 관련 사업을 일으키게 할 수도 있다. 그리고 결국에는 보유 차량의 탈탄소를 실현하기 위해 플러그인 하이브리드를 전기차로, 하이브리드를 플러그인 하이브리드로 업그레이드하는 기술이 분명 중요한 역할을 할 것이다.

EV

5장

10년 주기로
도래하는
토요타의 위기

TOYOTA ELECTRIC VEHICLE WAR

실패와 극복으로 점철된 역사

세계화, 현대화에 뒤처진 1990년대

세상이 다 알다시피, 토요타는 수많은 좌절을 겪은 기업이다. 토요타는 10년에 한 번씩 중대한 경영 위기에 빠졌고, 그때마다 카이젠의 힘으로 극복하고 한층 강해졌다.

오래전 1950년대에는 2차 대전 후 디플레이션 정책으로 경제가 침체한 가운데 극심한 노사갈등까지 불거지면서 심각한 경영 위기에 빠져들었다. 창업자인 도요다 기이치로 사장은 사임하라는 압박을 받았다. 그러나 은행단으로부터 협조 융자를 받고, 당시 토요타자동직기(豊田自動織機)의 CEO였던 이시다 다이조(石田退三)와 미쓰이(三井) 은행에서 파견된 나카가와 후기오(中川不器夫) 등 창업자 일가 외 전문경영인에게 경영의 지휘권을 넘겨줌으로써 재건을 완수했다.

1967년에는 나카가와 후기오가 급사하면서 기이치로의 사촌인 도요다 에이지(豊田英二)가 신임 사장에 취임함으로써 패밀리 경영이 부활했다. 모터리제이션(motorization)①의 물결까지 타고 토요타의 실적은 급회복되었고, 1970년 이후로는 도요다 가문을 중심으로 한 패밀리 경영이 지속되면서 창업자 기이치로의 장남 도요다 쇼이치로(豊田章一郎)에게, 그리고 1992년에는 차남 도요다 다쓰로(豊田達郎)에게 사장 자리가 넘어갔다.

　　장기간에 걸친 패밀리 경영 아래 토요타는 서서히 활력을 잃었다. 1990년대에 들어서면서 상품 개발에서 거듭 실패를 맛보며 국내 시장 점유율이 오랜 기간 추락했고, 전도유망한 중국 시장에는 데뷔 자체가 치명적일 만큼 타 기업에 뒤처졌다. 필수적인 결단이 늦어지면서 심각한 정체기에 접어들었던 것으로도 볼 수 있다.

　　1995년 도요다 다쓰로가 병으로 쓰러지자, 28년 만에 창업자 일가 외의 파격적인 인물, 오쿠다 히로시(奧田碩)가 후임 사장에 올랐다. 오쿠다는 토요타의 활성화·현대화·세계화를 추진했고, 취임한 1995년도부터 회장직에서 물러난 2006년도까지 12년 동안에 토요타의 매출을 8조 엔에서 24조 엔으로 세 배로 늘리며 보란 듯이 강한 토요타를 부활시켰다. 그러나 거침없는 언사가 여러 차례 문제를 일으켰고, 끝내 토요타 기업통치를 현대화해야 한다는 요구 속에 토요타와 창업자 일가의 관계라는 여전한 불씨를 남긴 채 일선

---

①　자동차가 사회생활 속에 밀접하게 관련되어 광범위하게 보급된 현상.

에서 물러났다.

IT화와 밸류 체인 연장에 실패한 2000년대

2000년대 초반, 세상은 인터넷 버블의 광풍 속에서 각종 비즈니스가 인터넷을 통해 디지털로 바뀌고 있었다. 자동차 산업은 이런 흐름에 겁먹고 우물쭈물한 끝에 레거시 산업으로 전락하기 시작했다. 이러한 흐름이 지속되면 자동차 제조의 부가가치는 줄어들 것이며, 딜러 대부분이 사멸하고, B2B(네트워크를 경유한 법인 간 비즈니스)와 B2C(네트워크를 경유한 법인 대 고객의 비즈니스)를 지배하는 IT 기업(이른바 닷컴기업)이 자동차 비즈니스의 부가가치를 점령할 것이라는 예상이 터져 나왔다.

이 같은 업계의 위기 속에서 토요타는 자동차의 커넥티드화 전략, 판매 금융 사업인 토요타 카드를 주축으로 한 밸류 체인 전략으로 살아남고자 했다. 그러나 이들 전략은 제대로 빛을 보지 못했다.

토요타는 커넥티드 자동차의 초기 형태인 '윌 사이파(WiLL Cypha)'를 발표했다. 자동차를 디지털화해서 커넥티드 서비스를 토요타의 사업 영역으로 삼고, 밸류 체인을 연장하겠다는 시도였다. 윌 사이파는 주행거리에 따라 리스 요금을 부과했다. 요즘 유행하는 '구독'의 선구자였던 셈이다. 하지만 출시 직후 뜨거웠던 열풍은 오래가지 못했고, 판매 부진으로 불과 3년 만에 시장에서 자취를 감췄다.

당시 토요타의 커넥티드 전략을 이끈 인물은 도요다 아키오와 부하 직원인 도모야마 시게키(友山茂樹, 현 상임 위원, 국내 판매 사업본부장) 였다. 도요다 아키오는 게이오대학교를 졸업한 뒤, 미국 보스턴의 뱁슨 칼리지(Babson College)에서 MBA를 취득, 외국계 금융 회사에서 근무한 뒤 1984년에 토요타에 입사했다. 도요다 쇼이치로는 적자(嫡子)인 도요다를 특별 취급하지는 않았지만, 제왕학을 가르쳤다고 한다. 도요다 아키오는 생산 관리부터 시작해 국내 영업 부문에 배속되었다.

당시 도요다 아키오가 밝힌 소회는 이랬다. "제조공정에서는 토요타 생산 방식에 따라 1분 1초를 아끼며 낭비를 줄이는데, 판매점에서는 자동차가 며칠씩이나 팔리지도 않고 멈춰 서 있다." 팔리지 않고 쌓인 상품이 얼마나 많은지를 알고 깜짝 놀란 것이다.

도요다 아키오는 1996년, 업무개선지원실을 만들고 자신은 과장 자리에 앉고, 도모야마는 계장 자리에 앉혔다. 그리고 팀원 수십 명과 함께 토요타 생산 방식을 판매점으로 확대하기 위해 분주하게 움직였다.

그때 도요다가 출범시킨 비즈니스가 '가주(GAZOO)②'다. 딜러들이 보상 판매한 중고차의 이미지를 공유하는 시스템으로 '중고차 이미지 시스템'에서 시작한 비즈니스였다. 도요다 아키오의 아이디어였는데, 애초에는 시스템에 투자할 예산이 마련되지 않아 도요다 아키

---

② 토요타 자동차가 운영하는 소비자 전용 정보 제공 서비스. 자동차와 IT를 융합하는 e-TOYOTA 사업의 일환이다.

오가 호주머니를 털어 도모야마에게 PC 2대를 사게 했고, 그것으로 서버를 구축해 시스템의 토대를 만들었다고 한다. 이후 인터넷 시대를 맞아 GAZOO는 소비자를 위한 전자상거래 사이트로 진화했다.

자멸해 버린 닷컴기업들

1997년에는 카 내비게이션과 휴대 전화를 연결한 정보 서비스 '모네'가 등장했다. 일본 내 커넥티드 서비스의 선구자 격이었다. 2002년에는 모네와 GAZOO가 통합되어 'G-BOOK'이라는 텔레매틱스 서비스, 말하자면 현재 커넥티드 서비스의 초기 모델이 탄생했다가 토요타의 'T-Connect(티 커넥트)', 렉서스의 'G-Link(지 링크)'로 발전했다. 그리고 이 모네라는 명칭은 소프트뱅크와 설립한 MaaS 플랫폼인 현재의 모네 테크놀로지스로 계승된다.

G-BOOK은 자동차가 인터넷에 접속하면서 확장된 밸류 체인을 확보할 목적으로 만들어졌지만, 사업을 성공시키기에는 휴대 통신의 속도가 너무 느렸고, 자동차에 탑재한 반도체도 취약했다. 음성 인식도 제 기능을 발휘하지 못해 소비자의 마음을 사로잡지 못했다. 이처럼 애초에 여러 요소 기술이 미숙했음에도 토요타는 밸류 체인 확장을 끝없이 시도했다. 아니나 다를까, 다양한 시도는 눈에 띄는 성과를 얻지 못했고, 닷컴기업에 맞설 수 있는 방법을 찾는 데 실패했다.

하지만 이 싸움은 IT 기업 쪽이 먼저 자멸했고, 인터넷 버블은 어

이없이 꺼지고 말았다. 대부분의 닷컴 기업은 구글과 아마존이라는 몇몇 생존 종을 제외하고는 사멸했고, 이와 동시에 토요타의 위기도 사라졌다. 추락한 미국 경제를 살리기 위해 정부가 역사적인 저금리 동결 정책을 동원하면서 미국에는 주택 버블이 부풀어 올랐고, 이에 자동차 시장까지 활황세로 돌아선 것이다. 토요타는 그 시장에서 연전연승했다.

커넥티드와 밸류 체인 전략 모두 중요한 시책에는 손도 대지 못한 상태였지만, 그런 상황은 까맣게 잊고 토요타는 세계 정상의 자동차 기업을 목표로 닥치는 대로 팔아 재꼈다. 그러다가 또다시 갑작스러운 위기를 맞았다. 미국의 주택 버블이 서브프라임 모기지 위기를 일으켰기 때문이다. 2008년 9월, 투자은행인 리먼브러더스가 경영파탄에 이르자 전 세계가 금융위기에 빠져들었다.

비용 경쟁력과 품질을 잃어버린 2010년대

리먼 사태가 일어난 2008년부터 전대미문의 품질 문제를 일으킨 2010년까지 3년 동안은 토요타 역사상 최악의 위기였다. 토요타라는 기업은 존망의 갈림길에 섰다. 리먼 사태로 인해 선진국이 경제위기에 빠지면서 거액의 적자를 냈고, 미국발 품질 문제가 불거졌으며, 수요 구조가 신흥국으로 옮겨가는 메가 트렌드에 대응하지 못해 비용 경쟁력을 상실했기 때문이다.

이 같은 배경의 공통된 원인으로는 거듭된 성공에 취한 오만, 성장지상주의, 리스크 방임이라는 토요타 내 경영상 문제를 들 수 있는데, 이 같은 현상은 2000년대 중반부터 이미 드러나 있었다. 2005년 조 후지오(張富士夫) 사장의 후임으로 사장 자리에 오른 와타나베 가쓰아키(渡辺捷昭)는 경영을 지휘하는 동안 토요타의 성장을 위해 마음껏 액셀을 밟았다.

"이 가격이면 몇 대 팔린다."

토요타의 글로벌 영업 회의가 '가격과 대수' 논란에만 빠진 것도 바로 이 무렵부터다. 와타나베의 경영 집행 체제는 '글로벌 마스터플랜'이라고 불린 천만 대 판매라는 성장 전략을 밀어붙였다. 그들은 가격을 올렸다 내렸다 하면서 판매 대수와 수익 확대를 마음대로 주물렀다. 소비자의 요구에 부응하면서 고품질의 제품을 염가에 제공하겠다는 본질과 철학은 잊힌 지 오래였다.

토요타는 기본적으로 '가격-이익=비용'이라고 생각한다. 가격은 시장이 정하는 것이므로 필요하고 적절한 이익을 정하면 목표로 하는 원가 저감 폭이 자연히 정해진다고 생각하는 원가 저감 지향형 기업이었다. 그러나 와타나베 체제는 '비용+이익=가격'으로 등식이 변하면서 가격이 목적으로 둔갑한 것이다.

천만 대 달성이 눈앞에 닥친 그 순간, 전 세계에는 전대미문의 금융위기가 닥치고 있었다. 이른바 2008년 리먼 사태로 촉발된 금융 시스템 불안이 세계적 대불황을 부채질하면서 글로벌 신차 수요의 30%가 순식간에 사라진 것이다. 토요타는 2008년 11월의 중간 결산에서 1조 엔이나 되는 영업이익 하향 수정을 발표했고, 사람들은 이는 '토요타 쇼크'라 불렀다. 그 후 불과 한 달 후인 12월 22일에는 창사 이래 최초로 영업 적자 전망을 발표했고, 토요타는 요란한 굉음을 내며 무너져 내렸다.

토요타가 자랑하던 압도적인 품질과 비용 경쟁력은 2000년대 중반부터 좀 먹히고 있었지만, 미국의 주택 버블과 엔화 약세에 따른 환율이익으로 인해 영업 실적 악화가 겉으로 드러나지 않았을 뿐이었다. 이 같은 사실을 즉각 인식하지 못해 상처가 깊어진 상태에서 리먼 사태의 파문이 만천하로 번졌다는 것이 적절한 표현일 것이다.

리먼 사태는 자동차 산업에 세 가지 구조 변화를 초래했고, 일본 자동차 기업의 추락을 불러왔다. 토요타는 그 첫 희생양이었다. 먼저, 이제껏 신차는 선진국에서 소비되는 제품이었으나 그 성장력이 중국을 필두로 하는 신흥국으로 완전히 바뀌어 버렸다. 당시 세상은 이러한 현상을 수요구조의 패러다임 전환이라 불렀다.

둘째, 자동차의 차별화 요소가 줄어들면서 설계의 표준화와 부품의 공통화 정도를 높인 비용이 기업의 경쟁력을 지배하기 시작했다. 결국 이 점에서 앞선 유럽 차, 한국 차의 대약진이 일어났다.

셋째, 신흥국 내 판매와 설계 표준화를 위해 글로벌 생산 거점을 재배치하고 조달시스템(공급망)을 재구축하는 가운데, 보쉬(Bosch)처럼 자동차 업체에 버금가는 유럽의 메가 서플라이어가 강력히 대두했다. 토요타는 이 세 가지 측면 모두에서 구조적으로 낙후된 존재였다.

최대 난제로 부상한 품질 문제

미 의회 증인석에 선 도요다 사장

"토요타 차의 운행을 멈춰야 합니다."

2010년 2월, 레이 라후드(Ray H. LaHood) 당시 미 교통장관은 하원 세출위원회 공청회에서 토요타의 리콜(무료 회수·수리) 대상 차종에 대해 "소유자들은 운전을 멈추고 딜러에게 가야 한다"라고 발언했다. 당시 필자는 미국 자산운용사에서 일했는데, 언론의 보도를 보면서 이러다가 토요타라는 브랜드가 역사의 뒤안길로 사라지는 건 아닌지 등골이 오싹했던 기억이 선명하다.

발단은 2009년 8월에 일어난 사고였다. 캘리포니아주에서 렉서스 'ES350'이 급발진해 시속 190km로 충돌을 일으킨 끝에 동승자 네 명이 사망한 것이었다. 사고의 순간, 원인 불명의 폭주, 차내 상황은 운전자 아내의 휴대폰을 통해 미국 전역에 생생히 보도되었고, 단숨에 중대한 사회문제로 떠올랐다.

이 사건으로 토요타의 차량 품질에 대한 의혹은 급속히 퍼져나갔고 전 세계가 토요타 때리기로 돌아섰다. 결함이 있는 것은 분명했지만, 대부분은 소문이나 조작 등 사실과는 거리가 멀었다. 급발진 사고의 대부분이 운전자 실수였다는 조사 결과가 나중에 밝혀지기도 했다.

리콜 사태는 비교적 단순한 품질 문제에서 비롯된 것이었다. 하지만 소비자와의 소통, 소송 조직에 대한 사내 대응이 너무나도 지체되어 사태는 걷잡을 수 없이 악화됐다. 토요타라는 브랜드의 가치가 훼손된 것은 말할 것도 없었고, 수천억 엔에 달하는 엄청난 비용까지 날아갔다.

그러나 정작 최대 위기는 따로 있었다. 사장 자리에 오른 지 얼마되지 않은 도요다가 히스테릭한 여론을 바탕으로 정치 쇼로 변질된 미국 의회 공청회에 증인으로 출석해야만 하는 상황이었다.

'이거 혹시 나를 끌어내리려는 게임인가?'

의회 증언을 위해 미국으로 날아가면서 도요다는 문득 이런 생각이 들었다고 한다. 사장 취임 1년 차의 일이었다.

네 시간 동안 이어진 공청회가 끝난 뒤, 도요다는 미국 토요타 딜러들 앞에서 연설했다. 몇 번이고 목이 메어 말문이 막히면서도 끝까지 연설을 마쳤지만, 딜러 관계자들의 격려를 받자 도요다는 이내 뜨거운 눈물을 흘렸다. 이 장면은 토요타를 하나로 묶어 기적적인 재생의 길을 가게 한 강력한 원동력이 되었다.

한 방에 역전하는 길, 본질로 돌아가는 길

경영 컨설턴트 짐 콜린스(Jim Collins)는 《위대한 기업은 다 어디로 갔을까(How the might fall)》에서 기업 쇠퇴의 법칙을 논했다. 그가 설명한 기업 쇠퇴의 5단계는 ① 성공에서 나오는 오만 ② 원칙 없는 확대 노선 ③ 리스크와 문제 상황 부인 ④ 한 방에 역전하겠다는 생각 ⑤ 굴복 후, 흔해 빠진 기업으로 전락 또는 소멸이다. 위대한 기업이 몰락하는 단계를 과장 없이 그대로 보여주는 책이다. 만약 그때 토요타가 한 방에 역전하려 들었다면 지금 어떤 상황이 펼쳐져 있을지를 생각하면 소름이 돋는다.

도요다는 2023년 신년사에서 당시 사장의 위치에서 전 직원들에게 이렇게 말했다.

"우리는 정답이 무엇인지 모르는 시대를 살고 있습니다. 이런 상황에서는 여태껏 경험하지 못한 위기에 직면할 수 있습니다. 그때 우리 앞에는 반드시 두 가지 길이 나타납니다. '단기적 성공이나 한 방에 역전을 노리는 길'과 '우리 손에 힘을 가져다준 본질과 철학으로 돌아가는 길'입니다."

지금으로부터 14년 전, 최악의 시기에 사장 자리에 오른 도요다에게는 두 가지 길이 있었을 것이다. 그리고 도요다는 주저하지 않고 후자를 선택했다. 그는 토요타라는 기업에 힘을 준 본질과 철학을 되새기며 소비자를 위해 '더 좋은 자동차'를 섬세하게 만들 것을 최우선 과제로 설정했다.

의지 있는 정체기

"일단 멈춥시다. 천만 대를 파는 지금의 토요타와 6백만 대밖에 못 팔던 예전의 토요타는 성장의 의미가 완전히 다릅니다."

도요다 사장은 이렇게 주문했다.

그리고 '더 좋은 자동차를 만들자'라는 슬로건을 내걸고 향후 3년간 새 공장을 건설하지 않겠다는 방침을 발표했다. 더 좋은 자동차를 만들겠다는 단순한 행동규범 아래 당시 전 세계 30만 직원의 방향성을 일치시켜 앞으로 토요타가 지속해서 성장할 수 있는 진정한 경쟁력이 무엇인지 직원들에게 3년간 생각하게 한 것이다. 규모나 판매 대수를 기업 성장의 잣대에서 뺀다는 것은 샐러리맨 경영자로서는 쉽게 내릴 수 없는 결단이다. 판매에 대한 욕심은 창업 일가에게는 본능이라고 해도 과언이 아닌 속성이니 말이다.

2012년 봄, 토요타는 '좋은 자동차 만들기'의 진척 상황을 설명했다. 외부인의 출입을 금지하던 신차 개발 건물에 언론인뿐 아니라 애널리스트까지 초대해서 말이다. 설명을 맡은 사람 중에는 도요다 사장도 있었다. 그는 개발 중인 크라운을 앞에 놓고 좋은 자동차를 만든다는 것이 대체 어떤 일인지를 설명했다. 그날 밤, 나고야의 한 호텔에서 열린 친목회에도 도요다 사장이 깜짝 등장했다.

당시에는 도요다 사장이 언론, 특히 필자의 생업이었던 증권 애널리스트를 매우 싫어한다는 소문이 돌고 있었다. 사실 나는 비딱한 의견도 던졌는데, 그때 도요다 사장은 마음을 활짝 열고 답해 주었다. 이에 '토요타가 다시 한번 강력하게 태어나겠구나'라는 느낌을 받은 기억이 난다. 당시 도요다 사장에 대한 언론의 논조는 매우 차가웠고 토요타에 대한 주식시장의 기업 평가는 그보다 더 냉혹했다. 지금 와 돌이켜보면, 바로 그때 세상의 시선이 변하기 시작한 것 같다.

당시 '신공장 제로 선언'의 목적은 원래의 본질·철학으로 되돌아가겠다는 것과 진정한 경쟁력을 알아보기 위한 모라토리엄 기간, 토요타의 표현대로라면 '의지 있는 정체기'였다. 그리고 토요타는 '토요타 뉴글로벌 아키텍처(이하 TNGA)'라는 이름의 새로운 설계 프로세스와 기본 플랫폼, 그 제조법에 관한 새로운 개념을 확립해 나갔다. 그리하여 어떻게 하면 '좋은 자동차를 만들 수 있는지'를 명확히 드러내기 시작했다.

토요타 뉴글로벌 아키텍처의 성과

지속 성장을 견인할 진정한 경쟁력

2012년 무렵의 상황을 보면, 2000년대부터 추락하기 시작한 GM의 뒤를 따라 일본 자동차 산업도 쇠퇴할 것이라는 우려가 제기되고 있었다. 그 근거는 토요타의 품질 문제였다. 혼다, 마쓰다도 예외는 아니어서 미국 내 존재감은 옅어졌고 실적은 곤두박질쳤다.

이에 비해 폭스바겐, 르노-닛산(당시 닛산자동차는 르노그룹에 편입된 상황) 등 유럽계, 정몽구라는 카리스마 창업자가 이끄는 현대·기아의 한국계 기업은 아침 해처럼 기세 좋게 떠올랐다. 전기차 지각생인 일본 차에 대한 비관론이 들끓는 오늘날과 같은 분위기라 할 수 있었다.

그러나 일본 자동차 산업은 굴복하지 않았다. 2015년 5월, 토요타는 결산 보고에서 사상 최고 이익을 내면서 떨어진 자신감을 완전히 회복했다.

"의지 있는 정체기를 지나 실천하는 단계로 넘어왔다."

발표 회견을 위해 단상에 오른 도요다 사장은 토요타의 단계 진화를 언급했다. 지속적 성장을 견인할 진정한 경쟁력을 얻었다는 확신을 가졌던 것 같다.

리먼 사태, 품질 문제, 동일본 대지진이라는 3대 위기를 극복한 토요타가 지속적인 성장을 이룬 경쟁력은 '새 설계 프로세스'와 '새 제조 프로세스'라는 두 가지 대변혁에 있었다. 자동차의 매력을 극대화하면서도 좋은 품질의 제품을 저렴하게 사용자에게 제공할 수 있는 플랫폼 및 엔진 군을 설계하는 새 설계 프로세스가 TNGA(토요타 뉴글로벌 아키텍처)다.

TNGA에 따라 토요타는 GA-B(야리스(YARiS) 클래스), GA-C(코롤라 클래스), GA-K(캠리(CAMRY) 클래스) 등 세 개의 주력 플랫폼과 엔진을 모두 새로 만들었다. 이는 2015년 4세대 프리우스부터 적용되었고, 2017년에는 캠리, 2019년에는 야리스로 적용 범위를 확대했다.

유럽의 표준화·오픈화 전략

이러한 토요타의 설계 프로세스 진화는 사실 업계의 흐름을 좇은 행보다. 먼저 나선 기업은 폭스바겐, 르노 같은 유럽계였다. 이 책 후반에 나올 '전기차 시대의 경쟁력'에 대한 이해를 돕기 위해서라도 조금 전문적인 해설을 해 둔다.

자동차는 약 3만 점에 이르는 부품을 조립해서 만든다. 엔진룸을 보면 빈틈없이 부품이 빼곡히 들어차 있다. 그 설계는 매우 복잡하기에 자동차의 성능이나 비용 경쟁력이 바로 이 설계 단계에서 결정된다고 생각해도 된다. 3만 점이나 되는 부품은 조합 패턴이 무한대라서 다양한 차종을 개발해야 하는 현대 자동차 산업에서는 개별 개발이 불가능하다고 본다. 그래서 중간 존재인 팔레트 같은 것을 만들어 조합 패턴을 추린 다음, 방대한 부품 수를 정리해 가면서 자동차를 설계한다. 그 팔레트가 바로 '플랫폼(차대)'이다.

플랫폼을 개발할 때, 방대한 구성 부품에 '주행(엔진)', '방향 전환(스티어링)', '정지(브레이크)'라는 기본적인 기능과 역할을 정의하고 전체를 설계하는 개념을 '아키텍처'라고 부른다. 그리고 이들 부품과 부품의 연결을 '인터페이스'라고 부른다.

따라서 현재의 전통적인 자동차 기업은 엔진을 핵심으로 플랫폼을 설계하고, 인터페이스를 정의한 뒤, 그에 따라서 부품 제조사에 필요한 부품과 시스템을 개발하게 하는 산업구조를 형성하고 있다. 인터페이스에 따라 서플라이어와 수평 분업으로 자동차를 개발하는 산업이라고 봐도 과언이 아니라는 말이다.

2010년대, 환경과 안전 성능을 둘러싼 논쟁이 이는 가운데서도 새로이 비용을 삭감하기 위해 전 세계 자동차 기업이 각축을 벌인 주제는 모듈화였다. 폭스바겐의 'MQB'[3]가 그 대표적 사례다. 그 시작

---

③ 폭스바겐의 가로 배치 엔진 전용 플랫폼.

점은 플랫폼을 가변 부분과 고정 부분으로 나누는 것이었다. 가변 부분은 자동차의 개성을 만들어 내며, 차량 단위로 차별화가 이뤄진다. 고정 부분은 플랫폼에 올릴 부품 내장물까지 포함해 큰 덩어리로 나눠서 모듈을 하나의 단위로 설계하고, 이들을 조합하는 과정에서 베리에이션을 만들어 낼 차량을 설계하는 개념이다.

2013년부터 도입된 폭스바겐의 'MQB'는 야리스 클래스의 '폴로(Polo)'부터 캠리 클래스의 '파사트(Passat)'까지 전륜 구동(FF) 승용차를 조립하는 기본 아키텍처로 자리 잡았고, 그 인터페이스를 표준화해 서플라이어에 오픈했다.

M&A(기업인수합병)를 통해 폭스바겐은 세계 정상급인 천만 대 규모를 실현했다. 여기에 표준화·오픈화를 실현한 플랫폼을 전개하면서 서플라이어를 끌어들여 환경과 안전 성능을 꽉 차게 담은 자동차로 세계 시장의 점유율을 끌어올릴 생각이었다. 말하자면 모듈을 세계 표준으로 만들어 이른바 거대 서플라이어와 함께 경쟁력을 높일 작정이었던 것이다.

고독사 직전이었던 토요타 표준

한편, 토요타는 유럽 기업의 표준화·오픈화의 대척점에 있다. 토요타와 계열사 중 1차 서플라이어가 서로 면밀하게 조정하는 과정을 통해 고품질, 저비용의 부품을 설계함으로써 경쟁력을 높인다.

그러나 2000년대의 확장 전략은 이 노선에 차질을 빚기도 했다.

세계의 표준화 흐름에는 뒤처졌고, 신흥국에서 맞싸울 수 있는 비용 경쟁력은 잃었으며, 가장 큰 장점이라 할 수 있는 품질까지 나빠진 것이다. 잘게 분류하면 토요타는 당시 플랫폼만 해도 약 백 종, 엔진의 기본 형식은 16종, 베리에이션은 약 8백 종에 이르는 복잡한 하드웨어를 갖고 있었다.

개발 공정은 엄청나게 방대했고 효율까지 낮아 고비용 체질에 허우적대고 있었다. 일본 부품산업의 경쟁력도 떨어졌고, 서구에서 나타난 대형 서플라이어나 전자 부문에 강한 신규 자동차 기업의 강점을 토요타의 설계에 도입하기도 어려웠다. 토요타 표준을 떠받드는 사이, 토요타는 고독사 직전까지 갔던 것이다.

TNGA는 토요타 표준이 세상에서 고립됐던 과거를 반성하고, 토요타가 세계 표준에 맞닿을 수 있게 했다. 이는 대·중·소 세 가지 플랫폼 모두를 약 10년에 걸쳐 단계적으로 쇄신하는 '사상 최대 작전'이라고 할 만한 개혁이었다.

자멸한 유럽 표준화 전략의 변화

디젤게이트로 자멸한 폭스바겐

유럽 자동차 기업과 토요타 간 표준화 전쟁은 그 승패가 결정되기도 전에 유럽 기업이 자멸함으로써 싱겁게 막을 내렸다. 2015년 9월, 연비 성능을 부정하게 조작하는 '디피트 디바이스(Defeat Device)④'라는 소프트웨어가 폭스바겐의 디젤 엔진에 장착된 사실이 적발된 것이다. 이른바 '디젤게이트'로 불리는 이 사건은 유럽 자동차 산업 전체에 직격탄을 날린 뒤, 전 세계를 들썩이게 했다. 폭스바겐은 존망의 위기에 처했고, 유럽의 디젤 엔진 전략은 근본적인 재검토를 요구받

---

④ 공적인 시험 조건 이외에서는 배기가스 정화 장치의 효율을 낮추는 장치.

게 되었다. 바로 이 사건이 현재의 유럽발 전기차 전략을 만들어 냈다고 해도 과언이 아니다.

한편, 토요타는 상대의 실책에 안주하지 않고 TNGA를 추진했고 하이브리드를 주축으로 매우 강한 경쟁력을 확립했다. 1세대 TNGA(2012~2015년) 때는 차체, 서스펜션, 엔진, 트랜스미션까지 모든 것을 쇄신했다. 가토 미쓰히사(加藤光久) 수석 엔지니어(전 토요타 부사장)가 지휘한 '제로 크라운(ZERO CROWN, 2003년 출시된 12세대 모델)' 이후 첫 전면 쇄신 작업이었다.

2015년에는 '좋은 자동차 제조'를 실현할 '더 좋은 공장 건설'을 내걸고 공장 개혁에 나섰다. '더 좋은 공장 건설'과 관련해서는 토요타 생산 방식인 '혼류 및 낱개 생산(One piece flow)⑤'을 고집하는 동시에 '심플·슬림', '범용화', '공정 단축'을 최대한 추구했다.

소비자가 선택한 토요타

1세대 TNGA는 과제도 남겼다. 당시 사장이었던 도요다가 직원 33만 명에게 '좋은 자동차를 만들자'라고 호소해 모두가 한마음이 되어 매달린 결과, 장비를 꽉꽉 채우느라 차체 무게가 무거워졌고, 그에 따라 가격까지 비싸진 것이다. 이 '무겁고', '비싼' TNGA에서 벗

---

⑤ 혼류는 한 라인에서 다양한 차종을 생산하는 방식을 말하고, 낱개 생산이란 부품의 생산부터 조립에 이르기까지 오더 순서대로 하나씩 만들어 나가는 생산 방식을 가리킨다.

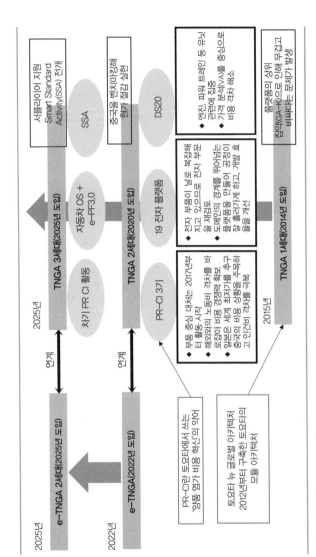

토요타 TNGA 활동의 전체 흐름
출처: 필자 작성

어나기 위한 노력의 결과가 2017년 이후에 도입된 2세대 TNGA였다. 중국의 생산 비용을 벤치마킹하며 그들을 이기기 위한 혁신을 추구한 성과였다. 일본 제조업이 중국 자동차 산업에 대해 경쟁력을 발휘할 수 있을지 시험하고 도전한 끝에 받아 든 성적표였다.

이러한 설계 혁신은 소프트웨어를 장착하며 복잡해진 자동차에 대해 신경계(소프트웨어)와 신체계(하드웨어)를 능숙하게 정리하고, 표준화를 추진한 뒤, 개발 효율을 높여 비용을 절감하는 방식으로 이루어졌다. 원래는 유럽 기업의 장기로 통하던 표준화 전략이라고도 할 수 있었다.

하지만 그 설계 혁신을 제조 단계에서 실현해 소비자의 선택을 받은 기업은 토요타였다. 토요타의 세계 생산 대수는 폭스바겐과 1위 자리를 두고 앞서거니 뒤서거니 했으나, 2018년 이후로는 토요타가 세계 1위를 줄곧 유지하고 있다. 토요타는 생산 대수를 경영상 잣대에서 배제했는데, 아이러니하게도 생산 대수를 염두에 두지 않은 자동차가 소비자의 선택을 받아 성과가 올린 것이었다.

수익 면에서도 토요타는 압도적인 승리를 거두었다. 폭스바겐 브랜드를 약 4%를 능가했으며, 고수익을 내는 포르쉐와 아우디까지 포함한 폭스바겐 그룹에 비하면 7~8%를 훌쩍 웃도는 8~10%의 영업이익률을 낸 것이다. 침체 중인 혼다, 닛산과는 달리 토요타는 한층 국제경쟁력을 높였고, 전 세계 투자자들에게서도 높은 평가를 받았다.

전기차로 방향을 튼 유럽 기업들

폭스바겐이 실패한 원인 중 하나는 제조를 다소 경시한 데 있었던 것 같다. MQB의 초기 도입 비용은 예상 밖으로 엄청났다. 그런데 한 대당 플랫폼 비용을 최대 20% 삭감, 출시까지 드는 일회성 경비를 최대 20% 삭감, 한 대당 엔지니어링 시간을 최대 30% 삭감할 수 있을 것으로 여겼던 비용 절감 계획은 대부분 실현되지 못했다. 설계 개혁의 개념은 탁월했지만, 제조 단계에서 실패를 맛본 것이다.

폭스바겐은 MQB 설계 개혁의 실패뿐 아니라 디젤게이트로 존망의 위기에 빠졌다. 이후 폭스바겐은 폭스바겐 승용차 브랜드의 책임자였던 헤르베르트 디스를 폭스바겐 그룹의 최고 경영 책임자에 앉히고 엔진을 배터리와 모터로 대체하는 'MEB(Modularer E-Antriebs-Baukasten)'라는 전기차 플랫폼을 바탕으로 전기차 정책을 채택하게 되었다.

EV

6장

2020년,
다시 찾아온
최대 위기

TOYOTA ELECTRIC VEHICLE WAR

전기차, 디지털, 소프트웨어에 산적한 과제

전기차의 경쟁력이란?

"되레 제가 묻고 싶네요. 여러분은 왜 그렇게 전기차에 대해 알고 싶어하는지."[9]

2023년 4월 21일, 사장 취임 직후에 경제 미디어 〈닛케이 비즈니스〉와의 단독 인터뷰에서 사토 고지는 이렇게 되물었다. 사실 사토 사장은 해당 인터뷰뿐만이 아니라 같은 시기에 응한 여타의 언론 취재에서도 같은 말을 했다.

언론의 인터뷰 내용 대부분이 전기차의 과제나 향후 대책에 집중되는 데 대한 불만이기도 했을 것이다. 필자도 비슷한 시기에 그와 대화할 기회가 있었는데, 그때도 사람들이 전기차의 경쟁력에 관해 말할 때 차체에 과도하게 주목하는 감이 있다고 말한 기억이 난다.

앞에서도 지적했지만, 전기차의 경쟁력은 전용 플랫폼을 개발하고, 저비용의 배터리를 확보하는 등 하드웨어 영역만 해결한다고 해서 얻어지는 것이 아니다.

이미 여러 번 언급한 '소프트웨어 정의 자동차', 이른바 SDV라는 측면에서 생각하면, 소프트웨어와 디지털(데이터)이야말로 경쟁력의 중요한 요소다. 되풀이되는 내용이지만, SDV는 자동차가 스마트폰처럼 진화해서 통신을 통해 자유롭게 소프트웨어를 업데이트할 수 있고, 새로운 서비스를 제공할 수 있는 자동차를 말한다.

자동차 저널리스트들은 차체 플랫폼을 쇄신하면 경쟁력 있는 전기차를 만들 수 있다고 생각하는 경향이 있다. 하지만 실제로는 전기차의 차체 플랫폼이 경쟁력에 기여하는 정도는 크게 떨어지기에 휘발유 차량에서만큼 그 영향력이 크다고 볼 수가 없다. 전기차의 경쟁력은 3층 구조라고 설명할 수 있다. ① 차체 플랫폼, ② 전자 플랫폼, ③ 애플리케이션 계층이 그것이다. 이 세 가지를 논하지 않고는 경쟁력 있는 전기차를 만들 수 없다.

2020년대, 10년 만에 찾아온 새로운 위기

토요타가 당면한 문제는 전기차 사업만이 아니다. 디지털, 소프트웨어, 밸류 체인 사업 외에도 지난 5년간 심어둔 사업의 씨앗들이 하나같이 순탄하게 자라고 있지 못하다. 이 상태를 방치하면 토요타의 국제경쟁력은 크게 후퇴할 수도 있다. 자동차 산업의 덕을 크게 본 일본 제조업의 미래에도 먹구름이 드리울 것이다.

유럽의 그린 딜 정책, 중국의 NEV(신에너지 차량) 규제, 미국의 IRA(인플레이션 감축법)는 모두 공적 표준 전략으로 외국 기업을 밀어내고, 자국 자동차 기업을 보호하면서 산업 경쟁력을 높이려 한다. 그러한 룰 아래에서도 토요타는 실질적 표준을 확보해야 했다. 토요타다운 독자적인 가치를 전기차와 SDV를 통해 제안하지 않고서는 살길이 막히기 때문이었다.

그러나 토요타에는 숙명적인 짐이 있다. 토요타 생산 방식을 철학으로 삼은 토요타는 글로벌 시장에서 풀 라인을 선보일 수밖에 없는 것이다. 그 와중에 멀티 패스웨이(전방위)를 고집하고, 또 전기차까지 풀 라인으로 선보이려 하는 기업은 세계에 토요타밖에 없다.

이런 부담을 짊어진 채로 경쟁력을 유지하기는 매우 어렵기도 하거니와 효율도 낮아서 재무적인 압박이 매우 커진다. 자본력이 있어서 할 수 있는 일이라 하더라도 그 결과가 성공할 거라고 보장할 수는 없다. 경쟁력과 영광을 잃고 산업의 정체와 쇠퇴를 초래하는 일만은 절대 피해야 한다. 토요타는 미국 GM의 추락을 기억해야 한다. 창업 100주년이라는 기념비적인 시기에 경영파탄이라는 굴욕을 맛본 GM이 아닌가? GM의 불행은 2000년대 주택 버블이 한창이던 시기에 확대해서는 안 되는 낡은 비즈니스 모델(휘발유를 많이 먹는 대형 SUV)을 풍선처럼 부풀려 구조 문제를 심각하게 만든 것이 그 실체다. GM은 오일 쇼크, 주택 버블의 붕괴, 금융위기 같은 외부 환경 변화에 대처하지 못하고 결국 돌연사했다고 봐야 한다.

TOYOTA ELECTRIC VEHICLE WAR

토요타는 타이타닉처럼 침몰할까?

기업은 순식간에 무너진다

장치산업인 자동차 산업에서 규모는 굳건한 강점이자 성장을 순환시키는 요소다. 즉 변함없는 가치를 제공하며 그것을 실현하는 구조(예를 들어 엔진이나 아키텍처)가 유지되는 한, 규모는 경쟁을 승리로 이끈다. 그러나 세상이 요구하는 가치가 변하고 그 실현 요인이 바뀔 때, 규모는 구조 전환에 약점이 되고 변화 속도도 떨어뜨린다. 변화에 적합하지 못한 요소로 작용하기에 종국에는 공룡처럼 멸종을 초래한다.

기업이 무너질 때는 너무나도 쉽게, 눈 깜짝할 사이에 무너진다는 것을 우리는 오래전부터 봐왔다. 노키아(Nokia)의 휴대 전화, 일본의 종합 가전과 반도체, 이스트먼 코닥(Eastman Kodak)의 컬러필름 등이 그 예다. 이들은 시장에서 순식간에 자취를 감추었다.

뜬금없는 이야기지만, 타이타닉호의 침몰 이유로는 여러 가지 설이 있다. 그중 하나는 빙산을 발견했을 때, 항해사가 외친 '하드 스타보드!(hard starboard)①'라는 조타 구령을 조타수가 착각해 왼쪽으로 방향타를 틀었고, 그 후 다시 오른쪽으로 방향을 틀었으나 그 잠깐의 시간 낭비로 인해 배가 빙산을 피하지 못하고 충돌했다는 설이 있다. 그렇지 않아도 침로 변경에 시간이 필요한 대형선이 빙산을 눈앞에 두고 정보가 뒤엉켜 갈팡질팡하다니 치명적이지 않은가?

이 설을 현재의 토요타에 대입하면 타이타닉호는 하이브리드, 빙산은 전기차, 하드 스타보드는 멀티 패스웨이가 될 수 있다. 여기서 토요타가 안고 있는 문제의 본질을 찾을 수 있지 않을까? 적절한 방식으로 빙산을 발견하고 재빨리 침로를 변경하면 충돌이나 침몰을 피할 수 있다. 빙산 경보가 울리는데도 전속력으로 항행하는 것은 하이브리드로는 넘을 수 없는 혹독한 규제 아래에서 하이브리드를 급성장시키려 드는 짓이나 다름없다. 게다가 항해사가 외친 멀티 패스웨이의 의도를 오해하고 수소로 방향을 트는 조타수가 버티고 있는 기업이 토요타다.

---

① 타각을 최대 35° 내외로 하여 선수를 급우회전시키는 것. 반대의 경우는 하드 포트(hard port)라 한다.

아무것도 결정하지 않고 아무것도 하지 않기

2010년대 초 존망의 위기에서 토요타를 일으켜 세운 도요다 아키오의 경영철학은 높이 평가받을 만했다. 토요타 중흥의 시조라고 부를 만한 결과를 만들어 냈으니 말이다. 그는 겉으로 드러나는 경쟁력부터 드러나지 않는 경쟁력까지 포함한 진정한 경쟁력을 추구했다. 고품질의 자동차를 섬세하게 만들고 저가에 제공하며, 적당한 이익(그렇게 해도 결과적으로는 세계 정상)에 만족하면서 꾸준히 실적을 쌓아 올리는, 애초 토요타의 기본으로 되돌아간 경영이었다.

그뿐 아니라 도요다 아키오 사장은 그 어느 기업보다 빠르게 커넥티드 전략을 공표하며 모빌리티 컴퍼니로의 진화를 선언했다. 보수적인 토요타 사내에서는 좀처럼 추진하기 어려운 그의 방침은 '스핀오프 전략'을 이용해 외부에 새 회사를 여럿 설립하는 행보로 이어졌다. 그리하여 우븐 바이 토요타, 킨토, PPES(각형 배터리 생산 합작법인), 모네 테크놀로지스 등 모빌리티에 필수적인 요소 기술과 오퍼레이션을 누구보다 빠르게 준비했다. 이 같은 결단력과 실행력은 도요다 아키오 사장의 리더십과 평등한 조직 덕분이었다.

그러나 2020년 이후 토요타의 결단 속도는 눈에 띄게 떨어지기 시작했다. 과거 5년간, 수소 관련 투자 안건은 끊임없이 발표되었지만, 전기차나 에너지 매니지먼트에 관련된 결정 사항은 그 수가 매우 적다.

특히 2021년부터는 전기차 정책에 필요한 의사결정이 너무 적다.

냉정하게 말해 전기차 정책에는 대폭적인 구조 변화가 필요하지만, 아무것도 결정하지 않고 아무것도 하지 않은 것처럼 보인다. 550만 명에 이르는 일본의 거대한 자동차 산업 종사자를 지키려면 더 이상 구조 변화와 관련해 안일한 자세가 이어져서는 안 된다.

오해와 문제 상황에 눈감기

2020년 이후, 미국에서는 트럼프 행정부가 무너지고, COP 26(제26차 유엔기후변화협약 당사국총회)는 '글래스고 기후합의'를 채택했으며, 일본은 탄소 중립을 선언하는 등 전 세계적으로 탄소 중립을 실현하기 위한 거대한 움직임이 일어나기 시작했다. 그런 가운데 일본에서는 '그린 성장 전략'에 관한 정책 논의가 일어났다. 앞서 설명한 대로 의무 판매 대수를 규정해 전기차를 보급하려는 중국의 NEV(신에너지 차량)와 같은 전기차 추진 정책이 검토되던 시기도 있었다.

"지금 자동차 산업은 위태로울 지경에 이르렀습니다."

2020년 12월, 일본자동차공업회의 온라인 기자회견에서 나온 도요다 아키오의 발언은 일본자동차공업회의 입장에서 일본의 산업 정책을 제언한 것이다. 기술상 폭넓은 선택지를 남겨야 일본 산업에 바람직하다고 설득하려 한 것이다. 그런데 이를 토요타라는 기업의 방침으로 오해하는 사람이 많았다.

이 무렵부터일까? 산업계, 언론, 나아가 토요타 직원들까지 전기차 정책에 맞는 구조 변화를 논의하려 들지 않았고, 멀티 패스웨이의 전략적인 합리성을 내세우며 수소를 밀어주려는 분위기가 나타났던 것 같다. 그리하여 멀티 패스웨이 자체가 목적으로 둔갑하면서 전기차에 대한 충분한 논의는 자연스레 멀어졌다. 알고 지내는 토요타 직원의 의견을 물었더니 대략 70% 이상이 전기차 정책을 서둘러야 한다고 생각하고 있었다. 그럼에도 토요타의 결정은 그렇지 않았다.

도요다 아키오 사장은 진심으로 전기차를 추진할 생각이었다. 그는 토요타라는 기업 차원에서 전기차 부문이 늦어진다는 것이 어떤 의미인지를 이해하고 있었다. 그러나 논의는 진척되지 않았으며, 아무것도 결정하지 않고 아무것도 하지 않는 조직이 되고 말았다. 최종적인 책임은 집행을 지휘하는 사장에게 있겠지만, 토요타의 37만 직원, 토요타 그룹 차원에서 반성해야 한다고 본다. 당연히 오피니언을 제기할 위치에 있던 필자에게도 무거운 책임이 있다.

강한 조직이 함정이다

지극히 평등한 조직의 빛과 그림자

토요타는 기술, 생산, 경리 등 '기능'을 경영의 축으로 삼는 전형적인 기업이다. 도요다 아키오 사장은 사장직에 있던 14년 동안, 그 축을 지역과 상품으로 바꾸기 위해 지속해서 구조 변혁을 시도했다. 토요타는 2016년, 제품을 중심으로 컴퍼니를 배치하는 대규모 조직 개혁에 나섰다. 제품군마다 일곱 개 컴퍼니를 설치했고, 책임과 권한을 각 수장에게 몰아줬으며, 기획부터 생산까지 일관된 오퍼레이션을 실시하는 체제로 바꾼 것이다. 전략, 인사, 경리, 조달, 생산 등을 맡는 본부(headquarters)는 그 컴퍼니를 지원하는 역할로 돌아섰다.

2019년에는 인사 발표로 업계를 깜짝 놀라게 했다. '간부직' 제도를 도입해 상무 임원, 상무이사, 기간직 1급·2급, 기능 마스터를 통합하는 인사 제도였다. 출세가 숙원인 샐러리맨에게는 목표가 부사장이나 사장 자리밖에 남지 않는 엄청난 조직 평등화를 실행한 것이다. 직함보다 역할이 중요하다고 토요타는 말하지만, 샐러리맨에게는 직함도 중요한데 부사장 자리마저 2020년에 폐지(2022년에 제도 부활)됐다.

이는 모두 의사결정의 속도를 높이기 위해서였다. 경영과 현장 간 계층 차이를 줄여서 모빌리티 컴퍼니로 전환하는 데 있어 빠른 결단을 내릴 수 있는 기민한 조직을 만들려는 것이었다. 이러한 변혁 속에서 강력하게 등장한 인물이 현재 상임연구원(Executive Fellow)이자 조정역을 맡고 있는 고바야시 고지(小林耕士)다. 젊은 날 토요타 최고의 '카리스마 상사'로 불렸고, 지금도 도요다 아키오 회장을 지극히 자연스럽게 대할 수 있으며, 때로는 거침없는 의견도 피력한다고 한다. 그는 토요타에서 덴소로 자리를 옮겨 대표이사 부회장까지 오른 인물로, 2017년까지만 해도 토요타의 상담역에 그치던 고바야시 고지가 부사장 겸 CFO로 발탁된 인사는 세간을 깜짝 놀라게 했다.

토요타만큼 큰 기업이 사장 및 전문경영인과 십수 명 정도의 집행임원이라는 두 개 계층밖에 없는 지극히 평등한 조직으로 바뀌었다. 그 결과, 속도감 있게 모빌리티 컴퍼니로의 변혁 경영이 이루어졌다. 성과도 거뒀다. 출자액이 누계 1조 엔에 달할 정도로 공격적인 파트너 구축에 나선 끝에 스핀오프 기업군 등 세계 자동차 기업들을 앞지르는 요소 기술과 사업 준비를 마친 것이다.

한편, 조직이 급격히 평등해지자 회사 전체의 과제 장악, 의사소

토요타의 조정역 고바야시 고지
출처: 토요타 홈페이지
https://global.toyota/jp/newsroom/
corporate/34231111.html

통, 의사결정을 맡아야 할 중간층의 책임이 사라지는 등 폐해도 생겨났다. 이 같은 약점에 대해 고바야시는 조정역의 엄격한 시선으로 조직을 '감시'했고, 사장이었던 도요다 아키오에게 가차 없이 의견을 개진하는 구조로 조직을 단속해 왔다. 그러나 이러한 암묵적인 규칙과 이념은 시간이 흐름에 따라 해석도 바뀌었고, 부하 직원들의 행동도 자연스레 바뀌었다.

어느새 강한 권력을 가진 고바야시 고지에 대해 직원들과 그룹 기업이 알아서 기기 시작했다. 보고도 적당히 끝내고 문제는 어떻게든 피하려고 드는 무사안일주의가 횡행했다. 결국 토요타는 조정역 한 사람의 안목만으로는 부족하다는 판단 아래, 경영 전반을 살피는 부사장 자리를 부활시켜 집행 임원을 늘릴 수밖에 없었다. 그리고 고바야시 고지는 대표이사 및 위험 책임자(Risk Officer)를 퇴임하고 감시 역할과 사장에게 의견을 내는 조정역의 역할에 전념하게 되었다.

주장이 사라진 경기

필자도 최근 들어 토요타 전체의 과제 장악력, 조직 연계가 약해졌다는 느낌을 강하게 받았다. 회사 전체의 기획·전략 기능을 본부 기능에서 배제했기 때문인 것 같다. 아마도 사장 및 조정역과 십수 명 정도의 집행 임원이 즉각 결단할 수 있는 속도감을 중시하려 했기 때문일 것이다. 과거에는 종합기획부, 기업전략부, 그리고 전략 부사장 사무회 같은 곳에서 전사적인 기획·전략을 담당해 왔다. 그러나 최근 조직 개편으로 그 기능이 축소되면서 현재로서는 기획·전략 기능을 주도할 정식 부서가 존재하지 않는다. 전사적인 기획·전략 기능이 있다면 아마 사장이었던 도요다 아키오의 두뇌가 그 역할을 할 것이다.

어찌 보면 그만큼 독재적인 경영 판단을 했기에 모빌리티 컴퍼니로 변신하기 위한 포석을 놓을 수 있었는지도 모른다. 경영 판단이 이루어지는 과정은 이렇다. 우선 지역 CEO와 컴퍼니 수장이 직접 토요타에게 제안하면 그가 즉시 결단해 집행 임원과 본부에 지시를 내린다. 톱 다운 방식으로 신속하게 결정을 내리는 점은 강점이다.

하지만 기업 전체의 프로세스를 뒷받침하는 구조가 부재했고, 각 기능을 맡는 조직들이 책임을 미루고 수수방관하는 등 중요 작업의 우선순위가 꼬이면서 각 조직을 원활하게 연결하기가 어려웠다. 탄소 중립이나 ESG[2] 관련 대처에 시간이 걸렸으니 전기차 사업의 우

---

[2] 환경(Environmental), 사회(Social), 지배구조(Governance)의 영문 첫 글자를 조합한 단어로 기업 경영에서 지속가능성을 달성하기 위한 3가지 핵심 요소를 말한다.

선순위를 매기는 데 오류가 발생한 한 원인이 되었을 수 있다. 토요타 사내와 관련 기업에서 일어난 연쇄적인 대형 사태와도 무관하다고 할 수 없을 것이다. 축구에 비유하면, 감독과 수석코치는 있어도 경기 중의 패스 방식이나 필드 내 이동 시스템을 지휘할 주장이 토요타에 없었다는 말이다.

반복된 대형 사태들

그룹 지배 구조 문제도 심각했다

2020년 중반부터 토요타 사내, 토요타 그룹, 관련 기업에서는 끊임없이 불상사가 일어나고 있다. 최근에는 2023년 4월에 드러난 100% 자회사 다이하쓰공업의 측면 충돌 안전성 조작 사건이 일어났다. 이는 자동차의 근간인 안전과 관련된 부정행위로 세상을 깜짝 놀라게 했다. 다이하쓰가 개발하고 토요타와 다이하쓰 두 브랜드가 판매하는 모델과 관련해 벌어진 다이하쓰의 부정행위다.

"자동차에서 가장 중요한 안전성 문제입니다. 고객의 신뢰를 저버리는, 절대 있어서는 안 되는 행위라고 생각합니다."

2023년 4월 회장 자리에 오른 도요다 아키오는 해당 사태를 토요타 그룹 전체의 문제로 인식했고, 자신이 신뢰 회복을 위해 앞장서겠다며 이렇게 말했다.

　세계 시장에서 판매되는 차량은 각국 법규에 따른 안전 인증을 받아야 한다. 다이하쓰는 토요타 브랜드로 판매되는 OEM(주문자상표부착생산) 차량을 공급하고 있으며, 그 설계개발은 일본 다이하쓰가 맡고 있다. 이번에 적발된 8만 8천 대 중, 절반 이상은 토요타 태국 공장에서 생산해 토요타 브랜드로 판매할 '토요타 야리스 에이티브(YARIS ATIV)'였다. 말레이시아의 '페로두아(Perodua) 아지아(AXIA)', 인도네시아의 '토요타 아기아(AGYA)', 아직 발매 전인 모델 한 종까지 포함한 네 개 차종이 부정행위 차량이었다.

　토요타 야리스 에이티브는 각국으로 수출되어 해당 국가가 정하는 안전성 인증을 받아야 한다. 이는 유엔 법규 UN-R95에 준거한 것으로, 시속 50km로 측면 충돌용 차량을 운전석 바로 옆에서 충돌시켜 더미 인형에 대한 위해성을 평가하는 방식이다. 여기서 다이하쓰는 인증에 사용한 차량의 도어트림[3]을 개조한 것으로 알려졌다. 도어트림이 쉽게 부서지되 날카로운 파편이 탑승자에게 손상을 주지 않는다는 안전성을 끌어내려는 목적이었다.

　그런데 이후 제삼자에 의한 조사 결과에서도 대상 자동차는 측면 충돌 시험을 통과했고 품질과 안전성에 아무런 문제가 없다고 인증되었다. 해결할 수 없는 일을 부정으로 덮어 버린다면 아예 처음부

---

③　도어 패널을 감싸는 부자재.

터 능력 부족이겠지만, 안전이 담보되도록 개발했으면서도 법규를 위반하는 시험을 진행하고 부정을 저지르다니 기본자세로서 문제가 한층 더 심각하다고 하지 않을 수 없다.

"충돌 시험에 관해 말씀드리면, 단번에 합격하도록 여유를 만들고 싶었던 것으로 파악하고 있습니다."

회견에 나선 다이하쓰의 오쿠다이라 소이치로(奧平総一郎) 사장은 그 같은 부정행위를 일으킨 동기에 대해 일종의 가능성을 밝혔다. 또 별도 회견에서 토요타의 사토 고지 사장은 설계 변경이 필요한 정식 변경 논의를 피하려는, 이른바 공개 논의를 회피하고 사내 프로세스를 우선시하려는 문제에 대해서도 언급했다.

요컨대 이는 기업 문화의 문제이며, 효율을 추구하려는 의도가 토요타의 엄격한 기업통치 풍토 아래에서 길러졌을 가능성이 높다. 비리의 진짜 원인을 밝혀내고 뿌리를 뽑지 않는다면 앞으로 어떤 거대 문제로 파생될지 모른다. 걱정이 크다.

사실 다이하쓰의 안전성 시험 부정행위는 그 범위가 더 커지고 있었다. 소형 SUV '로키(Rocky)'와 토요타에 OEM으로 공급되는 '라이즈(Raize)'가 전봇대를 본뜬 막대에 부딪히는 측면 충돌 시험과 관련해 필요한 데이터 제공을 의도적으로 소홀히 다룬 것이다. 그 결과, 일시적으로 출하가 정지된 상태다. 이 경우도 안전 성능을 확인하기 위한 사내 시험 결과에서 안전이 확인된 바, 부정행위의 원인이 효율을 추구하려는 의도였음을 엿볼 수 있다.

착한 다이하쓰는 언제부터 '문제아'가 되었나?

다이하쓰공업은 과거 독립심 강한 기업으로 유명했다. 토요타의 관련회사이면서도 모회사의 말을 듣지 않는 기업 문화가 있었기 때문이다. 기술진의 자긍심도 높아 토요타에는 지지 않겠다는 기개가 강했다.

그런데 2016년 토요타의 100% 자회사가 되어 상장 폐지된 이후, 기세가 완전히 꺾이더니 지금은 너무나도 얌전해진 모양새다. 토요타가 다이하쓰를 토요타 자동차 동일본, 토요타 자동차 규슈와 같은 위치의 수탁 생산사(토요타 브랜드의 차량을 개발, 생산하는 회사)로 취급했을 가능성이 있다.

다이하쓰는 독립 브랜드로서 경차 사업에서는 스즈키와 쌍벽을 이룬다. 하지만 수탁 개발하는 차량은 대부분 토요타 브랜드로 판매되고, 다이하쓰 이름으로 출시되는 수량은 얼마 되지 않는다. 당연히 다이하쓰의 개발 현장에서는 토요타식 엄격한 관리가 적용된다. 건실한 다이하쓰로서는 토요타가 요구하는 고효율과 고생산성을 만족시키는 '착한 아이'가 되려는 본능이 발동했을 수 있다. 그러다 보니 독립적인 기개는 사라지고 효율을 중시했고, 있어서는 안 되는 사건까지 일으킨 것이다. 교육열이 뜨거운 부모님 앞에서는 말 잘 듣고 공부 열심히 하는 착한 아이지만, 뒤에서는 비행을 저지르는 아이를 보는 것 같다.

다이하쓰의 부정행위가 일어나기에 앞서 2022년 3월에는 히노자동차의 트럭과 버스에 탑재될 엔진과 관련해 배기가스 및 연비 조작이라는 대형 사건이 터졌다. 특별조사위원회는 기업풍토 문제로 인해 비리가 잠재되어 있다가 터져 나온 것으로 결론 냈다. 그 후에는 토요타자동직기에서도 지게차용 엔진의 품질과 관련해 부정이 발각되었다. 토요타 그룹에 이렇게까지 부정행위가 연쇄적으로 터지는 이유는 무엇인가? 토요타의 그룹 통치 구조에 뿌리 깊은 조직적 문제가 있다는 것 외에는 그 무엇으로도 설명하기 어렵다.

디지털화 이전의 문제

2021년에는 '45분 차량 검사 비리'가 논란을 일으켰다. 아이치 토요타에 대한 중부운수국의 불시 감사 결과, 차량 검사 관련 법령 위반이 발각됐다. 이후 수많은 내부 고발이 이어졌고 중대한 사회문제로 발전했다. 토요타의 내부 조사 결과로는 전국 15개 판매사 16개 점포에서 합계 6,659대에 차량 검사 부정이 일어난 것으로 밝혀졌다.

'45분 차량 검사'는 원래 1박2일 소요되던 차량 검사를 IT를 이용한 판매 카이젠 시스템을 개발함으로써 45분 안에 끝낸다는 딜러 서비스다. 아이치 토요타는 정비, 검사, 세차 등의 원단위를 정하고 표준작업을 설정해 시간 낭비를 없앰으로써 처음에는 수 시간, 그다음에는 두 시간, 최종적으로는 45분까지 검사 시간을 단축했다. 이는 판매 영역에 토요타 생산 방식을 도입한 주목할 만한 성공 사례로 평가받았다.

'45분 차량 검사'는 전국으로 퍼져나갔다. 그러나 차량의 성능과 구조가 크게 변화하고 작업과 공정의 양이 늘어난다는 것이 문제였다. 자연히 시간이 더 들어야 함에도 딜러들은 서비스 현장에서 '45분'을 고집하며 공정 원단위를 수정하지 않고 45분이라는 시간 원단위만 유지하려 했다. 이치에 맞지 않는 행위였으니 일부 딜러들은 검사를 조작하는 부정행위를 저질렀다.

부정행위에 연루된 딜러는 소수이기는 하다. 그러나 토요타가 조사한 결과, 토요타 생산 방식의 중요성을 이해하는 딜러는 그리 많지 않았다고 한다. 이 부분을 이해했다면, 작업과 공정의 원단위를 정기적으로 재검토하고, 작업 효율을 지속해서 개선했을 것이다. 당시 경영진은 큰 충격을 받았다고 한다. 결국 토요타는 '45분 차량 검사'의 간판을 내릴 수밖에 없었다.

이 문제를 겪은 결과, 밝혀진 사실이 있다. 딜러라는 독립자본의 경영이 질이 낮다는 점, 판매 및 수리 지원 시스템인 IT 툴이 아직도 엑셀이나 USB로 관리되는 구태의연한 상태라는 점, 게다가 그 활용률도 낮고, 고객 데이터를 취급하는 방법마저 제대로 확립되어 있지 않다는 점이었다.

토요타의 커넥티드 전략을 도요다와 함께 추진해 온 상임연구원 도모야마 시게키가 국내 영업 본부장으로 깜짝 등장해 진두지휘를 맡는 데에는 이 같은 일련의 낡은 구조를 근본적으로 바로잡겠다는 목적이 있었기 때문이다.

딜러들이 현장 서비스 직원을 홀대했다는 사실도 밝혀졌다. 모빌리티 컴퍼니로 변신하려면 전통적인 판매형 수익 모델에서 벗어나 보유 차량에서 수익을 만들어 내기 위해 서비스 부문, 중고차 등 밸류 체인 비즈니스를 확립하는 것이 중요하다. 사실, 보유 차량 사용자와 소통하는 사람은 신차 영업 직원이 아니라 서비스 직원이다.

사내 기능인 e-TOYOTA는 토요타의 디지털화 사령탑으로서 '데이터다, 커넥티드다' 하면서 기술 부문에 대한 투자에만 집중해 왔다. 그러나 토요타는 모빌리티 컴퍼니로 진화하기 위한 소중한 기본을 놓쳐 버렸다. 그 같은 잘못과 과제를 가장 강하게 인식하고 위기의식을 가진 이가 도요다 사장과 고바야시였음을 짐작할 수 있다.

미래 밸류 체인 전략에 대한 불안

1단계는 순조로워도 2단계는 고전할 것

필자는 4장에서 커넥티드와 모빌리티로 밸류 체인 수익을 키워야 글로벌 풀 라인, 멀티 패스웨이(전방위)를 추진하는 토요타의 지속가능성을 담보할 수 있다고 설명했다.

여기서는 토요타에는 미안하지만, 밸류 체인 수익의 실태를 밝혀 보려 한다. 애널리스트로 살아온 필자의 추정에 따르면, 본업에서 얻은 이익을 나타내는 2022년도 영업이익 단계에서 밸류 체인 수익은 1조 3천억 엔으로 추산된다. 이는 토요타 전체 영업이익인 3조 엔의 40%에 달하는 규모로 금융사업 6천억 엔, 부품·액세서리 7천억 엔 등으로 구성된다.

모빌리티 컴퍼니를 선언한 2018년 이후 5년 동안은 수매가 절정에

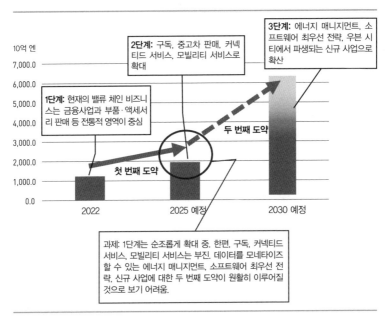

토요타 자동차의 중·장기 밸류 체인 수익
출처: 필자 작성

이르기에 2025년까지 밸류 체인 비즈니스의 영업이익은 2조 엔가량으로 늘어날 가능성이 있다. 금융사업에서 6천5백억 엔, 보수용 부품과 용품에서 9천5백억 엔, 커넥티드 서비스 및 중고차에서 3천억 엔의 수익을 낸다는 계산이다. 이것이 밸류 체인 수익 성장의 1단계다.

1단계의 밸류 체인 수익은 토요타의 손익분기점 생산 대수를 현재의 6백4십만 대에서 5백만 대까지 끌어내리고, 그 같은 수익력이 멀티 패스웨이(전방위) 전략을 수행하느라 발생한 효율 악화를 흡수하며, 나아가 전기차 투자를 추진하는 기초 자본이 될 것이다.

그 후로는 SDV 영역의 OTA(통신을 이용한 소프트웨어 업데이트)와 앱 판매, 에너지 매니지먼트, 스마트 시티의 OS로 이어지는 신사업을 선보이면서 2단계 밸류 체인 수익을 비약적으로 키우겠다는 목표를 잡고 있다. 애널리스트의 관점에서 냉정하게 말하면, 토요타의 밸류 체인 전략은 잘되고 있는 것 같지 않다.

확실히 전통적인 밸류 체인 사업이 성장하는 1단계(2025년까지)는 순조롭게 성장할 수 있을 것이다. 그러나 이후 2030년을 바라보는 2단계 밸류 체인 수익은 고전할 가능성이 보인다. 구독, 커넥티드 서비스, 모빌리티 서비스, 데이터 구동형 비즈니스로 수익원을 바꾸어 갈 장치가 하나같이 부실하기 때문이다.

차량 개발과 밸류 체인 창출의 부실한 연결고리

토요타는 불과 5년 사이에 모빌리티 컴퍼니로 진화하기 위한 포석을 끊임없이 깔았다. 그 과정에서 드러난 결단력과 실행력은 실로 엄청났다. 이는 조직을 최대한 평등하게 만들고 즉각적인 결단을 내린 도요다 사장의 경영 능력이 불러온 업적이다. 그러나 구독, 커넥티드 서비스라는 차세대형 밸류 체인 사업이 어째서 더 강력하게 톱다운 방식으로 진행되지 않는지는 알다가도 모를 일이다. 필자는 그 점을 줄곧 주시했다.

주요 원인으로는 밸류 체인 사업을 일으킬 모네, 킨토, 우븐 바이 토요타 같은 스핀오프 기업과 토요타 본체가 차량 기획 및 개발 과정에서 매끄럽게 연계되지 못한 데 있는 것 같다. 요컨대 연결고리가 부실한 것이다. 이러한 개발 기능의 빛과 그림자는 10장 '변혁을 위해 필요한 토요타의 도전'에서 상세하게 설명한다.

토요타가 설사 밸류 체인 전략의 1단계에서 순조롭게 이익을 챙긴다고 해도 2단계에서 비틀거린다면 멀티 패스웨이 전략의 지속가능성은 큰 타격을 입게 될 것이다.

커넥티드 서비스도 고전 중

모빌리티 컴퍼니로 변신하려면 커넥티드 기반부터 구축해야 한다. 그런데 필자가 보기에는 바로 그 커넥티드 사업이 순조롭게 진행되고 있는 것 같지 않다. 토요타는 전 세계 그 어느 경쟁자보다 먼저 선진국 시장에 판매할 신차 전량의 커넥티드화에 돌입했다. 그러나 구독 무료 기간이 지난 뒤, 사용자의 재구독률은 30% 아래로 떨어졌고, 커넥티드 사업은 적자에 허덕이고 있다.

어떤 가치를 제공할지, 그 의의가 무엇인지를 명확히 제시하지 못한 상태로 커넥티드의 보급만을 서두른 것이다. 그 결과, 지금까지도 핵심 가치를 찾아내지 못하고 추락하고 있다. 보석 같은 데이터 더미를 수집하고도 핵심 가치로 연결해 내지도 못했고, 분석도 못 하는 상태다.

현재로서는 GM의 온스타(OnStar)와 SDV를 전제로 한 소수의 신흥 전기차 기업을 제외하면, 전통적인 자동차 기업의 커넥티드 사업은 대체로 부진 속에 수익 면에서 고전을 면치 못하고 있다. 이는 토요타만의 문제가 아니다. 그러나 다른 기업들은 SDV보다 전기차 정책을 서두름으로써 커넥티드 기반부터 구축하고, 거기서 수익을 올리겠다는 목표하에 소프트웨어 전략을 착착 진행 중이다.

멀티 패스웨이를 내세우며 전기차 보급보다 밸류 체인 전략을 우선시하는 토요타로서는 일단 하이브리드차를 통해서 밸류 체인을 확장할 커넥티드 서비스 기반부터 구축해야 한다.

자동차 OS 아린까지 개발에 고전

데이터가 아무리 중요하다지만, 무작정 모으기만 한다고 좋은 것은 아니다. 커넥티드가 빨아들일 데이터 전송량은 향후 10년간 기하급수적인 증가가 예상된다. 또 거기에 들어가는 통신비용, 클라우드 내 데이터 비용도 천문학적으로 커질 것이다. 게다가 사이버보안 및 OTA 소프트웨어 업데이트의 국제기준에 대해서는 규제가 점차 강화될 것이다. 자동차 제조사들은 규제의 대상이 되는 데이터를 백엔드 서버에 저장해야 하기에 데이터 유지 비용은 더욱 커질 것으로 우려된다.

한편, 전기차 업계의 신흥주자인 테슬라와 중국의 니오(중국명 웨이라이(蔚來)), 샤오펑모터스(小鵬汽車)는 SDV 개발에서 크게 앞서 있으며 OTA, 스마트폰과의 연계, 충전 서비스를 통한 수익화와 사용자 경험 창조에서 압도적인 우위에 있다.

이러한 사용자 경험을 실현하려면 자동차 OS와 논리적인 아키텍처로서의 전자 플랫폼을 빠르게 진화시켜야 한다. 자동차 OS는 폭스바겐, 토요타 모두 자체 개발을 고집해 왔는데 어쨌든 그 소프트웨어 개발이 순조롭지 않다. 폭스바겐은 자동차 OS의 완성을 2028년으로 늦췄고, 토요타도 당초 노리던 2025년까지는 실현이 어려울 것으로 보고 2026년 차세대 플랫폼 개발 시기를 목표로 분투 중이다.

멀티 패스웨이는 목적이 아닌 결과

탄소 중립을 실현하기 위해 멀티 패스웨이 전략을 견지하는 것은 매우 합리적이다. 그러나 멀티 패스웨이의 요소를 확립하는 순서가 틀리면 막대한 타격을 입을 수 있다.

남은 하이브리드에서 수익을 극대화하고, 밸류 체인 수익을 늘리며, 원가 절감 능력을 맞춤으로써 전기차 및 모빌리티 사업으로 구조를 전환하는 과정에서 맞닥뜨릴 부정적 요인을 상쇄하겠다는 생각도 합리적이다. 그뿐 아니라 후공정의 정보를 피드백하는 토요타 생산 방식을 바탕으로 다양한 지역의 니즈를 충족시킬 멀티 패스웨이의 요건을 준비하는 작업 또한 토요타이기에 할 수 있는 최상의 선택지다. '멀티 패스웨이 전략은 옳다. 따라서 경쟁력은 유지될 것이다.' 일본 내 저널리스트나 일반 소비자들은 흔히 이런 논조를 펼친다. 하지만 이 명제는 현재 세계적으로 나타나고 있는 환경규제, 각국의 경제 안보 정책과 룰 메이킹(공적 표준 전략), 그 결과 가속도가 붙고 있는 전기차 정책 아래에서는 옳다고 할 수 없다.

지금의 토요타에는 채산성이 좋은 하이브리드 사업이 커질수록 수익이 짭짤하겠지만, 그 후 규제에 대응하는 비용과 전기차로 변환하는 비용이 늘어나기에 하이브리드에서 얻은 수익을 모두 쏟아부어도 모자랄 수 있는 상황인 것이다.

만약 2026년부터 차세대 전기차 사업에 충분한 경쟁력을 확립하지 못했을 때는 상상을 초월하는 규제 대응 비용이 발생해 토요타가 수익력 절벽에 맞닥뜨릴 수도 있다. 멀티 패스웨이를 견지하면서 당장은 하이브리드에서 이익을 얻고, 장기적으로는 수소 사회를 확립하며, 더 멀리는 탄소 중립적인 엔진 기술을 추구하겠다는 방향성이 성과를 거두려면, 전기차 사업 분야에서 토요타가 국제적인 경쟁 기반을 확립하고 신뢰를 얻어야 한다.

이 순서를 틀려서는 안 된다. 그런데 아쉽게도 토요타는 초동 단계에서 전기차의 경쟁력을 실증해 내지 못했다. 앞으로 남은 최우선 과제는 반격과 만회이며, 당연히 전기차 우선 정책이 현재 토요타의 경영 과제가 되어야 한다.

유럽이나 미국에서도 최종적으로 탄소 중립을 실현할 솔루션이 꼭 전기차뿐이라는 생각은 버려야 한다. 하지만 이 두 지역은 국가의 경제 안보를 확립하려는 전략 속에서 일단 전기차부터 성장시킬 기반을 구축하려 하고 있다.

에너지전환 효율(투입한 에너지에 대해 회수할 수 있는 에너지의 비율)의 순서나 인프라 기반 구축에 걸리는 시간 축을 보더라도 전기차를 우선하는 것이 옳다. 각 단계에 따라 에너지 인프라의 공급 체제에 맞추면서 차량 드라이브 유닛의 선택지는 넓히면 되기 때문이다.

멀티 패스웨이는 목적이 아니라 결과로 드러나는 것이다. 전기차가 성공해야 지속 가능한 멀티 패스웨이 전략도 성립할 수 있다. 이 순서를 틀리면 토요타는 기업으로서 경쟁력을 상실할 수도 있다. 사토 체제의 가장 중요한 사명은 토요타의 고정관념을 파괴하고 완전히 새로운 토요타로 진화하는 것이라고 본다.

EV

7장

테슬라의 야망

마스터플랜 3의 세계관

업계에 충격을 던진 2023년 3월의 인베스터 데이

"오늘의 핵심 메시지는 테슬라 주식에 투자하라는 차원의 얘기가 아닙니다. 지구에 투자하세요. 우리가 전하고 싶은 메시지는 희망과 낙관입니다. 그 낙관은 과학적으로 뒷받침되고 계산된 것입니다. 지구는 풍요롭고 지속 가능한 에너지 경제를 확립할 수 있습니다. 그러한 에너지 경제를 우리 삶 속에서 완결짓겠습니다."[10]

테슬라의 CEO 일론 머스크(Elon Musk)는 2023년 인베스터 데이의 개회사에서 2050년 안에 지구가 탈화석연료 작업을 끝내고 지속 가능한 에너지 사회가 될 수 있다는 희망과 실현 가능성을 강조했다. 이때 발표된 '마스터플랜 3'는 기존 마스터플랜 속의 서정적이고 추상적인 짧은 문구가 아니라 지구를 구하기 위해 과학과 숫자로 증명

토요타 EV 전쟁

하는 백서였다.

　그날 머스크는 해당 마스터플랜을 실현하기 위해 테슬라가 달성해야 하는 사업에 관해 구체적으로 설명했다. 머스크의 원래 비전은 지구와 인류의 미래를 지키겠다는 것이었다. 그래서 스페이스X의 화성 이주용 우주선을 상업용으로 이용하려 하고 있다. 지구상에서는 전기차와 태양광 발전(솔라시티), 가정용 축전지(파워월) 사업을 펼친다. 솔라시티가 전기를 만들면 파워월로 축전하고, 테슬라 전기차가 그 전기를 꺼내서 운반하는 생태계를 만들어 온 것이다.

　화석연료에서 완전히 벗어나 세상을 지속 가능한 사회로 전환하기 위해 테슬라는 다음 다섯 개 영역에 주력해서 사업을 촉진할 계획이다. 여기에는 전기차 보급에 7조 달러(약 945조 엔)를 투자하겠다는 각오가 드러나 있다. 참고로 괄호 안 백분율은 현재의 화석연료 에너지를 얼마나 줄일 수 있는지를 나타낸 것이다.

1.　태양광 발전 등 재생에너지의 개발과 전기 저장(감축 효과 35%)

2.　전기차 보급(21%)

3.　가정용, 공업용 냉난방 기구의 열펌프①화(22%)

4.　전열로 및 수소 활용 사업(17%)

5.　선박·비행기용 연료를 배터리로 변환(5%)

---

①　heat pump. 열기관 사이클을 반대로 작용시켜 열을 이동시키는 것의 총칭. 저온의 열원으로부터 열을 흡수하여 고온의 열원에 열을 주는 장치를 말한다. 가열과 냉각 모두에 이용할 수 있다.

무려 네 시간에 걸친 테슬라의 프레젠테이션은 일반인은 이해하기 어려운 엄청난 정보를 포함하고 있었다. 핵심만 간단히 정리하면, 테슬라는 전기를 저장했다가 꺼내 쓰게 하는 거대한 전력회사 같은 존재가 되려고 한다는 것이었다.

테슬라는 차세대 전기차 플랫폼에서 제조 비용을 50% 절감해 차세대 모델은 2.5만 달러(약 340만 엔)라는 놀라운 가격에 선보이려 하고 있다. 아마 2025년 전에 멕시코 신공장에서 생산을 시작할 것이다. 그렇게 하고서도 10%대의 영업이익률을 창출할 수 있다니 전기차 사업의 새로운 경쟁 기준이 되지 않을까 싶다. 이리되면, 전통적인 자동차 기업도 이 기준에 뒤처지지 않는 경쟁력을 확보해야 전기차 사업에서 신흥 기업과 어깨를 나란히 할 수 있다.

4680으로 불리는 원통형 대형 배터리 셀의 비용은 1kWh(킬로와트시)당 70달러까지 인하한다고 한다. 또 인버터에는 신세대 SiC(실리콘카바이드)를 쓰고, 드라이브 유닛의 비용은 천 달러 이하로 내리겠다는 목표도 내세웠다. 그 외에도 48V(볼트) 전원 시스템(통상은 12V)으로 차량 전체의 전기 관련 부품을 통일하는 등 곳곳에 혁신적 아이디어가 넘쳐났다. 이 기업이 얼마나 끊임없이 뜨겁게 일하는지를 새삼 통감했다.

제조공정 면에서는 지난 백 년간 이어져 온 전통적인 자동차 생산방법을 근본적으로 변경할 계획이다. 토요타가 엔지니어링의 예술이라고 부르는 생산 시스템을 완전히 새로운 '병행 및 순차 결합(Parallel & Serial Assembly)' 방식으로 바꾸려 한다. 이 차세대 기술을

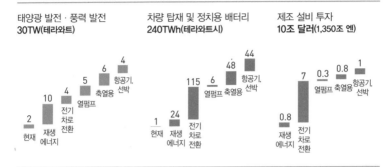

태양광 발전 · 풍력 발전
30TW(테라와트)

- 현재 2
- 재생에너지 10
- 전기차로 전환 4
- 열펌프 5
- 축열용 6
- 항공기, 선박 4

차량 탑재 및 정치용 배터리
240TWh(테라와트시)

- 현재 1
- 재생에너지 24
- 전기차로 전환 115
- 열펌프 6
- 축열용 48
- 항공기, 선박 44

제조 설비 투자
10조 달러(1,350조 엔)

- 재생에너지 0.8
- 전기차로 전환 7
- 열펌프 0.3
- 축열용 0.8
- 항공기, 선박 1

테슬라의 재생에너지, 에너지 저장, 필요 설비투자
출처: 해당 기업 자료를 바탕으로 필자 작성

현재 건설 중인 멕시코 신공장에 적용하면 2024년 후반에는 차세대 생산기술로 생산된 자동차가 2.5만 달러에 공급될 가능성이 크다.

최종 성과로 테슬라는 전기차 2천만 대 판매, 세계 시장 점유율의 20%의 세계 최대 자동차 기업을 목표로 내걸고 있다. 20%라 하면 닛산, 혼다, 르노, 포드가 사라져야 하는 정도의 충격적 수치다.

기상천외한 교주님

일론 머스크는 기발하고 엉뚱한 언행이 특기이자 약점이다. 이 사람만큼 천재적인 사업가를 필자는 알지 못한다. 2022년, 대형 소셜미디어 트위터 인수 소동에 관해서는 평가가 크게 갈렸다. 개인 자산 6조 엔을 들인 이 일대 사건은 그야말로 머스크의 1인 쇼였다. 갑자기 대주주로 등장했다가 인수 철회, 재판 등 반년간의 우여곡절을 거쳐 최종적으로 인수 합의에 이르렀으니 말이다.

머스크가 소셜미디어를 민주화한 뒤 장래 무엇을 얻으려 하는지 필자는 솔직히 잘 모르겠다. 다만, 이런 언행이 테슬라의 기업 가치를 흔들고 있으니, 주주들로서는 핵심 사업에 집중하기를 바랄 것이 틀림없다.

그럼에도 테슬라 소비자들은 머스크의 비전을 신앙처럼 떠받든다. 자신의 데이터를 기꺼이 테슬라에 제공하고, 최신 소프트웨어에도 많은 돈을 내는 등 어떻게 보면 기술을 실증하는 데 협력을 아끼지 않는 사람들이다. 그러니까 머스크는 테슬라교의 교주와도 같은 존재다. 밀레니얼 세대(1980년대 초~2000년대 초에 출생한 세대)는 석유의 세기에 종말을 가져올 신과 같은 존재로 그를 추앙하며 강력한 공감을 표하고 있는(테슬라교에 입문한) 것 같다.

일론 머스크는 온라인 금융 서비스 '페이팔(PayPal)'의 성공으로 재력을 쌓은 뒤, 우주 수송 로켓을 제조 개발하는 스페이스X(Space Exploration Technologies)를 창업했다. 2003년에는 전기차를 제조하는 테슬라 모터스에 출자했다가 아예 인수하고 2008년부터 이 회사 CEO를 맡고 있다. 로켓, 자동차, 전력 등 벤처로는 도저히 감당할 수 없을 것 같은 거대 산업에 도전 중인 위대한 앙트레프레너(Entrepreneur, 기업가)다.

2023년 5월 5일 현재 블룸버그가 발표한 '억만장자' 순위에 따르면, 머스크의 개인 자산은 1,630억 달러(약 22조 엔)에 이른다. 세계 2위의 갑부인 것이다. 참고로 세계 1위는 모엣 헤네시·루이비통(LVMH) 회장인 베르나르 아르노(Bernard Jean Étienne Arnault)의 2,060

억 달러였다.

필자는 머스크만큼 미친 듯이 일하는 세계 최고의 갑부를 본 적이 없다.

"테슬라가 너무나도 위협적인 이유는 이 기업이 게으르지 않아서다. 이익에 크게 집착하지 않고 이익보다 전기차 보급에 열의를 보이면서 진화를 향해 달리는 하드 워커. 그 옛날, 게으름피우던 미국의 빅3와는 다르기에 일본 차에는 최악의 경쟁 상대다."

미국 대형 자산운용사의 한 자동차 애널리스트는 머스크가 경영하는 테슬라라는 회사를 이렇게 표현하면서 일본 차의 미래를 걱정하며 깊은 한숨을 내쉬었다.

넘어져도 그냥은 일어나지 않는다

전기의 힘으로 슈퍼 카의 동력성능 가치를 만들 수 있다. '페이팔'을 매각한 얼마 안 되는 자금으로 할 수 있는 일은 스케일 메리트[②]가 없는 고급 차 영역이다. 일단 소량 생산 차량인 '테슬라 로드스터(Tesla Roadster)'를 선보인다. 그 매출을 밑천 삼아 그보다는 약간 많은 양을 생산하는 '모델S(Model S)'를 만들어 사람들의 뇌리에 각인시킨다. 그 매출로 더 저렴한 대량생산 차량인 '모델3(Model3)'를 만든

---

② 규모의 확장으로 얻게 되는 이익. 기업 규모를 확대하면 대량생산에 의한 비용 감소나 분업화로 경제성과 이익률이 높아진다.

다. 여기까지가 바로 마스터플랜 1이다.

이 마스터플랜 1에는 엄청난 위기가 따랐다. 2017년 말, 캘리포니아주 프리몬트(Fremont) 공장에서 '모델3'의 양산을 시작했다가 엄청난 실패를 겪으며 생산 지옥에 빠져 도산의 악몽에 시달린 것이다.

캘리포니아주 프리몬트의 조립공장 자동화 라인은 제대로 돌아가지 않았고, 네바다주 기가팩토리의 배터리 팩 조립 자동화 라인도 순조롭지 않기는 마찬가지였다.

"내 커리어 사상 가장 어렵고 힘든 해네요. 공장에서 3~4일 줄곧 일만 한 적도 있었어요. 바깥 공기도 못 쐬고 완전히 틀어박혀 있었어요."

머스크는 2018년 여름 〈뉴욕타임스〉의 인터뷰에서 이렇게 털어났다.[11]

당시 테슬라는 설비투자에 거액을 쏟아붓고 있었다. 2017년에는 34억 달러(당시 환율로 환산해 약 4,250억 엔)를 투자했는데, 네바다 기가팩토리에 15억 달러를 투자하고 나머지는 모델3의 양산에 투자하기 위한 것이었다고 생각된다. 용접, 조립, 물류에 대한 투자 규모가 대단히 컸고, 자동화에도 과도한 투자를 하려 한 것이 위기를 맞은 원인 중 하나였을 것이다.

이 같은 혼란은 반년 이상 지속됐다. 그 후 단계적으로 상황은 정리되었고, 목표 생산 대수를 실현하며 실적은 향상됐다. 테슬라는 위기에 매우 강하다. 마스터플랜 1의 생산 지옥을 극복한 후에는 생산량이 놀라운 속도로 늘었다. 2019년에는 상하이 공장을 불과 9개월

반 만에 완공했고, 그로부터 3개월 후에는 모델3의 첫 차량을 고객 손에 전달했다. 그리고 연이어서 베를린 기가팩토리, 텍사스 기가팩토리 같은 대형 공장에서 매끄럽고 신속하게 양산을 성공시켰다. 모델3 때 겪은 실패를 교훈 삼아 업데이트한 생산 시스템을 빠르게 세계로 확대 적용한 것이다.

전기차에 나타나는 새로운 경제적 가치

이 같은 혼란이 발생하기 1년 전인 2016년, 마스터플랜 2가 발표되었다. 그 내용은 배터리 스토리지 시스템이 매끄럽게 통합된 멋진 솔라루프를 만들고, 사람이 운전하는 것보다 열 배 안전한 자율주행 기능을 개발하며, 그 차를 이용해 차주가 수입을 얻을 수 있는 새로운 경제적 가치를 추구하겠다는 것이었다.

'차주가 이익을 얻을 수 있는 자동차의 새로운 경제적 가치'를 내세운 것인데, 전기차와 자율주행 기술을 접목해 차량 데이터를 모네타이즈(현금화)한다는 경제적 가치에 누군들 가슴이 설레지 않았을까? '테슬라 네트워크'로 불린 자율주행 택시 구상도 있었다. 테슬라 차주는 테슬라 차량을 시간별로 로보택시로 공급해 수익을 낼 수 있다는 내용이었다. 동시에 테슬라는 우버처럼 로보택시가 이용될 때마다 플랫폼 요금을 부과할 수도 있다.

기존 오토파일럿(AP)[3]의 차세대 버전으로 2019년에 도입된 자율주행 시스템이 '풀 셀프 드라이빙(FSD)' 베타판이다. 운전자가 상시

감시해야 하는 첨단 운전자 지원 시스템으로서는 현재 최고의 완성도를 자랑하지만, 자율주행과는 거리가 멀다. 물론 테슬라도 이를 베타판 첨단 운전자 지원 시스템이라 부르면서 '운전자는 언제든지 운전대를 잡을 수 있도록 준비해야 한다'라고 적어 두었다.

FSD는 다사다난한 길을 걸어왔다. 2023년 2월에는 베타판 탑재 차량 36만 대에 대해 리콜을 시행했으며, 완전 자율주행이라는 오해를 불러일으킬 수 있다며 FSD라는 명칭의 사용을 금지하라고 요구하는 정치인도 있었으니 말이다. FSD의 옵션 가격은 출시 초기에는 5천 달러였으나 2022년 9월의 6차 인상 결과, 1.5만 달러(약 2백만 엔)까지 치솟았다. 현재 FSD 옵션의 장착률은 크게 떨어지고 있다. 2019년 중반에는 전 세계 테슬라 모델 중 FSD 옵션을 구매한 비율이 45% 정도로 인기가 치솟았지만, 최근에는 7~8%까지 떨어진 상태다.

테슬라는 자율주행 기술 개발과 관련해 전통적인 자동차 기업들과는 전혀 다른 전략을 구사한다. 전통적인 자동차 기업은 '지오메트리 방식'을 쓴다. 소형 컴퓨터와 함께 범용 AI를 동원해서 데이터를 해석한 뒤, 주행할 레일을 깔아주는 알고리즘(계산 절차나 처리 절차)을 만드는 방식이다. 이때 쓰이는 소형 컴퓨터는 라이다(LiDAR)처럼 고

---

③ 테슬라의 오토파일럿 기능은 자율주행 기능의 핵심으로 주행을 일부 자동화하여 운전자의 부담을 줄여주는 운전자 지원 시스템이다. 이 기능이 더 발전하여 향상된 오토파일럿(EAP), FSD까지 나와 있으나 2024년 상반기에도 FSD는 반자율 정도의 기술 완성도에 그치고 있다.

액이기는 해도 고정밀 데이터를 모을 수 있는 센서로서 고정밀 3차원 지도 데이터 위에 자기 위치를 정확히 배치하는 역할을 한다.

반면, 테슬라는 '비주얼 방식'을 쓴다. 기본적으로 아홉 개의 차량용 카메라로 데이터를 모은 뒤, 대량의 데이터를 신경망(뇌 신경회로의 일부를 본뜬 수리적 모델)으로 학습시키는 방식이다. 이 방식을 쓰면 고정밀 3차원 지도 데이터는 없어도 되지만, 컴퓨터 처리 능력은 엄청나게 높아져야 한다. 방대한 데이터로 AI를 학습시켜 특화형 AI를 육성하기 때문이다. FDS 베타판은 이미 40만 명이 이용하고 있는데, 테슬라는 이들 테스터의 숫자를 100만 명 규모로 늘려 기하급수적으로 안전성을 높여갈 생각이다.

2021년에 열린 'AI 데이'에서 테슬라는 기계학습 알고리즘을 훈련하기 위한 맞춤형 칩 'D1'에 대한 자세한 내용을 언급했다. 머스크는 신경망 훈련에 사용되는 컴퓨터 시스템의 성능을 극대화하는 것이야말로 자율주행이 진화할 수 있는 관건이라고 주장했다. 테슬라는 거기서 얻어지는 대량의 데이터를 해석하면 자율주행을 실현할 수 있을 거라는 가설 아래 개발을 진행하고 있다. 이러한 가정은 아직은 실증되어 있지 않으며, 실현 가능성에 대해서는 업계 안에서도 의견이 나뉜다.

테슬라의 성공 요인

증시는 미래의 성공자를 꿰뚫어 본다

테슬라가 토요타의 시가총액(기업 가치에서 부채를 제외한 가치)을 제친 것은 2020년 7월 1일의 일이었다. 당시 연간 판매 대수가 37만 대에 불과했던 테슬라가 천만 대 토요타의 가치를 뛰어넘는 사태에 세간의 비상한 관심이 쏠렸다. 이후 테슬라의 시가총액은 정점일 때 1.3조 달러(약 175조 엔)까지 폭등했고, 토요타의 39조 엔과는 4배가 넘는 압도적인 차이를 벌렸다.

테슬라의 시가총액은 2022년 중국 내 판매 부진, 머스크의 트위터 인수 등을 이유로 현재는 123조 엔(2023년 6월 14일 기준)까지 뒷걸음질 쳤지만, 그럼에도 토요타, 혼다, 닛산 등 일본 대형 3사 합계(43조 엔)를 훌쩍 넘는 수준이다. 아니, 사실은 일본·유럽·미국·한국의 전통적인 선진국 자동차 기업의 시가총액 합계를 능가한다. 자동차 판매 대수로 기업의 경쟁력과 가치를 가늠하는 관점은 이제 무의미해졌다.

이와 비슷한 현상이 과거에도 있었다. 아시아 소국의 소규모 자동차 기업이 세계 자동차 기업 합계보다 거대했던 시절이 있었다. 그것이 바로 토요타다. 2000년 토요타의 시가총액은 20조 엔으로 유럽·미국의 주요 자동차 기업 시가총액 합계를 웃돌았다. 당시 토요타의 시가총액은 이해하기 어려웠지만, 현재 토요타의 성공·성장으로 완벽히 증명되었다고 해도 무방하다. 주식시장은 토요타의 미래 성공을 꿰뚫어 본 것이었다.

기하급수적 성장이 예상되는 테슬라

기업 가치란, 기업이 장래에 창출할 현금흐름을 자본비용으로 적절하게 할인하여 현재가치를 구한 것이다. 여기에서 부채 가치(차입금)를 제외한 것이 주식 가치, 이른바 시가총액이다. 주가는 발행 주식 총수로 나눈 한 주당 가치를 가리킨다. 주가 평가의 척도로는 연간 이익 대비 몇 배까지 매수되는지를 나타내는 PER(주가수익률)이 가장 일반적으로 쓰인다.

자동차 기업은 6~10배가 일반적인데, 테슬라의 2023년 컨센서스 예측치를 보면 한 주당 이익 예상이 3달러가 조금 넘는 수준에 불과했고 PER은 80배가 넘었다. 이러한 고배율이 지지를 얻는 이유가 있

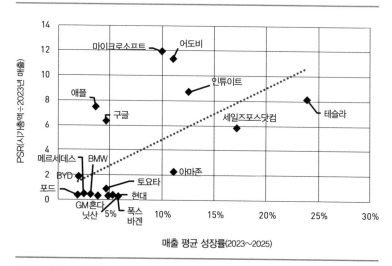

자동차 기업, IT 기업의 PSR(주가매출액비율)과 매출 성장률 비교
출처: 필자 작성

다. 전통적인 자동차 기업들은 자동차를 만들어 판다는 직선적 성장 비즈니스에 불과하지만, 테슬라는 IT 기업들처럼 기하급수적인 성장 커브가 기대되기 때문이다.

데이터를 모으는 플랫폼을 구축하고, 거기서 나오는 서비스를 모네타이즈 하는 IT 기업이나 미래에 그런 존재가 될 수 있는 스타트업을 평가할 때는 연간 매출액 대비 몇 배까지 평가되는지를 가늠하는 PSR(주가매출액비율)이 더 실태에 맞다.

일반적인 제조업의 PSR은 1배 안팎이지만, 환경규제가 엄격해져 구조 변화로 인해 수익 악화가 우려되는 자동차 기업의 경우는 0.5배를 밑도는 경우가 많다. 그런데 테슬라의 PSR은 이번 분기 컨센서스 대비 약 8배, 다음 분기 6배에 달한다.

테슬라가 IT 기업처럼 평가받는 세 가지 요인

테슬라가 고성장률을 기록하는 전기차 전문 기업이라고는 하지만, 자동차를 제조 판매한다는 점에서는 여타 자동차 기업과 마찬가지다. 그런데 어째서 테슬라만은 IT 기업과 같은 평가를 받을 수 있을까? 여기에는 세 가지 중요한 요인이 있다고 본다.

첫째, 테슬라에는 전통적인 자동차 기업들이 안고 있는 세 가지 레거시(과거 유산으로서의 구조)가 없다. 우선 '엔진 레거시'가 없다. 엔진 차량으로부터 거대 규모와 수익을 실현 중인 전통적인 자동차 기업은 앞으로= 수익성이 낮은 전기차로 사업을 전환해야 한다. 반면, 테슬라는 전기차 판매 대수를 늘리고 수익까지 확대할 수 있는 몇 안 되는 자동차 기업이다. 다음은 프랜차이즈 시스템의 자회사로서 자동차 판매 독점권을 갖는 '딜러 레거시(오래전부터 유지해 온 판매망)'가 없다. 테슬라는 온라인 직판 방식을 이용하며, 유지보수는 계약업체에 위탁하고 있다. 그 결과, 판매 효율을 높이고 유통 비용을 대폭 삭감할 수 있었다. 마지막으로 보쉬나 덴소처럼 개발을 수평 분업적으로 의존하는 '티어 1[4] 레거시'도 없다. 티어 1과 그 아래에 있는 티어 2, 티어 3로 이루어진 공급망은 변혁의 속도를 늦추는 족쇄가 된다.

---

④   완성차 업체에 직접 부품을 납품하는 업체를 'Tier 1(티어 원)', Tier 1에 납품하는 업체가 Tier 2, Tier 2에 납품하는 업체가 Tier 3다. 덴소, 아이신 정기(AISIN精機), 토요타자동직기가 대표적이다.

두 번째로 테슬라는 차세대 차량에 필수적인 기술을 수직 통합해 자체 개발하는 능력이 있다. 차량에 필요한 차량용 배터리, 반도체, 통합된 시스템을 내장한 SoC(시스템 온 칩), 소프트웨어, 전자 플랫폼(E/E 아키텍처, 자동차를 제어하는 전기와 전자의 이론적인 디지털 구조) 모두를 자체 개발하고 있다.

전통적인 자동차 기업들은 반도체 업체, 소프트웨어 업체, 보쉬, 덴소 등 티어 1 공급업체와 공동으로 개발을 진행해야만 한다. 자동차를 독자적으로 개발할 능력이 더 이상 없다고 해도 과언이 아니다. 거대한 세력으로 자리 잡은 티어 1은 확실히 의지할 만하다. 그러나 그들은 외부 업체에 불과하다. 각자의 사정이 있기에 흥정이 이루어지기 마련이다. 전통적인 자동차 기업은 티어 1의 이익을 해치기 어렵다. 따라서 그들이 수긍할 수 있는 길만 선택해야 한다.

세 번째로 자율주행 소프트웨어나 에너지 매니지먼트 등 OTA(통신을 이용한 업데이트)를 통해 데이터를 수익화할 기반을 마련하는 데 있어서 압도적으로 앞서 있다는 점이다. 2018년에 도입된 HW(하드웨어) 3.0에서는 전통적인 기업보다 6년 이상 앞서서 하드웨어와 소프트웨어를 분리했고, 다음 장에서 해설할 SDV(소프트웨어 정의 자동차)를 완성했다. 이로써 소프트웨어를 수익 기회로 활용할 수 있다. 하드웨어와 별개로 소프트웨어를 내세워 고가에 판매하는 FSD가 대표적인 예다.

그리하여 2023년 모델X에는 HW 4.0를 탑재하기 시작한 것이다. 아직 상세한 내용은 알 수 없지만, 차세대 FSD를 제공하는 하드웨어가 탑재되어 있다. 모델3, 모델Y도 2023년 중 HW 4.0으로 진화할 것으로 예상되며 OTA의 제공 가치는 크게 진화할 가능성이 크다.

앞으로는 에너지 매니지먼트 측면에서 성장할 가능성이 있다. 테슬라는 태양광으로 전기를 일으켜 전기차와 가정용 열펌프로 뽑아 쓰는 에너지 순환을 확립할 목표를 세우고 있다. 열펌프란 열을 이동시킴으로써 외부 공기나 물속의 열을 뽑아내 온열 효과를 만들어 내는 난방장치다. 이 열펌프를 가정이나 공장에 적용한다는 새로운 사업 영역은 생태계를 한층 더 넓히려는 의도다. 가정을 중심으로 한 발전, 축전, 방전의 순환 속에서 남아도는 전기를 그리드(송전망)에 팔 수도 있다. 테슬라는 이 같은 전기 데이터를 모으고 거기서 나오는 새로운 가치(배터리 성능 연장, 중고 전기차 가격 상승, 탄소 배출권 매각 이익) 등을 모네타이즈 할 생각이다.

가격 인하 공세로 돌아선 테슬라

그런 테슬라도 2023년에 접어들면서부터는 중대한 기로에 서 있다. 테슬라에 대해 현재 최대 관심사는 전기차의 가격 전략이다. 2022년, 중국 경제의 침체로 인해 테슬라의 판매 대수 증가세는 하락으로 돌아섰다. 이에 그전까지는 에너지 인플레이션을 가격에 마구 전가해도 불티나게 팔리던 테슬라가 급속히 그 기세를 잃기 시작했다. 그 결과 납기는 단축되었고 재고는 증가로 돌아섰다.

그런데 그해 9월을 기점으로 테슬라는 전략을 바꾸어 과감히 가격을 내렸다. 우선은 중국부터 적용했고, 해가 바뀐 1월에는 미국 내 판매가도 간헐적으로 대폭 인하했다. 불과 몇 달 사이에 테슬라의 가격은 십여 퍼센트 이상 인하됐고 포드, BYD 등은 테슬라의 가격 인하를 따를 수밖에 없었다.

2023년 5월 1분기 결산 설명회 발표에 따르면, 테슬라 자동차 사업의 1분기 매출 총이익률(배출권 매각 이익은 제외)은 지난 분기의 26%에서 18%로 급락했다. 설명회에서 머스크는 이익률 유지보다 판매 대수 성장을 우선시하겠다는 강한 의지를 투자자들에게 표명했다.

"현재는 판매 대수를 늘리고 보유 대수를 늘리는 것이 높은 마진을 지키는 것보다 옳은 선택이라고 생각합니다. 왜냐하면 자율주행 기술은 시간이 흐를수록 엄청난 수익을 우리 차에 가져다주기 때문입니다. 지금은 그 기반을 마련해야 합니다."

머스크는 수익이 압박받고 있지만, 그럼에도 판매 대수 확대를 우선시하고 데이터를 축적해야 한다고 주장한다. 테슬라가 노리는 것은 데이터다. 2023년 기준으로 테슬라가 보유한 전기차는 누적 1억 5천만 마일을 주행했고, 대규모 데이터를 축적하고 있다. 동시에 이 데이터를 특화형 AI로 심층 학습시켜서 자율주행 기술을 완성하려한다. 그리고 이것이 모네타이즈의 기회를 만들어 내기 직전이다. 전기차 밸류 체인을 끌어들이고 자율주행이라는 소프트웨어 수익을 무기로 손에 쥔 테슬라로서는 단기적인 마진보다 전기차라는 기반부터 확립하는 것이 길게 볼 때 유리하다.

테슬라의 저가 공세가 정말 지속된다면, 전통적인 자동차 산업에

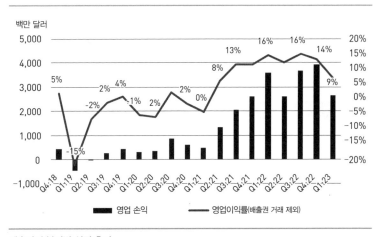

백만 달러

테슬라의 분기별 실적 추이
출처: 해당 기업의 자료를 바탕으로 필자 작성

미칠 영향은 거대한 운석의 충돌과도 같이 엄청날 것이다. 테슬라의 2022년 영업이익률은 미래에 사라질 탄소 배출권 매각 이익을 제외하고도 15%나 된다. 설령 이 영업이익률이 반토막 나더라도 전통적인 자동차 기업의 평균 수준으로 떨어질 뿐이다. 휘발유 차량이 중심인 전통적인 자동차 기업들은 마진으로 6~8% 정도밖에 남기지 못한다. 이 단계에서 테슬라가 펼친 저가 공세로 인해 고비용의 전통적 자동차 기업들이 전기차의 사업성을 얼마나 상실할지는 가늠하기도 어렵다.

향후, 이윤 낮은 전기차 사업으로 서둘러 전환해야만 하는 전통적 자동차 기업들로서는 테슬라가 가격을 10% 내리면 링에 오르기도 전에 패배한다는 것을 의미한다. 여러 기업이 흔적 없이 사라질 수도 있는 것이다.

토요타 생산 방식을 뭉개 버린 테슬라

차세대 전기차를 성공으로 이끄는 요소

'마스터플랜 3'는 탈석유 사회를 위한 제안이다. 테슬라는 자동차 기업을 탈피해 에너지 기업이 되고, 전력을 데이터의 힘으로 조종하는 마술사와 같은 존재로 진화할 것이다. 다만, 그 변혁의 70%는 자동차를 전기차로 전환하는 작업이며, 이에 관해서는 테슬라가 주장하는 전기차의 실현 가능성이 얼마나 될지 이해할 필요가 있다.

테슬라는 차세대 전기차를 성공으로 이끌 요소로 다음 세 가지를 주장한다.

1. 차량용 배터리 시스템과 전원 시스템을 48V(볼트)로 통일하고 와이어 하네스를 통합하는 등의 노력으로 차량 시스템 비용을

한 단계 더 인하할 것.

2. 수직 통합형 개발을 축으로 차체 및 차량 부품을 통합해 부품 숫자를 큰 폭으로 줄이고, 서플라이어 수도 대폭 줄일 것.

3. '병행 및 순차 결합'이라는 완전히 새로운 생산 시스템을 2024년 멕시코 신공장에 도입할 것.

그 결과, 차량 제조 비용을 50% 떨어뜨려 2.5만 달러에 판매하는 새로운 전기차('모델2'라고 불린다) 또는 개량판 '모델3'를 투입할 것으로 예상된다. 머스크는 이 두 가지 신제품의 생산 대수를 합쳐 연간 5백만 대 이상이 될 것이라고 주장했다.

앞서 설명한 바와 같이 테슬라는 최종적으로 현재 토요타의 두 배 규모인 연간 2천만 대의 전기차 생산을 목표로 내걸었다. 이를 실현하는 데 필요한 모델 수는 대략 열 개 정도면 충분하다고 한다. 바야흐로 자동차는 모델 변형으로 차별화할 수 있는 요소가 적어졌다. 이제는 마치 스마트폰이 한정된 모델 수로 거대 시장을 형성하는 것처럼 자동차도 그렇게 될 것이라고 머스크는 주장한다. 동네 제일가는 자동차장이로서 한 대, 한 대를 섬세하게 만들에 소비자에게 전하려 하는 토요타와는 그야말로 대조적인 사상이다.

전기차 생산의 새로운 시스템

3월 인베스터 데이 때 발표된 전기차 생산의 새로운 시스템은 일본의 강점을 뭉개 버릴 수 있는 참신한 내용으로 현장을 들썩이게 했다.

차량 생산공정은 프레스 → 차체 조립 → 도장 → 최종 조립의 순, 다시 말해 직선형(순차적)으로 이루어진다. 먼저 금속을 프레스 해 구멍을 뚫고, 수많은 부품을 용접하며, 문이 달린 차체를 만든다. 그런 다음에는 도료로 가득한 풀을 통과시키고, 도료가 마르면 문을 떼어 낸다. 최종 조립 라인에서는 5m짜리 물체가 천천히 이동하는데, 그 주위를 여러 작업원이 둘러싼 채 수만 점에 이르는 엔진과 내장품을 부착한다. 헨리 포드(Henry Ford)가 T형 모델을 발명한 1908년 이후 이 같은 생산 방식은 100년이 넘도록 자동차 산업의 기본적인 생산 방식이었다.

"실제로 뭘 하는지 들여다보면, 정말 어처구니가 없습니다. 토요타는 그걸 엔지니어링의 예술이라고 부르지만 말이죠. 테슬라는 마스터플랜을 실현하기 위해 자동차를 만드는 방식을 바꿀 것입니다."

인베스터 데이 때, 단상에 오른 라스 모라비(Lars Moravy, 테슬라 엔지니어링 담당 부사장)는 이렇게 말하며, 새롭고 대담한 자동차 제조공정에 관해 설명했다.

차세대 생산 차량은 주요 각 부위를 각기 독립시켜 서브라인에서 조립(서브 어셈블리라고 부른다)하고, 자동차 전체의 최종 조립은 한 번에 종료시키는 공정으로 개혁한다는 내용이었다. 기존의 제작 방식이 긴 직선형이었다면 새로운 공정은 부위별로 병행형(동시적)으로 진행하고 마지막에 짧은 최종 조립으로 마무리하는 '병행 및 순차 결합' 방식의 공정이 될 것이라는 말이다.

토요타 EV 전쟁

'병행 및 순차 결합' 방식 공정이란?

차세대 차량을 제조하는 공장의 경우, 공장 크기는 40% 줄이되 건설 공기는 더 짧아져 투자효율도 더 높아질 것이다. 이렇게 되면 시간적, 공간적 효율을 30%가량 높일 수 있다. 각 부위를 서브 어셈블리로 진행하므로 조립 효율은 종래 대비 40% 향상된다고 한다. 또 제조원가는 모델3, 모델Y와 비교해 절반으로 줄어든다고 한다. 정리하면 다음과 같다.

1. 프레스·도장·주조와 관련해서는 서브라인과 메인라인을 병행한다.
2. 차량 프런트, 리어, 센터와 좌우 사이드를 순차적으로 작업한다.
3. 각 부위는 박스(box) 형태의 폐공간이 아니라 오픈된 공간 (unboxed)에서 조립한다.[5]
4. 마지막으로 차량 전체를 단번에 조립한다.

세부적인 설명을 조금 추가해 보자. 자동차 차체를 여섯 개의 주요 모듈로 나누어 각각 프레스, 조립한 뒤 필요한 부품에만 도장 작

---

[5] 기존의 자동차 기업들은 차량의 골격에 해당하는 차체(Body)를 먼저 완성하고 난 뒤, 차체에 부품을 하나씩 장착하면서 차량을 완성했다. 하지만 테슬라는 차량을 여섯 개의 빅 모듈(Big Module 즉 앞,뒤, 중간, 좌우, 기타) 조립과 짧은 최종 조립으로 완성하겠다고 발표한 것이다.

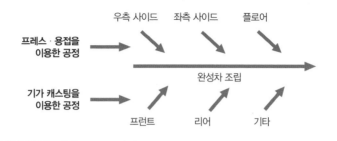

병행 및 순차 결합 방식 공정
출처: 테슬라 홈페이지를 참조해 필자 작성

업을 한다. 작게 나눈 각 모듈에 내장 부품을 장착한다. 그동안 실제 자동차는 꼼짝도 하지 않는다. 행어나 컨베이어 벨트를 타고 천천히 움직이는 장면이 아예 사라진다는 것이다.

여섯 개의 모듈을 하나의 자동차로 조립하는 최종 결합 과정은 이렇다. 먼저 내장품이 장착된 프런트 부위와 시트가 장착된 리어 부위가 설치되고, 양쪽에서 사이드 보디가 결합된다. 마지막으로 프런트 시트와 일체화된 배터리 모듈이 센터 보디로서 아래로부터 삽입된다. 그 후 루프, 도어, 보닛을 올리면 완성차가 된다.

5m 길이의 자동차 차체를 단 네 명의 작업자와 로봇으로 조립해도 작업이 척척 진행되는 것이다. 이렇게 하면 작업 밀도는 40% 개선되고 공간적, 시간적 효율은 30% 개선된다. 테슬라는 제조 자동화 로봇도 자체 제조하니 테슬라가 AI 데이에 발표한 휴머노이드 로봇(인간형 로봇) 등도 활약하게 될지 모른다.

이상과 같은 조립 개념은 현재 자동차 생산의 주류를 이루고 있는

토요타 EV 전쟁

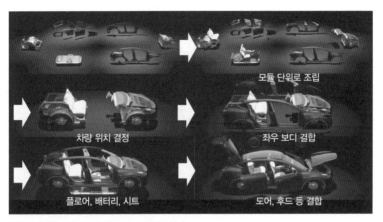

모듈 단위로 조립

차량 위치 결정

좌우 보디 결합

플로어, 배터리, 시트

도어, 후드 등 결합

언박스드 프로세스(모노코크 보디를 만들지 않음)
출처: 테슬라 홈페이지에서 필자가 스크린숏 한 뒤 보충, 작성

섀시(몸체)와 프레임(골격)이 일체화된 모노코크(Monocoque) 보디를
부정한, 완전히 새로운 모듈 생산 방식이다. 복잡한 조립 공정을 최
대한 배제함으로써 복잡하고 부품 수가 방대한 엔진 차량으로 높은
생산성을 자랑한 토요타 생산 시스템에 대한 안티테제다.

테슬라는 플랫폼 개념을 파괴한다

제로 레거시, 그리고 속도

테슬라에는 엔진, 딜러, 티어 1이라는 레거시가 없다. 그래서 백지상태에서 시작한다는 발상으로 전기차의 바람직한 미래상을 '백캐스팅(backcasting)[6]'하고 비즈니스 모델을 구축할 수 있다. 이런 접근법으로 만들어 낸 것이 2018년에 등장한 모델3의 HW 3.0, OTA가 가능한 E/E 아키텍처, 모델Y의 진화한 기가 캐스트(대형 알루미늄 다이캐스트)와 배터리를 직접 구조물에 깔아 차체 구조의 일부로 만드는 '구조용 배터리 팩(structural batter pack)' 같은 신기술이다. 이들 기술은

---

[6] 미래 목표를 설정한 뒤, 그것을 달성하기 위해 지금부터 단계별로 어떤 기술이 필요한지, 어떤 제도 변화가 필요한지를 역으로 정하는 것을 말한다.

믿기 어려운 속도로 진화하고 있다. 테슬라의 강점으로 제로 레거시만 꼽아서는 안 된다. 이 진화의 속도야말로 진짜 강점이라고 생각해야 한다.

'기가 캐스트'로 불리는 거대 다이캐스트 머신은 현재 여러 전기차 기업이 도입 중인 자동차 제조의 새로운 프로세스다. 모델3에 있던 171개의 보디 부품을 기가 프레스로 일체 성형함으로써 모델Y의 경우, 보디 부품이 불과 두 개밖에 되지 않는다.

"특허 받아 와!"

스바루의 CTO 후지누키 테쓰오(藤貫哲郞)는 이 기술을 보자마자 자동차 한 대를 통째로 일체 성형하는 기술을 반드시 장악해야 한다는 지시를 내렸다고 한다. 그러나 이미 테슬라가 특허를 확보한 뒤였다.

여기서 잠깐 기가 캐스팅에 대해 짚고 가자. 기가 캐스팅은 주조법의 하나로, 고온에서 녹인 알루미늄을 금형에 부어 성형하는 방식이다. 체결력이 6천톤에 길이 19.5m, 높이 5.3m에 이르는 이 괴물 같은 성형 머신은 이탈리아 주조 기계 업체 이드라(Idra)가 제공한다. 다이캐스트 성형은 냉각 단계에서 변형되는 문제가 있어서 열처리 등의 혁신은 필요해 보인다. 하지만 이러한 문제들도 차차 극복되면서 매년 꾸준히 진화하고 있다.

미국의 자동차 분해검사 전문업체 먼로앤어소시에이츠(Munro and Associates)의 유튜브를 보면 자극적인 영상이 많이 올라온다. 여러 영상에 등장하는 내용을 보면, 2020년 모델Y의 리어 구조는 두 개의

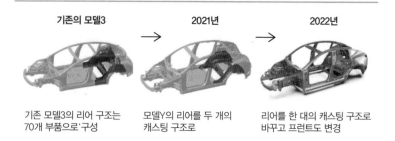

기존의 모델3	2021년	2022년
기존 모델3의 리어 구조는 70개 부품으로 구성	모델Y의 리어를 두 개의 캐스팅 구조로	리어를 한 대의 캐스팅 구조로 바꾸고 프런트도 변경

모델Y 언더플로어의 진화
출처: 테슬라 홈페이지에서 발췌해 필자 작성

피스로 캐스팅한다. 그러다가 2021년이 되면 피스가 하나로 줄어든 다. 더 나아가 2022년에는 프런트 구조도 한 개 피스로 제조하기 시 작했고, 놀랍게도 센터 구조물까지 대폭 바뀌면서 공간이 남아도는 모습을 볼 수 있다. 이는 프런트 시트와 일체화된 배터리 구조물을 아래로부터 삽입해 차체 구조체에 쓰기 때문으로 보인다.

아이폰처럼 진화하다

모델Y의 이 같은 변화를 보면, 문득 떠오르는 것이 아이폰이다. 매년 조금씩 변화를 주다가 어느 날 갑자기 확 비약하는 모습을 보이기 때문이다. 이 같은 테슬라의 접근법은 완성도 높은 플랫폼을 차분히 다져서 10년 가까이 돌려쓰는 기존 자동차 산업과는 근본적으로 다르다. 모델3, 모델Y가 모두 해마다 전혀 다른 모습으로 진화하고 있고, 같은 이름이라도 차체의 통합 레벨을 높여 비용을 절감하면서 진화해 간다.

기존 자동차 산업에 이런 경쟁자는 없었다. 테슬라는 확실히 자동차 산업의 토대를 차지하던 플랫폼 개념을 파괴하고 있다. 자동차 산업은 수직 통합형이라는 평가를 받는다. 일본은 자본과 상업적 유통 면에서 수직적이라고 할 수 있지만, 개발 측면에서 생각하면 꼭 그렇다고 할 수 없다. 이미 언급했지만, 일본 자동차 기업은 플랫폼을 설계하고 그 인터페이스(부품과 부품의 연결)를 결정한다. 그 외, 플랫폼에 기능을 부여하는 다양한 시스템 부품은 티어 1이 수평 분업적으로 개발, 생산한다. 티어 1 밑으로는 부품과 소프트웨어를 제공하는 티어 2, 티어 3 등이 자리 잡는다.

자동차 산업에서 설계 변경은 대규모 작업이다. 변경 작업은 티어 1의 손에 좌우된다. 티어 1은 티어 2, 3 등과 조정하면서 전체 코디네이션을 맡는데 여기에 상당한 시간과 비용이 든다. 그런데 이런 방식으로는 속도가 나지 않는다. 무슨 말인가 하면, 공급업체가 수평 분업적으로 개발·제조하는 대량의 부품을 조정해서 구매하고, 조립해 나가는 현재의 전통적 자동차 기업은 테슬라의 속도를 흉내도 내지 못한다는 말이다. 그럼, 개발 속도를 높이려면 어떻게 해야 할까? 필요한 영역은 자동차 기업이 과감히 수직 통합해 자체적으로 개발·제조해야 한다. 이것이야말로 이 시대 전기차의 승리로 이어지는 길이다.

전기차는 아직 여명기다. 전에 보지 못한 참신한 하드웨어의 변화가 없다면, 경쟁 무대에 서기조차 어렵다. 향후 10년간은 적어도 테

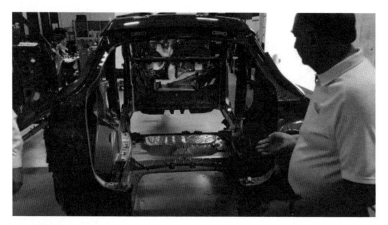

모델Y의 리어 구조를 해설하는 먼로
출처: Giga Castings with Sandy | Evolution of Tesla Bodies In White
https://www.youtube.com/watch?v=WNWYk4DdT_E, 유튜브 동영상을 필자가 스크린숏

슬라 같은 비연속적인 접근이 필요하며, 그 대담한 변혁을 전통적 자동차 기업들이 받아들이지 않으면 시장에 설 자리가 없어질지도 모른다. 테슬라든, BYD든, 새로운 시장 참가자가 급부상할 수 있는 것도 이런 배경 때문이다. 전통적인 자동차 기업들은 이처럼 차원이 다른 경쟁자들과 싸우기 위해 구조 변화를 일으켜야 하는 것이다.

테슬라의 사각지대

사이버트럭(Cybertruck)은 테슬라의 차기 성장 상품이다. 2021년 이후에 생산을 개시할 거라는 평이 다수였으나, 실제로 텍사스주의 기가팩토리에서 생산돼 시장에 투입된 시점은 2023년 가을이다. 이 모델은 2019년부터 수주하기 시작했는데 현재는 백만 대 이상 주문이

토요타 EV 전쟁

2023년 가을에 출시된 테슬라
사이버트럭

들어온다는 소문까지 돌 정도다.

이만한 수의 소비자를 사로잡고, 예약금을 내고서라도 손에 넣고 싶은 매력적인 소비재는 애플의 아이폰 정도밖에 없을 것 같다. 경영 자의 강력한 리더십이 기존의 가치를 바꿔버린 상품이다. 석유의 세 기에 종말을 고하는 기업, 경영자에 대해 소비자들은 강력한 지지를 표한다.

다만, 여기에는 큰 리스크도 따른다. 머스크의 언행과 테슬라의 기 업 거버넌스는 안정적이지 않다. 특히 2022년 이후에 나타난 머스크 의 언행은 다소 이해하기 힘든 부분도 많은 것이 사실이다. 주식시 장은 그 리스크를 감지했고, 이미 도망친 투자자도 많다. 경쟁 기업 의 실책을 기대해서는 안 되지만, '병행 및 순차 결합' 공정은 미지의 영역에서 시작하기에 큰 리스크가 따른다. 새 공장, 새 모델, 새 생산 시스템을 첫술에 성공시키기는 참으로 어려운 일이니까 말이다.

테슬라가 지향하는 하드웨어 전기차를 기반으로 한 SDV 비즈니 스 모델은 애플이나 아마존이 구현한 디지털에서 소프트웨어가 주도하는 플랫폼 및 기하급수적인 규모 확대와는 다른 것 같다. 그리고 테슬라가 완전한 기하급수적 확장성을 확보했다고 보기는 어렵다.

하드웨어로서의 전기차를 성공시키지 못하면 상층의 생태계를 독차지하기 어려워진다. 하물며 완전자율주행 기술의 완성이 필요조건이라면, 그것을 실현하지 못했을 때 단순한 전기차 제조사로서 언젠가는 경쟁 기업에 따라잡히게 될 것이다. 이 점을 아는 만큼 머스크는 무언가에 홀린 듯이 끊임없는 공세에 나선다.

테슬라는 현재 2백만 대에 이르는 전기차 생산 능력을 확립했다. 이는 지난 15년에 걸쳐 이룬 4백만 대라는 테슬라 보유 대수가 앞으로는 2년 만에 배로 늘어나는 게임이 될 것임을 의미한다.

테슬라는 최근 품질 문제가 많이 발생하고 있다. 지금까지의 리콜(무상 수리)은 OTA를 이용한 소프트웨어 업데이트로 수리할 수 있었다. 만약 앞으로 소프트웨어로 대응할 수 없는 하드웨어의 업데이트가 필요해진다면, 딜러라는 유지보수 기능이 없는 테슬라로서는 그에 대응하기가 무척 어려워진다. 소프트웨어와 달리 하드웨어는 직선적인 성장 라인을 따른다. 따라서 테슬라는 앞으로도 하드웨어와 관련해서 생길 수 있는 함정을 계속 극복해야 한다.

2018년의 생산 지옥은 멋지게 넘겼지만, 이제는 '품질 지옥', '유지보수 지옥'도 피할 수 없다. 향후 필연적으로 우여곡절이 따를 것으로 보인다. 필자가 판단하기에 전통적인 자동차 기업들이 포기하지만 않는다면 추격의 기회는 남아 있다는 확신이 든다.

EV

8장

SDV,
차세대 자동차의
혁명적 변화

TOYOTA ELECTRIC VEHICLE WAR

8장은 자동차 업계에 정통한 독자들을 위한 내용이다. 일반 독자들은 분명 설명이 부족하다고 느낄 수 있다. 하지만 내용이 어렵더라도 포기하지 말고 제목과 흐름만이라도 파악해 보기 바란다. 여기서 이어지는 9장부터가 이 책에서 가장 중요한 결론이기 때문이다.

완전히 달라진 새로운 데이터 전략

보이지 않았던 세계

2018년, 필자는《2030 자동차 산업혁명 CASE》를 출간하면서 자동차 기업이 내세운 데이터 전략의 핵심은 '방어', '공격', '업무 개선' 세 가지라고 분석했다.[12] 당시 GAFA①라는 별명으로 불리던 IT 기업들은 모빌리티 산업을 지배하려 호시탐탐 노렸고, 구글과 바이두 등은 자율주행 기술 개발에 맹렬히 달려들었다.

바야흐로 자동차 외적 영역(아웃카, Out Car)에는 모바일(이동통신)을 바탕으로 거대한 생태계가 이미 확립되어 있다. 이제 이를 지배하는

---

① 전 세계 디지털 경제를 장악한 플랫폼 기업으로 구글과 애플, 페이스북, 아마존을 가리키는 표현이었다.

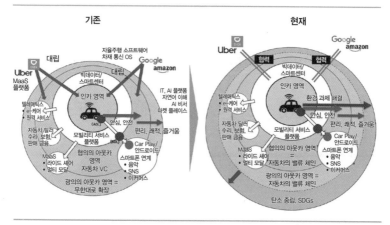

자동차 기업이 밝힌 커넥티드/데이터 전략의 개요
출처: 저자 작성

IT 기업이 자동차 내부 영역(인카, In Car)을 제어할 데이터를 입수해 그 둘을 결합하기만 하면 자동차 산업에는 파괴적인 혁신이 일어난 다고들 한다. 고객과의 접점, 자동차의 밸류 체인을 모두 IT 기업에 빼앗기고 자동차 기업은 자동차라는 상자만을 만드는 존재로 전락 할 수 있다는 말이다.

자동차 산업은 이 같은 위협으로부터 자신을 보호해야 한다. 기 존 데이터 전략에서 가장 중요한 부분은 기득권 '방어'였다. 자동차 를 커넥티드 카로 전환하고 스마트 데이터센터라는 데이터 기반을 구축하면 인카까지 틀어쥘 수 있다는 것이었다(위 그림의 흰색 부분). 두 번째로 중요한 내용은 자동차 기업이 자신들이 원하는 모빌리티 서 비스 및 밸류 체인과 직접 이어짐으로써 새로운 가치를 확보해 오는 '공격'이었다. 이 과정이 모빌리티 컴퍼니로의 전환이다.

마지막은 커넥티드 카에서 나오는 방대한 데이터를 분석해 새로운 서비스를 창조하고 궁극적으로는 '업무 개선'으로 이어가는 것이다. 이렇게 해서 제공할 수 있는 가치로는 '안심·안전'을 들었으며, 소비자의 '편리함·쾌적함'을 키우는 고객 체험 확장에 주안점이 있다.

OTA는 자동차가 제공하는 가치의 일부분

2020년을 기점으로 자동차 기업들을 둘러싼 데이터 전략은 크게 변화한 것 같다. 탄소 중립이라는 격랑뿐 아니라 코로나가 만들어 낸 디지털의 물결은 사용자가 원하는 고객 경험을 크게 바꾸었고, 제조사가 완수해야 할 사회적 책임도 완전히 변화시켰다. 자동차 기업이 데이터로 이어지는 세상에는 기존에 보이지 않았던 영역이 펼쳐져 있었던 것이다.

이에 자동차 기업의 경영자들은 사회와 환경 문제를 해결할 데이터 전략을 대의로 내세워야 하는 상황이다. 이 대의를 제대로 실현하려면, 자동차를 제어하는 전기, 전자의 논리적인 디지털 구조인 E/E 아키텍처(전자 플랫폼)라는 관점에서 물리적인 차체 플랫폼을 근본적으로 수정하고, 앞으로 창출할 비즈니스 모델을 재설계해야 한다.

자동차 OS(기본 소프트웨어)부터 E/E 아키텍처, 데이터와 소프트웨어 기반의 재설계는 물론이고 서비스 플랫폼, 밸류 체인 및 신사업이 제공할 가치까지 재설계해야 한다는 말이다. 더 나아가 이 논의는 구독, 리유스, 리사이클, 최종적인 폐기까지 포함한 순환경제형 사업 설계로까지 발전하게 될 것이다.

이 작업은 IT 업계의 소프트웨어 정의 신기술을 이용해 자동차를 PC 호환기 같은 '오픈 아키텍처'로 재정의하는 것부터 시작한다. 그런 자동차를 SDV(소프트웨어 정의 자동차)라고 부른다. SDV라고 하면 단순히 통신을 이용해서 자동차 소프트웨어를 업데이트하는 것(OTA)이라고 생각할 수 있지만, 이는 제공 가치의 일부분에 불과하다. SDV는 자동차의 제공 가치 전체를 재정의하는, 자동차 산업에 혁명적인 변화를 불러오는 개념이다.

기존의 전자 플랫폼으로는 대응 불가

E/E 아키텍처란, 집을 지을 때 기초(토대)에 해당하는 이론적인 디지털 기반을 가리킨다. 전통적인 자동차 아키텍처는 주행·방향 전환·정지 기능의 하드웨어와 소프트웨어를 일체로 개발한 뒤, 개별적으로 계산하는 ECU(전자 제어 유닛)가 제어하는 방식이었다.

그리고 이를 통합 제어함으로써 한층 고도의 주행 성능과 첨단 운전자 보조 시스템을 만들었다. 그 결과, ECU를 이어주는 와이어 하네스가 복잡하게 뒤섞인 상태가 되어 마치 증축을 거듭한 건물처럼 '본관', '신관', '별관', '특별관'이 난립하는 구조를 이루었다. 이것이 바로 '분산형 E/E 아키텍처'라고 불리는 레거시 시스템이다.

이를 정리하기 위해 등장한 것이 오토사(AUTomotive Open System ARchitecture, 개방형 자동차 표준 소프트웨어 구조)라는 유럽 주도형 표준 미들웨어(OS와 애플리케이션을 중개하는 소프트웨어)다. 현재 ECU 군은 오토사로 거의 통일되었으며, 기능을 정하는 대여섯 개 군의 도메인 영역에서 정리되고 있다.

그러나 자동차 역사상 최고로 환경 성능을 높이고 인터넷에 접속해 지능화를 꾀하려 해도 자동차는 이미 엄청난 정보량에 짓눌려 있다. 현재 자동차에는 약 60~100개의 ECU가 탑재되어 있고, 그것을 관장하는 소프트웨어의 스텝 수는 항공기나 스마트폰보다 훨씬 많은 1억 행에 이른다고 한다.

첨단 운전자 보조 기술 및 센서류 탑재량의 증가, OTA를 매개로 하는 애플리케이션 확대 등 소프트웨어로 가득한 차세대 차량의 스텝 수는 2020년대 후반에 5억 행, 2035년경에는 10억 행에 이를 것으로 알려진다. 종래의 E/E 아키텍처에서는 이 정도 양의 소프트웨어를 탑재한 자동차를 몇 대씩 개발하기는 불가능했다.

중앙집중형(소프트웨어 정의)으로의 진화

"중앙집중형 E/E 아키텍처로의 진화가 실제 설치 단계에 와 있습니다. 자율주행차량의 코드 수가 5억 행으로 비약적으로 증가할 전망이므로 통합제어와 대규모 소프트웨어 개발을 효율적, 효과적으로 추진할 체제를 확립해야 합니다."

2021년 미국 CES(국제전자제품박람회)에서 업계 굴지의 티어 1으로서 차량용 시스템 개발의 선두 주자로 꼽히는 보쉬의 미하엘 보레

(Michael Bolle) 당시 CTO는 이처럼 미래 자동차를 위해 개발 체제를 변화시켜야 한다고 호소했다. 보쉬는 자동차의 기능 전체와 연결되는 크로스-도메인 컴퓨팅 솔루션(Cross-Domain Computing Solutions) 조직을 2021년에 출범시켰고, 회사 전체의 약 50%에 해당하는 만 7천 명의 소프트웨어 인력을 동원해 소프트웨어 일체를 개발하는 조직을 가동하고 있다.

중앙집중형 E/E 아키텍처는 데이터 전송을 차량용 이더넷으로, 연산 처리를 중앙의 고성능 컴퓨터(HPC)로 집약해 자동차의 오픈 아키텍처를 촉진하는 새로운 전자 플랫폼이다.

중앙집중형 E/E 아키텍처는 3단계의 진화를 거칠 것으로 생각된다. 우선은 '도메인 E/E 아키텍처'가 2025년경에 보급기에 돌입한다. 이는 멀티미디어 커뮤니케이션, ADAS(첨단 운전자 보조 시스템), 차체 제어와 같은 기능 도메인 단위에 ECU를 집약하고 도메인 컨트롤러(하나의 도메인을 관리하는 서버 컴퓨터)로 연산과 ECU 제어를 중앙 집중화함으로써 소프트웨어 업데이트에 대응한다.

2030년 무렵 이후에는 '존형 E/E 아키텍처'로 진화할 것으로 예상된다. 물리적으로 가까운 위치에 있는 ECU를 묶은 뒤에 존 컨트롤러와 접속하고, 중앙 컴퓨터와 접속된 존 컨트롤러는 센트럴 컴퓨터가 일괄적으로 각 ECU의 데이터를 처리·제어하며, 외부 네트워크와 연계해 전체를 통합 제어하는 하나의 큰 두뇌를 형성하는 것이다. 이거야말로 보쉬가 제안하는 중앙집중형(소프트웨어 정의) E/E 아키텍처이다. ECU의 수, 와이어 하네스를 대폭 줄이고 OTA를 통해

분산형 E/E 아키텍처(현재)

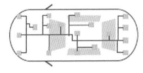

주행·방향 전환·정지 등 개별 기능별로 ECU가 배치되어 있다. 각 ECU에 소프트웨어가 장착되어 소프트웨어 업데이트가 어렵다.

센트럴 도메인형 E/E 아키텍처(2025년경)

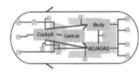

멀티미디어 커뮤니케이션, ADAS, 차체 제어와 같은 기능 도메인에 ECU를 집약하고, 도메인 컨트롤러가 산하 ECU를 계산하여 데이터를 처리한다. 센트럴 게이트웨이를 통해 도메인, 외부 네트워크와 연계된다. OTA를 통해 소프트웨어를 업데이트할 수 있다.

센트럴 존형 E/E 아키텍처(2030년경~)

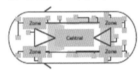

차체의 전후좌우 등 물리적으로 가까운 위치에 있는 ECU를 묶는 존 컨트롤러와 접속되며, 존 컨트롤러는 센트럴 컴퓨터와 접속되어 각 ECU의 데이터를 처리·제어하고, 외부 네트워크와의 연계는 센트럴 컴퓨터가 일괄 담당한다. 소프트웨어가 중앙 컴퓨터에 집약되어 업데이트 기능을 가장 잘 발휘할 수 있다.

E/E 아키텍처의 진화
출처: 필자 작성

소프트웨어를 업데이트하는 기능은 비약적으로 진화할 것이다.

10년 뒤에는 더 큰 진화를 이룰 것이다. 존 컨트롤러 등의 중계기 없이도 데이터의 수집·처리·제어를 센트럴 ECU에서 실행하는 완전한 중앙집중형 E/E 아키텍처가 도입된 것이기 때문이다. 그 무렵이 되면 복수의 자동차 하드웨어가 지금의 PC처럼 부품이 플러그 앤 플레이(plug and play, 필요한 설정이 자동으로 이루어져 즉시 사용할 수 있다)로 교체되어 쉽게 하드웨어를 업데이트할 수 있는 시대가 찾아오게 된다.

SDV가 만들어 낼 새로운 가치

가상화와 추상화

자동차의 진화가 E/E 아키텍처의 진화와 관계있다는 사실은 이해할
수 있었을 것이다. SDV는 소프트웨어 정의 자동차라고 규정되며, 자
동차가 서비스 지향적인 차세대 차량으로 진화할 것임을 보여준다.
앞서 여러 번 언급했듯이 자동차가 스마트폰처럼 통신을 이용해 자
유롭게 소프트웨어를 업데이트할 수 있게 되고, 이제까지 없었던 새
로운 서비스를 제공하는 이동체로 바뀌는 것이다. 이를 실현할 기술
이 '가상화'와 '추상화'라는 IT 기술론이며, 앞으로 등장할 '자동차
OS'의 개념과 함께 상당히 어려운 영역이다.

앞서 설명한 대로 기존의 자동차는 하드웨어와 소프트웨어가 일
체로 개발되었다. 그 핵심 기술은 기계적인 하드웨어인 '엔진'이었

다. 엔진은 자동차를 주행하게 할 뿐 아니라 폐열과 엔진 부압을 이용해 정지, 방향 전환, 에어컨 등 다양한 기능을 발휘하게 했다. 자동차 기업은 이 엔진을 자체적으로 개발하고, 이를 탑재할 플랫폼을 설계했으며, 하드웨어 인터페이스를 정의했다.

그리고 티어 1 서플라이어가 그 인터페이스에 따라 각 부품을 수평 분업적으로 개발·생산해 왔다. 모델 체인지, 마이너 체인지 등 정기적인 업데이트 때, 하드웨어와 소프트웨어를 일체 쇄신함으로써 시간을 들여 차량이 제공하는 가치를 정기적으로 끌어올린 셈이다. 감나무 아래에서 떨어지는 감을 받아먹듯 서플라이어가 기다리기만 하면 일이 굴러들어 온 데에는 이런 구조가 있었기 때문이다.

이러한 사업구조는 SDV의 시대가 오면 급격히 변화할 것으로 예상된다. OTA를 통해 다양한 서비스를 제공하는 SDV 시대에는 그러한 소프트웨어와 하드웨어를 제어하는 기술이 IT 업계에서는 일반적인 소프트웨어 정의 기술이기 때문이다.

전문적인 이야기지만, 이때 등장하는 것이 '추상화'라는 IT 기술이다. 소프트웨어와 하드웨어의 결합을 '모호'하게 함으로써 조합의 자유도를 높이고 범용성을 높이는 기술로 이를 이용하면 소프트웨어·하드웨어를 분리시킬 수 있다. 소프트웨어와 하드웨어 사이에 추상화된 레이어를 제공하면 리소스를 소프트웨어가 관리하게 된다. 여기서는 개념만 설명하는데, 268쪽 그림에 나와 있는 대로 자동차 OS를 사이에 두고 추상화 작업을 하면, 소프트웨어와 하드웨어를 떼어낼 수가 있다. 하이퍼바이저라는 소프트웨어 레이어는 가상 머신이

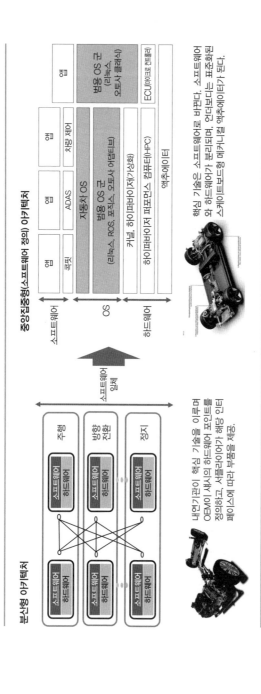

분산형 아키텍처

중앙집중형(소프트웨어 정의) 아키텍처

내연기관이 핵심 기술을 이루며 OEM이 섀시의 하드웨어 포인트를 정의하고, 서플라이어가 해당 인터페이스에 따라 부품을 제공.

핵심 기술은 소프트웨어로 바뀐다. 소프트웨어와 하드웨어가 분리되며, 언더보디는 표준화된 스케이트보드형 메커니컬 엑추에이터가 된다.

소프트웨어 정의 아키텍처로의 진화

출처: 필자 작성, 왼쪽 사진 토요타 '크라운'은 토요타 홈페이지에서 발췌. 오른쪽 사진 폭스바겐 'PPE 플랫폼'은 폭스바겐 홈페이지에서 발췌.

토요타 EV 전쟁

되어 복수의 OS, 하드웨어를 실행한다. '가상화'란, ECU나 메모리 등의 하드웨어를 소프트웨어로 통합 또는 분리하는 기술이다. 일상적인 예로서 PC의 하드 디스크는 하나인데, C 드라이브와 D 드라이브로 분리해 각각 다른 OS로 작동시키는 것이 가상화에 의한 '분할'이다. 자동차 ECU를 통합해 복수의 하드웨어를 작동시키는 것이 가상화에 의한 '통합'이다.

자동차의 OS화, 소프트웨어와 하드웨어의 분리

그럼, 자동차 OS란 무엇일까? 자동차가 다양한 외부 서비스와 연결되려면 차량 내부(인카)와 외부(아웃카)의 상호작용을 표준화하는 플랫폼이 필요하다. 이때 애플리케이션을 이어주는 API(Application Programming Interface, 응용 프로그램 프로그래밍 인터페이스)를 정의하는 역할을 하는 것이 자동차 OS다. 이 자동차 OS를 사이에 두고 자동차의 소프트웨어와 하드웨어는 분리된다. 언더보디의 하드웨어의 경우, 하이퍼바이저라는 가상 머신을 동작시키는 소프트웨어가 물리적인 기능을 지배하는 구조로 바뀌는 것이다.

차세대 전기차의 언더보디는 수많은 하드웨어를 촘촘히 채워 표준화한 스케이트보드형 플랫폼으로 진화한다. 이것이 바로 서구 기업들이 개발하는 차세대 전기차 전용 플랫폼인데 이를 메커니컬 액츄에이터(Mechanical Actuators)라고 부른다.

가상화가 이루어지면 ECU를 통합할 수 있다. 앞서 중앙집중형 E/

E 아키텍처와 관련해서 나왔던 고성능 컴퓨터(HPC)가 집중적으로 연산을 수행한다. 컴퓨터 하나가 마치 여러 대처럼 나뉜 뒤 독립적으로 조작을 수행하거나 복수의 OS 상에서 동작을 지시할 수도 있게 되는 것이다. 이는 구조적으로 범용 PC나 스마트폰과 같다고 보면 된다.

소프트웨어는 사용자의 니즈에 맞춰 기민하게 개발되고 OTA 업데이트가 가능해진다. 자동차 OS가 정의한 API로 개발한 소프트웨어는 메커니컬 액추에이터에 있는 ECU나 하드웨어의 간섭 없이도 그 기능을 실현할 수 있다. 새 기능이나 서비스를 제공하기 위해 하드웨어를 순차적으로 업데이트할 필요가 없어지는 것이다.

이 모든 것이 SDV라고 부르는 차량의 새로운 시스템이다. 이런 구조, 시스템이 있으면 소프트웨어 최우선의 새로운 비즈니스를 설계해 자율주행 등 소프트웨어를 업데이트할 때 요금을 부과할 수도 있고, 소비자가 에너지 매니지먼트로 전기를 판매해 이익을 얻을 수도 있으며, 아웃카 세계와 제휴한 새로운 서비스와 사업으로 밸류 체인을 확장할 수도 있게 된다. 테슬라나 신흥 전기차 기업들이 제공하는 고객 체험이 바로 이런 것이다. 전통적인 자동차 기업들도 서둘러 이러한 가치를 제공해야 한다.

SDV의 레벨

SDV는 제공하는 가치에 따라 레벨을 달리 정의해야 한다. 앞으로는 자율주행 기술과 같은 공식적인 정의가 생길 것이다. 여기서는 영국의 자동차 기술 컨설팅사 SBD가 발표한 정의[13]를 인용한다.

- 레벨 1(기능적): 고유의 기능을 지향한 E/E 아키텍처를 기반으로 복잡하게 분산된 ECU를 갖는 구조. 저속으로 휴대폰과 연계되는 등 커넥티비티(Connectivity, 연결성)를 갖는다.
- 레벨 2(디지털): 광범위한 E/E 아키텍처를 기반으로 업데이트할 수 있는 인포테인먼트 도메인을 갖는다. 차량에 내장된 텔레매틱스 컨트롤 유닛(TCU)을 통해 커넥티비티를 갖는다.
- 레벨 3(업데이트 가능): 도메인형 E/E 아키텍처를 기반으로 첨단 운전자 보조 및 인포테인먼트 영역에서 애플리케이션 업데이트 기능을 구현한다. 고속통신을 차량에 임베디드해 커넥티비티를 갖는다.
- 레벨 4(서비스 지향): 서비스 지향 아키텍처(SOA)를 확립해 지속적인 앱 통합, 차량 펌웨어에 대한 OTA를 실현한다. 차량에 탑재된 5G/CV2X(자동차와 인프라를 잇는 고속통신)를 통해 커넥티비티를 갖는다.

내용이 다소 전문적인데 간단히 말하면 이렇다. 우리가 써 온 기존 차량은 기껏해야 레벨 1~레벨 2의 SDV 레벨에 불과해서 스마트폰으로 지도 정보를 업데이트하거나 스포티파이를 듣는 수준에 그친다. 닛산 아리아, 렉서스 LS 등 최근 모델들은 ECU 단위로 OTA를

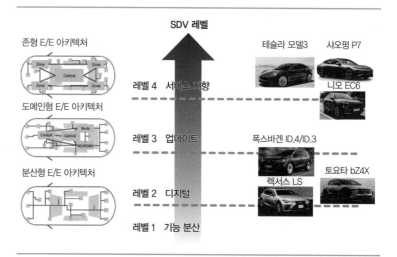

존형 E/E 아키텍처

도메인형 E/E 아키텍처

분산형 E/E 아키텍처

SDV 레벨

레벨 4   서비스 지향

레벨 3   업데이트

레벨 2   디지털

레벨 1   기능 분산

테슬라 모델3   샤오펑 P7

니오 EC6

폭스바겐 ID.4/ID.3

토요타 bZ4X

렉서스 LS

E/E 아키텍처의 진화와 SDV 레벨
출처: 필자 작성, 사진은 각 기업 홈페이지에서 인용

업데이트할 수 있게 되었지만, 아직 매력적인 고객 경험을 얻을 만한 수준에는 이르지 못했다. 반면, 테슬라나 샤오펑 모터스 등 신흥 브랜드는 레벨 4에 달했기에 테슬라의 FSD 같은 자율주행 OTA와 매력적인 서비스를 제공하기 시작했다.

신흥 브랜드가 SDV에서 앞서갈 수 있었던 이유로는 두 가지를 들 수 있다. 첫째, 전기차만을 개발하므로 복잡한 엔진 라인업이나 다양한 변형을 고민할 필요 없이 비교적 단순한 하나의 아키텍처만 설계할 수 있다는 점이다. 둘째, 선진적인 E/E 아키텍처 설계를 비롯해 SDV에 필요한 요소 기술 개발을 자체적으로 수직 통합해 진행한다는 점이다. 중국에서는 화웨이(Huawei)처럼 자동차 OS부터 도메인 컨트롤러, 하드웨어를 턴키로 공급할 수 있는 서플라이어가 등장했다.

272쪽 그림이 보여주는 E/E 아키텍처의 진화 단계는 보쉬 산하의 소프트웨어 회사 ETAS가 꽤 오래전인 2016년에 발표한 개념을 따른 것이다. 전통적인 자동차 기업은 아래에서부터 단계적으로 진화시켜 나가야 했지만, 기존의 자동차 사업과 무관한 신흥세력은 당장이라도 중앙집중형부터 뛰어들 수 있었다.

토요타나 폭스바겐 등의 전통적 자동차 기업은 도메인형 E/E 아키텍처와 자동차 OS에 기반을 둔 SDV 레벨 3를 2025년경부터 드디어 선보일 전망이다. 결국 이는 보쉬나 덴소 같은 힘센 티어 1의 개발 일정에 따라 진행되는 것 같다. 티어 1의 지원이 기술적으로 필요한 데다가, 티어 1이나 티어 2의 이해를 얻어 공생하는 비즈니스로 진화해야 한다는 제약도 이유로 볼 수 있다.

자동차 OS는 단순한 자동차용 OS일까?

2025년 무렵이 되면 토요타의 아린 OS, 메르세데스-벤츠의 MB.OS, 폭스바겐의 VW.OS, 스텔란티스의 스텔라 브레인, 혼다의 e:아키텍처 등이 속속 차량에 탑재된다. 기존의 한정적인 OTA 기능은 자율주행과 엔터테인먼트를 포함한 서비스 지향적인 OTA로 확장될 예정이다.

자동차 OS는 엄밀히 말하면 스마트폰 같은 OS가 아니다. 그 역할은 크게 세 가지다.

첫째, 외부에 대해 자동차 인카에 있는 데이터를 숨기고(클로즈), 자동차의 외부와 내부를 연결할 표준 API를 제공하는 소프트웨어 플랫폼으로, 외부와 연결되는 서비스 플랫폼과 같은 역할을 한다.

둘째, 실시간 OS 및 미들웨어(OS와 애플리케이션의 중개 역할을 하는 소프트웨어)와 하드웨어의 사령탑인 하이퍼바이저를 이어주는 역할을 한다. 자율주행이나 차체 제어 같은 '애플리케이션 군 조정 작업'을 자동차 OS가 담당하는 것이다. 여기서 개성 있는 주행 성능, 주행의 맛, 맞춤형 서비스 등 자동차의 새로운 가치가 만들어진다.

셋째, 차량 비탑재 영역에서 외부 앱 개발을 위한 'SDK(소프트웨어 개발 키트)', 테스트 및 실장을 효율적으로 실시하기 위한 '툴킷'을 제공하는 클라우드상 소프트웨어 플랫폼이라는 역할이다. 그래서 안드로이드 OS처럼 제삼자에 의한 소프트웨어 개발이 가능하다. 자동차 OS를 탑재한 차량이라면 3P 벤더(third party vendor)②가 개발하는 애플리케이션의 이용이 보장되므로 생태계를 만들어 낼 수 있다.

따라서 기업들이 똑같이 자동차 OS라는 말을 쓰고는 있으나, 어디까지를 포함하는지는 제각각 다르다. 토요타의 아린은 이 세 가지 영역 모두를 자체 조달할 생각이며, 서비스 플랫폼이라기보다는 단

---

② 제조사가 D2C(Direct to Customer) 비즈니스에서 독자적인 경쟁력을 확보하기 위해 선택하는 플랫폼 기반 비즈니스 모델 중 하나. 마켓플레이스 내 입점 방식에 따라 1P와 3P 모델로 나눌 수 있는데 유통사가 제조사로부터 제품을 매입하여 판매하는 방식이 1P(First-Party), 제조사가 직접 판매 및 배송을 담당하는 방식이 3P(Third-Party)다. 제조사로서는 마켓플레이스가 보유한 신뢰성을 통해 고객이 안심하고 구매하게 하되, 자사가 보유한 D2C 역량을 기반으로 직접 판매함으로써 비용을 효율화하고 브랜드 가치를 높일 수 있어 3P 방식을 선호한다.

토요타 EV 전쟁

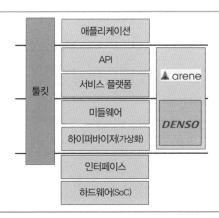

아린이 정의하는 자동차 OS의 영역
출처: 필자 작성

순한 자동차용 OS에 더 가까워진다.

여기서 한 가지 의문이 든다. 기업들이 이렇게나 비용이 많이 드는 자동차 OS와 E/E 아키텍처를 따로따로 개발하는 점에 대해서다. OS라고 하지만, 자동차가 스마트폰처럼 하나의 OS로 모든 기능이 작동하는 것이 아니기 때문이다. 자동차의 경우, 주행과 방향 전환, 정지라는 제어계에는 실시간성이 필수다. 리눅스(LINUX)나 포직스(POSIX) 등 차량 탑재용 OS를 이용한 미들웨어(OS와 애플리케이션을 연결하는 소프트웨어)가 꼭 필요하다. 반면, 인포테인먼트나 멀티미디어 같은 복잡한 정보 처리가 요구되는 곳에는 안드로이드와 같은 범용 OS가 병용된다.

실시간 OS와 범용 OS가 잘 합쳐진 편리한 자동차 OS는 아직 세상에 존재하지 않는다. 경쟁자보다 빨리 서비스에 돌입하려면, 각 기업이 자체적인 자동차 OS 개발에 뛰어들지 않을 수 없다. 진짜 경쟁해야 하는 영역은 애플리케이션과 그 위에 펼쳐진 생태계다. 여러 개의 자동차 OS가 혼재하면 오히려 자동차 기업이 취할 수 있는 장점은 적어진다.

따라서 앞으로 자동차 OS는 같은 생각을 가진 자동차 기업 간의 협력 영역으로 진화할 가능성이 높다. 핵심인 미들웨어나 하이퍼바이저도 협력의 영역이 될 것이고, 표준 API나 서비스 플랫폼도 앞으로는 공통으로 진행될 가능성이 있다. 아마도 토요타의 파트너들(마쓰다, 스바루, 스즈키, 다이하쓰공업)은 자동차 OS와 E/E 아키텍처를 경쟁 영역으로 생각하지 않고, 토요타의 소프트웨어를 활용할 생각일 것이다.

자동차 OS가 만들어 낼 새로운 경쟁 구도

자동차 OS로 인해 자동차의 부가가치가 소프트웨어로 대폭 옮겨가는 시대가 눈앞으로 다가왔다. 이러한 현상이 초래할 업계 구조의 변화를 생각해 보자. 소프트웨어와 하드웨어가 분리되면서 하드웨어는 소프트웨어를 통해 물리적 기능을 지배받는 구조로 바뀐다. 하드웨어에는 오랫동안 견고하게 사용하는 '이용의 장기화 현상'이 일어날 것이다. 또 센서 등의 진화를 받아들여 하드웨어를 플러그 앤 플레이로 업데이트할 수 있게 될 것이다. 하드웨어의 중요한 경쟁 영역은 반도체 및 통합된 시스템을 내장한 SoC(시스템 온 칩)로 바뀔 것이

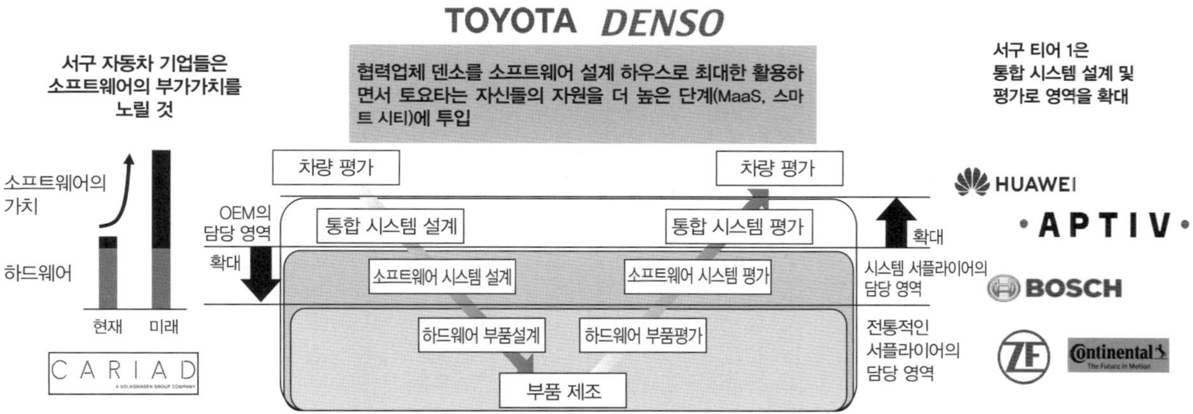

자동차 OS가 만들어 낼 새로운 경쟁 구도
출처: 필자 작성

며, 하드웨어의 부가가치는 전통적인 티어 1보다는 퀄컴 같은 티어 2의 SoC 제조사가 지배하는 영역이 늘어날 것이다.

그동안 자동차 통합제어 시스템의 설계와 평가는 자동차 제조사가 맡아왔다. 자동차의 하드웨어를 정의한 뒤 부품 시스템을 외주했고, ECU 소프트웨어 시스템의 설계와 평가는 티어 1 서플라이어가 맡아서 부가가치를 냈다. 그러던 것이 SDV가 나타나면서 소프트웨어의 부가가치를 티어 1이 계속 지배할지, 아니면 자동차 제조사가 빼앗을지의 새로운 경쟁 구도가 생길 것으로 보인다. SDV의 경우, 거대한 센트럴 ECU가 데이터를 일괄 처리한다. ECU의 수만 감소하는 것이 아니라 소프트웨어 군의 부가가치 대부분이 서플라이어로부터 자동차 제조사로 이동할 가능성이 있다(277쪽 그림의 왼쪽 구도).

한편, 서플라이어는 도메인 컨트롤러 같은 통합 시스템을 통째로 설계하고 평가하는 통합형 비즈니스의 영역 확대를 기대할 수 있게 된다. 도메인을 일괄하고 차량 시스템을 통째로 제공하는 비즈니스도 가능해진다. 화웨이나 서구 서플라이어들은 큰 부가가치 영역을 확보할 수 있을 것이다(277쪽 그림의 오른쪽 구도).

덴소 등 티어 1을 자본으로 수직 통합한 토요타는 그 어느 쪽에도 속하지 않는다. 토요타는 협력업체인 덴소를 소프트웨어 설계 하우스로 최대한 활용하면서 자사 자원은 한층 상류에 있는 MaaS나 스마트 시티에 투입해 분업을 꾀할 수 있게 될 것이다(277쪽 그림의 중앙 구도).

토요타 E/E 아키텍처의 진화

지난 2015년, 토요타의 전자 플랫폼은 부분적으로 오토사를 도입한 다섯 개 군(HMI, 컴포트, ADAS(첨단 운전자 보조 시스템) 계열, 모션 컨트롤, 파워트레인)의 분산형 도메인으로 진화했다. 현재의 E/E 아키텍처는 분산형 도메인을 통합시킨 e-PF 2.0이 주류를 이룬다.

토요타는 e-PF 2.0의 버전 업과 관련해 부분적으로 OTA와 오픈 아키텍처에 대응할 수 있는 e-PF 2.1을 개발 중이다. 그리고 이를 도입한 GA-K(캠리급)와 GA-C(코롤라급)의 TNGA 플랫폼을 기반으로 한 글로벌 양판 모델은 2025년께부터 출시될 전망이다. 후반에 자세하게 해설하겠지만, GA-K 기반의 전기차 투입도 검토되고 있다.

그런 다음 2026년까지는 센트럴 ECU를 배치한 센트럴 도메인형 e-PF 3.0으로 진화시킬 생각이다. 토요타는 이 같은 E/E 아키텍처, 아린 OS와 함께 단번에 SDV화를 추진할 생각이다. 토요타의 경우, 다른 전통적 자동차 기업들과 마찬가지로 엔진 차와 전기차의 E/E 아키텍처를 반드시 최적화해야 한다. 그런데 느낌상으로는 전기차 전문 신흥강자들이 도입 중인 센트럴 존형 E/E 아키텍처보다 진화 속도가 느린 것 같다.

SDV는 전기차 가치의 핵심이다

소프트웨어가 뉴턴의 법칙을 뛰어넘을 수 있을까?

오랜 세월 사람들은 디지털화의 물결이 몰아치면 그간 자동차 산업이 지켜온 폐쇄적인 아키텍처와 수익성 있는 밸류 체인은 망가질 것이라고 말했다. 그러나 그 같은 파괴적인 변혁은 쉽게 일어나지 않았다. 오해를 살 가능성을 무릅쓰고 말하자면, 파괴적 변혁을 방해한 최대 요소는 뉴턴의 법칙이다. 질량이 1톤 이상인 자동차라는 물체를 시속 100km로 이동시키는 일은 매우 위험한 일이다. 소프트웨어의 진화만을 가지고 절대적으로 안전한 시스템을 만들어 내기는 쉽지 않았다.

자동차는 특별한 안전성과 신뢰성을 담보해야 하며, 실시간성이 있어야 하며, 스마트폰처럼 리부팅을 자주 할 수도 없고, 오토모티브

그레이드(자동차 전용 고사양 및 신뢰성)를 유지하면서 최적화된 OS 군을 갖추어야 하고, 제어 소프트웨어와 신뢰성 높은 하드웨어를 연결하는 등 다양한 요소를 조정하면서 개발해야 한다.

그런데 CASE 2.0의 세계에서는 전기차와 SDV가 동전의 앞뒷면처럼 한 몸이 되어 자동차의 가치를 바꾸고 있다. SDV의 수준이 높아질수록 소비자들이 요구하는 가치는 주행이 아니라 안정된 공간 가치 쪽으로 변하게 된다. 이제는 자동차가 뉴턴의 법칙으로부터 해방될 것 같다. 디지털화에 의한 파괴적인 변혁은 종전보다 빠르고 과격하게 찾아올 가능성이 커졌다고 본다.

3만 달러 미만의 전기차

앞서 테슬라와 중국 BYD가 보여주는 위협적인 전기차 비용 절감에 대해 언급한 바 있다. 3만 달러가 채 되지 않는 전기차가 세상을 돌아다니는 것도 먼 이야기가 아닐 것 같다. 매력적인 주행 성능, 직관적이고 매력적인 인포테인먼트, 새로운 공간 가치를 만드는 자율주행 기능 등 현재 전기차가 제공하고 있는 가치는 주목할 만하다. 그러나 이러한 가치는 지금으로서는 비싼 프리미엄 차량에서만 실현되고 있다.

그렇다면 소비자들은 대체 뭘 보고 3만 달러도 안 되는 전기차를 살까? 모터 드라이브가 만들어 내는 주행감은 소형차에서 더 잘 느껴진다지만, 그런 거라면 하이브리드차에서도 비슷한 가치를 얻을 수 있다. 대중성 있는 전기차에서만 얻을 수 있는 가치라 하면, SDV와의 궁합이 좋을 것, V2H(Vehicle to Home)나 V2G(Vehicle to Grid)③ 같은 에너지 매니지먼트를 통해 유지비를 제로로 만들기, 전기 판매하기, 로보택시 이익 얻기 등 모네타이즈의 기회가 생긴다는 것 아닐까?

테슬라나 BYD에서 3만 달러 미만의 전기차가 대거 등장하면, 이 세그먼트에서는 더 이상 전통적인 판매형 수익 모델을 고집할 수 없게 된다. 선택지는 피바람이 부는 전장에서 도망치거나, 아니면 모빌리티 컴퍼니로 변신해서 만들어 낸 서비스와 밸류 체인으로 수익을 올리는 길밖에 없다.

그리고 그 길에서 살아남으려면 거대한 자본이 필요하다. 일본 안에서는 토요타 정도밖에 대안이 없다. 그리고 동시에 속도감 있게 커넥티드 기반을 확립하고 자동차의 SDV화에 매진해야 한다. 그런데 SDV로 진화하는 작업은 애초에 전기차와 결부되는 작업이다. 즉 전기차 최우선을 내세워야 비로소 SDV에서도 경쟁력을 확보할 수 있는 것이다.

SDV화와 멀티 패스웨이의 양립

토요타가 2026년에 e-PF 3.0을 도입하면 지금의 테슬라와 중국 자

---

③ 전기 가격이 낮을 때 전기차에 전기를 충전해 두었다가 전기 가격이 높을 때 가정용 전기로 활용하거나 전력망에 전기를 공급하는 것.

동차 기업을 따라잡고 추월할 수 있을까? 앞서 설명한 대로 엔진을 자동차 뱃속에 품고 있는 한, 전기차 전문 기업이 구축하는 선진적인 센트럴 존형 E/E 아키텍처를 따라잡기란 쉽지 않다. 토요타는 연속적인 진화밖에 바랄 수 없는 엔진 차 사업과 비연속적인 진화를 기대할 수 있는 전기차 사업을 분리해 둘 다 정공법으로 싸워야 한다.

토요타에게는 힘 있는 국가도, 거대한 모국 시장도 없다. 실질적 표준 전략밖에 선택지가 없는 토요타로서는 전기차와 SDV를 통해 토요타다운 밸류 프로포지션(독자적인 가치)을 확립해야만 살아남을 길이 생긴다. 전기차만 논의하다 끝내지 말고 소프트웨어, 디지털의 경쟁력 확립을 함께 논의하고 SDV로 반격에 나서서 강한 토요타를 되찾아야 한다.

글로벌 시장을 상대로 풀 라인을 선보이는 것은 토요타의 숙명이라 할 수 있다. 게다가 멀티 패스웨이(전방위) 전략을 견지하며, 전기차까지 풀 라인으로 전개하려는 기업은 토요타밖에 없다. 이들을 전체 최적화하는 작업은 기술적으로나 효율 면에서나 상당히 어려운 일이다. 자본력이 있는 토요타라서 쓸 수 있는 전략이지만, 가격 경쟁력에 대한 부담과 재무적인 압박은 클 수밖에 없다.

필자는 이미 지적한 바 있다. 자본력에도 한계가 있으니 막연한 방식으로는 경쟁력을 확보하기 어렵다는 사실을 알아야 한다는 점, 우선순위 부여 및 선택과 집중은 토요타에게도 필요한 논의라는 점, 그리고 멀티 패스웨이의 부담을 받아들이는 것이 밸류 체인 전략이라는 점이었다. SDV가 실현되면 밸류 체인 전략이 적용되는 범위는 모빌리티의 확장을 넘어서 사회 인프라와의 연계로까지 넓어진다. SDV화를 통해 밸류 체인 전략의 적용 범위를 넓히는 일에 매우 중대한 의미가 있다.

SDV가 만들어 낼 생활과 도시의 밸류 체인

OS화된 자동차는 어떤 가치를 제공할까?

토요타가 내세우는 밸류 체인 전략의 장기적인 수익 기회는 OS화된 SDV(소프트웨어 정의 자동차)가 만들어 낼 디지털 비즈니스에 있다. 이때 등장하는 토요타의 자동차 OS 아린은 폭스바겐의 VW.OS, 메르세데스의 MB.OS와는 네이밍 개념이 다르다.

아린의 어원은 방향족 탄화수소인데, 중학교 화학 시간에 배우는 벤젠이 대표적이다. 벤젠은 벤젠 고리라는 여섯 개의 탄소 고리 화합물을 중합이나 결합하면서 복잡한 분자 구조를 형성한다. 아린 OS의 경우, 자동차를 중심으로 모빌리티, 집, 도시를 결합하는 생활의 안드로이드 같은 OS로 자랄 것이라는 청사진을 담아 만든 명칭이다.

이는 아마존과 구글, 추측건대 애플이나 소니도 노리는 시장이다.

그들은 일단 실질적인 자동차와 모빌리티부터 장악한 뒤, 최종적으로 도시와 삶의 생태계를 지배하려 들 가능성이 있다.

아린 OS는 데이터 구동형 소프트웨어 비즈니스를 확대 실현해 토요타의 미래 밸류 체인을 성장시킬 기반이 될 수 있는 것이다. OS화된 자동차는 SDV로서 스마트 모빌리티, 스마트 홈, 스마트 시티 등 사회 인프라의 노드(Node)로 작동할 것이다. 그 결과, 이동 관련 밸류 체인뿐 아니라 생활과 도시 속 밸류 체인까지 구축해 비욘드 모빌리티의 사업 영역을 파고들게 될 것이다.

토요타가 시즈오카현 스소노의 우븐 시티에서 스마트 시티의 실증 실험을 진행하면서 새로운 서비스·제품·고객 체험을 개발하는 이유는 모빌리티를 넘어 생활 밸류 체인을 확립하기 위해서다. 그 때문에 자동차를 SDV로 진화시키고, 모빌리티와 연결하며, 사회 인프라의 일부가 될 청사진을 그리는 것이다.

우븐 바이 토요타로 회사명을 바꾼 이유

토요타는 2021년 1월, 우븐 플래닛 홀딩스를 출범시켰다. 이 회사명은 사토 고지(佐藤恒治) 체제의 출범과 동시에 우븐 바이 토요타로 바뀌었다. 자동차장이 토요타가 주도하는 형태로 OS와 스마트 시티를 개발하겠다는 의지로 풀이된다.

그렇다면 자동차 기업이 소프트웨어 개발에 이토록 깊숙이 개입하는 이유는 뭘까? 아린 OS의 중심축이 서비스 플랫폼에 있는지, 자

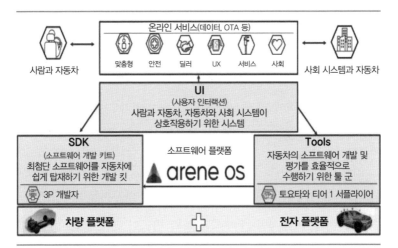

아린 OS의 재정의
출처: 토요타 홈페이지 https://global.toyota/jp/newsroom/corporate/39288466.html

동차 OS에 있는지는 토요타 내부에서도 오랫동안 논의되어 온 심도 있는 주제다. 필자의 편견에 불과하겠으나, 들은 바에 따르면 우븐 바이 토요타의 제임스 카프너 CEO는 서비스 플랫폼 쪽에, 토요타의 사토 사장은 자동차 OS 쪽에 비중을 두는 것 같다.

나중에 나오겠지만, 토요타는 2023년 6월 초순에 열린 '토요타 테크니컬 워크숍 2023'에서 아린 OS를 자동차의 지능화를 가속화할 소프트웨어 플랫폼으로 재정의했다. 그리고 아린 OS가 제공하는 기능을 셋으로 나눠 ① 사용자 인터랙션(UI), ② SDK(서드파티용 소프트웨어 개발 키트), ③ 툴(토요타와 티어 1의 개발/평가 툴)로 정리했다.

사용자 인터랙션(UI)이란, 사람과 자동차, 자동차와 사회 시스템이 상호작용하기 위한 구조다. 안전을 극대화하고 주행의 개성과 매력을 높여 맞춤형으로 제공하는 것을 중시하는 것이다.

주행의 개성과 매력을 높이고 맞춤형을 추진하려면, 아린 OS가 하드웨어의 사령탑인 하이퍼바이저와 도메인 컨트롤러를 조정 작업을 관장한다는 점에 더 중요한 의의를 두는 거라고 볼 수 있다. 그렇다면 더 중요한 쪽은 자동차의 OS화다.

결국 아린 OS의 위상은 외부 세계에서 자동차 내부를 들여다보는 것이 아니라, 자동차 내부로부터 외부 세계를 바꾸는 존재라고 할 수 있을 것이다. 어느 한순간 도시를 뚝딱 만들어 내는 방식이 아니라 자동차 기업으로서 할 수 있는 일을 하나씩 쌓아가며 디지털 사회에 도움이 되자는 생각으로 이해할 수 있다.

EV

9장

토요타
새 체제의
전략

TOYOTA ELECTRIC VEHICLE WAR

TOYOTA ELECTRIC VEHICLE WAR

결단의 시간

새 체제의 역할은 속도감 있는 결정

1장에서도 언급했지만, 토요타가 사토 고지 신임 사장에게 경영을 맡긴 것은 현재의 곤경을 타파하기 위해서다. 필자는 토요타가 그 사명을 사토의 결단력과 실행력에 걸었다는 점에 주목해야 한다고 생각한다. 되돌아보건대, 세상이 탄소 중립을 향해 격변하기 시작한 2020년부터 2년간, 전 세계 자동차 기업들은 전기차 최우선으로 사업의 구조를 변화시키기 위해 끊임없이 과감한 결단을 내렸다. 그런데 일본에서는 혼다 등과는 대조적으로 토요타의 전기차 관련 정책 판단이 제자리에 멈춰 선 것처럼 보였다.

기존의 전동화 전략은 크게 수정되지 않았고, 토요타는 멀티 패스웨이(전방위)만을 공염불처럼 계속 강조했다. 전기차로 옮아가는 데

토요타 EV 전쟁

새 체제 방침 설명회의 무대에 오른 사토 고지 사장
출처: 토요타 홈페이지
https://global.toyota.jp/newsroom/
corporate/39013179.html

필요한 구조 변화에 대해서도 거의 논의하지 않았다. 그 2년간의 공백을 만회하고 속도감 있게 결정을 내리는 것이 새 체제의 역할일 것이다.

사토 사장이 새 체제를 구성한 지 불과 2개월 후, 사장 자리에 오른 지 일주일(실제로는 4일째 되던 날) 만에 열린 것이 2023년 4월 7일의 '새 체제 방침 설명회'였다. 단상에는 사장 겸 CEO인 사토, 부사장 겸 CTO인 나카지마 히로키, 부사장 겸 CFO인 미야자키 요이치(宮崎洋一)가 올랐다.

"아직 덜 익은 내용이다", "소프트웨어까지 좀 더 구체적으로 설명할 수 있는 단계라야 유의미하다", "전기차 150만 대를 사실감 있게 설명할 수 있을까?".

이렇게 사내에서는 설명회에 대해 신중론도 나왔던 것 같다. 이에 대해 사토는 새 체제의 방침은 조기에 설명해야 한다고 고집했다. 속도감 있게 토요타를 바꿔 나가야 한다는 사토의 강한 의지가 작용했을 것이다.

그러나 새 체제가 구성되고 불과 2개월 만에 토요타가 추진할 소프트웨어×디지털×전기차 행렬을 완성하는 완전하고도 상세한 방침을 설명하기는 어려운 게 당연했다. 행사가 열리기 전까지 필자는 과거의 실패에서 배우고, 미루어 오던 결단을 재빨리 내리려는 생동감 있는 경영 자세를 보이겠다는 정도만 밝혀도 성공일 거라고 예상했다.

계승과 진화

새 체제 방침 설명회의 무대에 오른 사토 사장은 먼저, 도요다 아키오 체제 때부터 이어온 기본 전략과 자동차 제조의 철학을 '계승'하는 데 아무 망설임이 없으며, 탄소 중립과 이동 가치의 확장을 실현할 기업 및 자동차로 '진화'한다는 목표를 확인했다. 이를 위해 과감한 결단을 내리고 실행 속도를 대폭 끌어올리겠다는 생각도 밝혔다.

2050년에 탄소 중립을 실현하기 위한 새로운 목표도 발표했다. 언론은 이 사실을 거의 보도하지 않았지만, 이는 매우 중요한 단계다. 이와 관련해서는 2030년까지 SBTi[①] 기준으로 2019년 대비 33% 감축한 구체적인 목표치를 내걸었다. 나아가 2035년에는 50% 감축하

---

① Science Based Targets initiative(과학 기반 감축 목표 이니셔티브). WWF(세계자연기금), CDP(Carbon Disclosure Project, 탄소 정보 공개 프로젝트. 영국의 비영리 기구), 세계자원연구소(WRI), 유엔 글로벌 컴팩트(UN Global Compact)에 의한 공동 이니셔티브. 세계 평균기온 상승을 1.5도에 맞추겠다는 목표 달성을 위해 기업에 과학적 견해와 감축 목표를 제시한다.

겠다는 높은 목표를 내걸어 탈탄소에 대한 진지한 태도를 드러냈다.

토요타에는 환경 챌린지라는 장기 행동규범이 있지만, 마지막 업데이트가 2015년으로 너무 낡은 탓에 2020년 이후 시대의 요청에 부응하지 못했다. 이에 그 중요한 2030년에 대해 구체적인 계획을 제시하지 못했고, 환경(E)·사회(S)·거버넌스(G) 해결을 목표로 하는 ESG 점수도 부진했다. 하이브리드 기술로 세계 환경에 이토록 공헌하면서도 환경운동가들로부터 비난을 받는 이유이기도 했다.

토요타는 탈탄소를 실현하기 위해 새 체제에서도 멀티 패스웨이 전략을 견지하겠다고 한다. 다만, 앞으로는 '전기차 최우선'이라고 단언하면서 전기차 기반을 구축하고 구조 전환에 진지하게 임하겠다는 각오를 나타냈다. 신흥국에는 저렴한 하이브리드 전략을 꼼꼼하게 펼치되, 플러그인 하이브리드는 1회 충전 주행 거리(AER)를 200km로 확대해 '실용적인 전기차'로 보급할 목표를 내세웠다. 연료전지차는 상용차를 중심으로 양산화에 도전하고, 탄소 중립 연료 개발에도 주력할 생각도 밝혔다.

구체성을 보이기 시작한 모빌리티 컴퍼니로의 진화

'토요타 모빌리티 콘셉트(TMC)'는 모빌리티 컴퍼니로의 전환이라는 기업 목적을 구체화한 것이다. 최종적으로 사회 시스템의 일부가 되도록 자동차를 진화시켜 산업과 사회에 활력을 부여하겠다는 생각이다. 지금까지는 모빌리티 컴퍼니를 '자동차의 커넥티드 기반을 구축하고 필요한 밸류 체인으로 이어서 고객을 행복하게 하는 것'이라고 설명했지만, 이는 아무래도 추상적이라 이해하기 어려웠다. 그 모빌리티를 재정의한 것이 '토요타 모빌리티 콘셉트'다.

'모빌리티 1.0'에서는 클로즈 루프 시스템[2]의 자동차 산업을 타파하기 위해 자동차를 OS화하고, 오픈 아키텍처[3]의 자동차로 진화시킨다. 이른바 SDV(소프트웨어 정의 자동차)화를 가리킨다. 이때 새로운 자동차 제조의 관건이 되는 것이 자동차 OS '아린'이다. 아린을 통해 하드웨어와 소프트웨어가 분리되고, 다양한 애플리케이션도 자동차와 자유자재로 연결된다. 모빌리티 1.0 단계에서 자동차는 SDV로 진화한다.

'모빌리티 2.0'에서는 SDV를 기반으로 모빌리티를 확장한다. 풀라인업의 자동차, e-팔레트 같은 새로운 모빌리티와 라이드 셰어, 하늘을 나는 자동차 등 산업 구분을 뛰어넘어 네트워크로 전 세계의 사람·사물·행위·에너지의 이동을 뒷받침하고 모빌리티를 확장하려 하는 것이다.

'모빌리티 3.0'에서는 자동차가 사회적 디바이스로 발전해 사회 시스템과 하나가 됨으로써 새로운 가치를 창출하게 된다. 사회와 연

---

[2] Closed Loop System. 엔지니어링 용어. 원하는 상태를 유지하기 위해 프로세스를 계속 모니터하고 조정하는 제어 시스템을 말한다.
[3] open architecture. 운영 체제와 프로그램 간, CPU와 입출력 제어부 간 인터페이스를 개방하여 맥, PC 등 다른 컴퓨터의 접속이 가능하게 한 시스템이다. 개방형 시스템이라고 부르기도 한다.

토요타 EV 전쟁

토요타 모빌리티 콘셉트(TMC)의 개념
출처: 토요타 홈페이지 https://global.toyota/jp/newsroom/corporate/39013179.html

결된 자동차는 사람들의 생활을 뒷받침하는 서비스로 이어지며 에너지, 교통, 물류, 생활을 포괄하는 생태계를 형성한다. 우븐 시티는 이러한 새로운 서비스와 고객 체험을 실증 실험한 뒤, 세상에 보급하려 한다.

"자동차 산업에는 아직도 큰 가능성이 있습니다. 토요타가 구조 개혁을 위해 용기 있게 행동할 수 있을지가 관건입니다."

사토 사장은 토요타가 용기 있게 행동하고, 기세를 되찾고, 폭넓게 연계해 산업과 사회의 활력을 키울 것이라고 주장했다. '자동차의 미래를 바꾸자.' 이것이 바로 사토의 마무리 메시지였다.

신임 사장과 CTO가 그리는 전기차 전략

불도저라 불리는 사나이

"사람들은 제 생김새와 진행 방식을 보고 불도저라고 부릅니다."

사토 사장에 이어 단상에 오른 부사장 나카지마는 이렇게 말을 꺼냈다. 평소에 그를 별명으로 부르는 사람들은 의아하게 느꼈을지도 모른다. 나카지마의 진짜 별명은 애니메이션 〈도라에몽〉에 등장하는 '자이언'(한국판에서는 '만퉁퉁'-옮긴이)이다. 작중 캐릭터처럼 노래도 못하는지는 모르겠지만, 몸집과 목소리가 크고 자기주장이 강해서 그리 불리는 것 같다. 상용차의 탄소 중립을 실현하기 위해 설립한 CJPT(커머셜 재팬 파트너십 테크놀로지스)의 사장을 겸임해 왔는데, 아무래도 불도저라는 별명을 붙여준 사람은 CJPT에 참여 중인 이스즈의 가타야마 마사노리(片山正則) 회장인 것 같다.

나카지마가 수석 엔지니어를 맡은 모델 두 대의 영상도 소개되었다. 스마트처럼 초소형이면서 혁명적인 'iQ', 신흥국용 다목적 차량인 '하이럭스(HILUX)'였다.

"실패도 많았습니다."

모델을 보여주면서 굳이 이런 자리에서 실패라는 단어를 선택한점이 인상적이었다. 하이럭스의 개발 과정에서 소비자의 기대치와상품 사이에 큰 괴리가 생겼고, 태국 시장에서 이스즈와 경쟁하면서어려움을 겪은 쓰라린 경험 때문이었을 것이다. 실패의 의미를 알게된 CTO가 장차 토요타의 전기차를 이끄는 일을 꼭 나쁘게 볼 수는없다고 생각했다.

전기차 150만 대의 의의

토요타는 새 체제 방침 설명회에서 전기차 전략의 뼈대를 발표했다.우선 놀란 점은 2026년 중간 단계의 전기차 판매 대수 목표가 150

만 대라고 공개한 것이다. 2030년 목표가 350만 대라는 점에는 변화가 없지만, 그 중간 목표가 상당히 과감하다는 인상을 받았다.

150만 대라는 수치가 뜬금없어서 뭔가 오류가 있다는 느낌도 들었다. 사토 사장은 이 150만 대가 목표도 아니고, 공약도 아닌 경영의 '눈높이'라고 말했다. 시장의 기대에 대해 가져야 할 자세라는 것이다. 원래 토요타는 2000년대의 확대 경영을 반성하는 의미로 판매대수는 목표에서 제외해 왔다. 사토 사장은 2030년 350만 대라는 사업 계획을 차근차근 준비해 왔으며, 그 눈높이가 바뀐 적은 없다고 설명했다.

표면적으로야 그렇겠지만, 필자가 보기에는 기존의 눈높이를 상당히 끌어올린 수치인 것 같았다. 처음에는 비교적 완만하게 전기차 판매가 성장하다가 e-TNGA가 2세대를 맞는 2026년부터 가속도가 붙어 350만 대에 근접한다는 생각이었을 것이다. 그렇지 않아도 첫 모델인 bZ4X가 처음부터 좌절을 겪었기에 e-TNGA를 개량할 뿐 아니라 추가적으로 전기차라는 관점에서 재접근할 필요성이 제기된 마당이다. 그런 시점에 그저 눈높이라고는 해도 150만 대라는 높은 수치를 공개하는 것은 사장으로서 사토가 보여주는 소통 방식에 불과할 것으로 느꼈다.

그렇지 않아도 토요타는 2026년을 위해 자체 배터리 제조 회사 PPES가 설비 능력을 갖춘다고 하면서도 40GWh(기가와트시)에 그치는 수준이다. 150만 대 운운하려면, 100GWh(기가와트시)는 필요하므로 나머지를 어떻게 조달할지를 밝혀야 하는데 모호했다. 한국 LGES

와의 관계 구축이나 기존 중국 파트너인 CATL, BYD로부터 조달을 늘릴 수도 있기는 하지만, 제때 조달할 수 있을지는 의문이다.

취임 직후 사토 사장에게 이 의문에 대해 직접 물어본 적이 있다. 새로운 전기차에 대한 각오에서 남긴 말이라고 보는데 사토 사장은 이렇게 답했다.

"배터리는 조달할 수 있습니다. 150만 대가 실현 가능성이 적다고 생각할 수도 있지만, 나름의 근거를 가지고 있어요. 2026년까지의 전기차 전략에 대해 아직 아무것도 말하지 않았는데, 아무튼 대폭 바꿀 생각입니다. 기대에 부응하기 위해 우리에게 무엇이 필요한지를 알고 있어요."

차세대 전기차 전용 플랫폼의 경쟁력

토요타의 차세대 전기차 전용 플랫폼에 관한 발표에서는 불퇴전의 각오가 명확히 드러났다. 이 전용 플랫폼은 바로 1장에서 지적한 e-TNGA 2세대가 끝난 후의 플랫폼으로, 원래는 2029년을 목표로 구상한 것이다. 사토가 사장에 취임하기 전인 2022년, 토요타의 전기차 플랫폼 장기 개발 기획을 맡은 태스크포스 '데라시연구소'는 2027년으로 조기 완성을 공언한 바 있다. 그런데 사토와 나카지마는 그보다 1년을 더 앞당길 결단을 했다.

이에 따르면 차세대 전기차 전용 플랫폼이 만들어 내는 전기 주행 레인지를 두 배로 높여 천 km를 주행할 수 있는 모델을 렉서스 새 모델부터 투입하고, 이후로는 토요타 브랜드에도 적용할 방향이다. 또 자동차 OS '아린'을 기반으로 멀티미디어, ADAS(첨단 운전자 보조 시스템), 차량제어 등 세 개 도메인을 연계하고, OTA(통신을 통한 소프트웨어 업데이트)로 업데이트할 수 있는 새로운 E/E 아키텍처 'e-PF 3.0'을 도입한다. 서드파티 앱과도 연결해 서비스 지향적으로 에너지 매니지먼트를 운용할 수 있는 전기차를 만든다는 것이다. 토요타는 그러한 전기차를 통해 생활과 연결되는 새로운 밸류 체인도 개척하겠다는 목표를 내걸고 있다.

이를 성공시키는 데 필요한 요소는 세 가지를 꼽을 수 있겠다. 첫째, 배터리의 비용 경쟁력과 조달력이다. 두 번째는 자동차 OS 아린과 E/E 아키텍처를 완성해 OTA에서 독특한 제공 가치를 전달하는 것이다. 셋째는 효율적이고 새로운 전기차 제조법이다. 배터리를 '가볍게', '싸게' 만드는 기술을 파고들어 전기 주행 레인지를 높이고 배터리 탑재량을 줄여서 전기차의 가격 경쟁력을 높여야 한다. 그래야 렉서스는 물론이고, 품질 좋고 저렴함을 내세우는 토요타 브랜드의 전기차가 경쟁력을 확보할 수 있다. 배터리 비용과 전기차의 차체 제조 비용을 낮추는 일은 너무나도 당연한 필수 조건이다.

테슬라 수준의 생산성을 목표로

새 방침 중 가장 놀란 것은 차세대 전기차 전용 플랫폼은 구조와 제조 방법을 근본적으로 바꾸어 완전히 새로운 모습을 선보이겠다고 표명한 것이다. 그 결과, 공정 수, 자체 제작을 위한 투자, 개발 원단위를 모두 반으로 줄일 목표를 세웠다고 나카지마는 발표했다. 무인 수송이나 자체 추진 조립 라인으로 검사 공정을 실시하는 수준으로는 공정 수를 절반으로 줄일 수 없다. 새 방침의 의미는 조립 부품 개수가 절반으로 줄어든다는 뜻이다.

방법론이야 어떻든 테슬라의 '병행 및 순차 결합' 방식으로 조립 효율을 40% 끌어올리고, 제조원가를 50% 절감하는 수준의 생산성 향상 방식을 차세대 전기차 전용 플랫폼이 벤치마킹하는 셈이다. 전기차 사업이란 것이 엔진 차와는 차원이 다른 생산성을 보이지 않으면 아예 링 위에 오를 수도 없다는 사실을 여실히 보여준다.

이처럼 구조와 제조 방법이 급격히 변하면 서플라이어는 막대한 영향을 받는다. 회견에서 기자들이 서플라이어에 미칠 영향을 질문했을 때, 나카지마는 서플라이어와는 공생하고 상호반영의 문화와

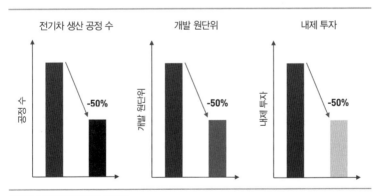

새로운 전기차 플랫폼의 경쟁력
출처: 해당 기업 자료를 바탕으로 필자 작성

철학으로 관계를 구축해 왔으며 이 점에는 변화가 없다고 하면서도, 기존의 엔진 차 중심 서플라이어로서는 현실을 감당하기 벅찰 것이라고 언급했다.

"지금까지 쌓아 온 기술력과 경험을 살리면서도 어떤 형태로 변혁할 수 있을지, 공급망 전체에 토요타도 함께 들어가 기업별로 대응하려 합니다."

이는 변혁에 실패하는 서플라이어는 퇴장하라는 권고로도 들린다. 줄어드는 부품이 엔진뿐 아니라 여러 부품 구조로 확대될 때, 퇴장 권고를 받을 서플라이어는 더욱 늘어날 수 있다.

다만, "하이브리드 부문에서 관계를 맺은 기존의 서플라이어와는 새로 관계를 강화하고 있다"라며 하이브리드 사업을 지원하는 서플라이어에 힘을 실어줬다. 전기차 전용 부품을 공급하는 서플라이어들과는 광범위하게 드러내놓고 새로운 관계를 구축하겠다는 방향이다.

가토 다케로가 이끄는 차세대 전기차 전담 조직

이 같은 차세대 전기차 개발은 기존 토요타 개발 부문으로부터 완전히 분리되었고, 전담 조직 신설로 이어졌다. 2023년 4월에 열린 새 체제 방침 설명회는 한 명의 리더가 개발·생산·사업을 포괄하는 올인원 팀을 운영한다고 밝혔다. 그 전담 조직의 리더가 가토 다케로(加藤武郎)다.

토요타는 그 직후 2023년 5월의 결산 발표에서 새 조직의 인사와 그 의도를 발표했다. 전기차 전담 조직으로 'BEV(순수 전기차) 팩토리'를 신설하고 그 수장으로 가토가 취임한다는 것이었다. 그리고 그동안 전기차 개발을 맡아 온 ZEV 팩토리를 폐지하고 중형, 소형 차량은 각 차량 컴퍼니로 이관한다고 밝혔다. 이는 e-TNGA 같은 기존의 전기차 개발이나 사업은 앞으로도 전통적인 휘발유 차량과 함께 운영을 이어가겠지만, 차세대 전기차는 기존의 토요타로부터 완전히 독립해 개발부터 사업을 원스톱으로 추진한다는 의미다.

이렇게 하면 단독 수장인 가토 밑에 개발, 생산, 사업이라는 모든 프로세스를 원스톱으로 실시함으로써 의사결정과 실행을 신속하게 추진할 수 있다. 또 조직 내 기능을 자유자재로 넘나드는 체제를 만들어 기민하게 개발할 수도 있다. 새로운 제조 방법에 도전해 새로운 제조의 세계를 보여주겠다는 의도다.

가토는 2023년 3월까지 BTET(BYD Toyota EV Technology)라는 합작사에 몸담으며 BYD와 공동으로 전기차를 개발해 온 인물이다. 그 성과인 'bZ3'는 2022년 중국에서 발매되었다. 2023년 4월에는 자동차개발센터장으로 임명됐고, 그러다 불과 한 달 뒤 BEV 팩토리에서 차세대 전기차 개발을 이끌게 됐다.

"가토는 밖에서 토요타를 보고 토요타의 장점, 시장에서 이기기 위해서 토요타가 바꾸어야 하는 점 등을 외부 시점에서 체감해 온 사람입니다."

사토 사장은 가토를 임명한 이유를 이렇게 말했다. 중국 자동차 기업에 대한 식견을 갖추었을 뿐 아니라 토요타를 외부의 시선으로 볼 줄 아는 귀한 경험을 토대로 토요타의 경영에 대해 말할 수 있고, 그에 대해 구체적으로 행동할 수 있는 인물이 필요했던 것이다.

BEV 팩토리는 기존의 기능 관련 구성원뿐 아니라 우븐 바이 토요타와 벤처를 포함해 외부에서 다양한 멤버를 모은다고 했다. 조직체의 규모는 밝히지 않았지만, 최종적으로는 상당한 진용을 갖추게 될 가능성이 크다고 느꼈다. 전임 CTO 데라시 시게키가 스무 명 정도의 작은 태스크 포스를 이끌며 그린 기획을 개발·생산·사업의 전 영역에서 실천해 내는 거대 조직을 세우기 때문일 것이다. 이들은 완전히 새로운 전기차에 도전할 뿐 아니라, 전기차의 구조를 생산 방법이라는 관점에서 바꾸어 사업을 포함한 미래 청사진을 그려야 한다. 2023년 가을에 열리는 재팬 모빌리티 쇼에서는 차세대 전기차 콘셉트 모델을 선보일 예정이라고도 했다.

목표는 2030년까지 우상향 영업이익

지역 CEO와 연결된 CFO로

부사장으로서 상품의 나갈 바를 지휘할 나카지마는 취임 시점에 60세, 같은 부사장으로 승진한 지역 담당 미야자키는 59세로 53세인 사장 사토보다 조금 나이가 많았다. 집행 임원으로 가세한 중국 담당 우에다 다쓰로도 61세, 북미 담당 오가와 데쓰오가 63세다. 나이가 비교적 어린 신임 사장을 경험치가 높은 임원들이 뒷받침하는 모양새다. 도요다 전 사장은 회장 취임 회견 때 '팀 경영'이라고 표현했는데, 이는 집단 지도 체제처럼도 보인다. 이러한 집단 지도 체제를 회장 도요다와 조정역인 고바야시 고지가 측면 지원과 동시에 예의주시하는 포진이다.

미야자키는 지역 영업과 CFO를 겸임하면서 지역을 관장하는 지

역 CEO를 영업과 경리 재무 면에서 지원한다. 미야자키는 경리·재무 쪽 배경은 없지만, 야마모토 마사히로(山本正裕) 경리 본부장이 뒷받침할 수 있다. 미야자키는 해외 영업에 대해 상당히 깊은 식견을 가지고 있다는 후문이다. 1963년생인 미야자키는 가나가와대학교를 졸업하고 1986년 토요타에 입사했다. 기획과 영업 분야를 경험하다가 토요타 모터 아시아퍼시픽 사장과 인도네시아 토요타 회장 등을 역임했으며 2020년 아시아 본부장에 오른 바 있다. 미야자키는 지역 CEO와 연결된 지역 중시형 CFO를 목표로 삼겠다고 포부를 밝혔다. 지역 경영을 기업 가치 창조와 연결 지어 자본시장을 정면으로 공략하겠다는 자세를 보인 것이다.

미야자키의 지역 경영 비전

"신흥국이 성장하고 있는 지금, 우리는 수익력이 상승한 하이브리드로 대응해 이윤을 늘리겠습니다. 그리고 천만 대의 밸류 체인을 이용해 폭넓은 사업 기회까지 장악하겠습니다. 전기차와 모빌리티 영역을 키우기 위한 미래에 대한 투자 여력을 최대한 확보해 탄소 중립과 성장을 양립시키는 강력한 사업 기반을 만들어 나가겠습니다."

미야자키는 영업과 재무의 기본 방침을 이렇게 설명했다. 이윤을 얻을 수 있는 하이브리드와 플러그인 하이브리드에서 긴장을 늦추지 않으면서, 전기차 최우선 전략으로 전기차 영역도 만회하며, 다양한 선택지를 준비해 풀 라인업으로 세계 시장의 수요에 부응하며 성장하겠다는 의미인 것이다.

그는 또 각 지역 내 전기차 투입 및 생산에 대한 방침을 다음과 같이 설명했다.

"전기차 라인업을 강화함과 동시에 하이브리드, 플러그인 하이브리드 등 모든 파워 트레인에 대해 더 큰 매력을 표출해 경쟁력을 강화하겠습니다."

새 체제는 우상향하는 청사진을 강조

새 방침 설명회 중 미야자키가 설명한 슬라이드에서 가장 중요한 페이지는 2030년을 목표로 미래의 토요타가 지향하는 수익력 페이지였다. 다소 추상적인 내용이었는데, 재정리해서 309쪽에 큰 덩어리로 나눈 그림을 제시했으니 참고 바란다.

우선 2023년부터 2030년까지는 신흥국을 중심으로 한 하이브리드의 성장에 힘입어 생산 대수는 천만 대로부터 우상향 선을 그린다. 수익성은 영업이익을 나타내는데 2023년의 3조 엔을 기점으로 2030년까지 줄곧 상승세를 그릴 목표라고 했다.

수익 증가의 요인으로는 왼쪽부터 ① 하이브리드를 중심으로 한 판매 대수 증가, ② 밸류 체인의 수익 확대, 이어서 토요타의 특기인 ③ 원가 절감을 들고 있다. 그리고 아래를 향하고 있는 검은색의 거대한 이익 감소 요인이 ④ 전기차로의 전환에 드는 투자와 규제 대응 비용, 모빌리티에 대한 선행 투자 비용 등이다. 현재의 강점은 하이브리드로부터 얻는 수익이다. 이를 확실히 거둬들이는 동시에 전기차로의 전환과 모빌리티에 대한 대응을 확실히 추진해 우상향의 지속 가능한 수익성을 확보하겠다는 것이 새 체제의 강한 의지다.

흥미로운 점은 이러한 증감 요인은 시계열적으로 차례대로 실현될 가능성이 높다는 점이다. 토요타의 영업이익은 2026년경까지는 하이브리드의 이익 덕에 순조롭게 증가 기조가 지속되겠지만, 그 후에는 전기차로의 전환에 드는 비용이 거액의 이익 감소 요인으로 작용해 2026년 이후로는 수익의 '내리막길'이 예상된다.

지속 가능한 재무 체질을 유지하려면 하이브리드를 잘 팔아서 수익을 극대화하는 동시에 2장에서 자세히 설명한 밸류 체인 수익을 제대로 챙겨야 한다. 또 하나, 향후 원가 절감 효과는 그다지 크지 않다는 사실도 인식해야 한다. 휘발유 차량에서 큰 효과를 내면서 경쟁력의 원천으로 떠올랐던 원가 절감은 부품 개수가 줄어드는 전기차에서는 효과를 발휘하기 어렵기 때문이다.

새 체제 방침으로 인해 갑자기 미래 청사진이 하향세로 돌아설 이

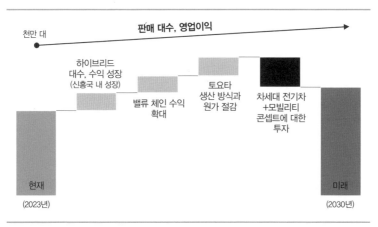

미야자키 CFO가 제시한 2030년 토요타의 수익 성장
출처: 토요타 자료를 바탕으로 필자가 가필 및 작성

유는 없겠으나, 필자가 느끼기에는 2030년까지는 토요타의 수익력이 '우상향'할 것이라는 설명은 낙관적으로 보였다. 그 내용을 실현하려면 2026년까지 목표로 내건 전기차 판매 대수인 150만 대에 아주 가까이 접근해야 하며, 2026년부터 선보일 차세대 전기차에서 강력한 경쟁력을 확보해야만 한다. 당연히 새 체제로서는 그러한 성과를 내기 위해 강력하게 간여하겠다는 의사를 표시한 것일 테다.

사토 사장이 이끄는 새 체제의 사명은 패배가 허용되지 않는 싸움임을 인식해야 한다. 도요다 회장이 과거 토요타다움을 되찾는 싸움을 벌였다면, 앞으로의 리더는 전기차와 관련한 선진국의 새로운 게임 룰과 싸우고, 그 안에서 한층 더 토요타다움을 찾아가는 싸움이 될 것이다.

전기차로의 전환이 계획보다 늦어진다면, 2026년 이후의 토요타에 남는 것은 수익의 '내리막길'이다. 나쁘게 본다면, '골짜기', '최악의 절벽'으로 전락할 수도 있는 것이다.

TOYOTA ELECTRIC VEHICLE WAR

사상 최대 작전

BEV 팩토리의 태동

2023년 6월 초, 토요타는 시즈오카현의 히가시후지연구소에 언론인, 애널리스트를 초청해 멀티 패스웨이(전방위) 전략을 뒷받침할 기술 개발에 관해 설명하는 '토요타 테크니컬 워크숍 2023'을 개최했다. 우선 필자는 그 엄청난 정보량에 압도당했다. '자이언'이라는 별명대로 강한 어조로, 과감하게, 혼신의 힘을 쏟아 진행하는 CTO 나카지마를 보면서 그가 일하는 방식이 여실히 드러나는 느낌이었다.

중요 발표 내용은 크게 다섯 가지로 정리할 수 있다. ① 2026년까지의 전기차 전략, ② BEV 팩토리가 추진할 2026년 이후 차세대 전기차 전략, ③ 차세대 배터리 5종의 개발 로드맵, ④ 자동차 OS와 OTA(통신을 이용한 소프트웨어 업데이트)를 통해 제공할 가치, ⑤ 수소, 연료전지, 합성연료 등 멀티 패스웨이 전략을 실현할 탈탄소 기술이다.

이 테크니컬 워크숍은 BEV 팩토리의 수장에 취임한 가토의 데뷔 무대이기도 했다. 그는 긴장한 표정으로 첫 프레젠테이션에 나섰다. 나카지마가 체격 큰 자이언이라면, 가토는 홀쭉한 '노비타'(한국판 이름은 노진구-옮긴이)처럼 보였다. 그러나 그가 지향하는 세계의 규모만큼은 매우 컸다.

"전기차를 통해 미래를 바꾸겠습니다. 먼저 자동차의 미래를 바꾸겠습니다."

가토는 이렇게 말하면서 온화하고 조용하게 프레젠테이션을 시작했다. BEV 팩토리에서 개발할 전기차는 항속거리 천 km, AI가 지원하는 매력적인 디자인, 자동차 OS 아린의 풀 OTA가 제공하는 자동차장이의 개성 있는 주행 경험이 특징이라고 했다. 그야말로 차세대 전기차다.

차세대 전기차는 제조를 재정의한다

가토는 차세대 전기차 전용 플랫폼 구상에 대해 다음과 같이 설명했다.

첫째, 플랫폼은 3분할 된 새로운 모듈 구조를 도입한다. 이는 TNGA의 프런트와 리어를 이용한 e-TNGA와 비슷한데 사실은 완전히 새로운 접근법이다. 프런트, 리어 모두 전기차를 위해 전용 설계하고, '기가 캐스트(대규모 알루미늄 다이캐스트)'를 도입해서 부품을

통합해 간소화와 디지털화에 대응하며, 최종적으로는 완전히 새로운 자동차 조립 공정을 실현할 목표였다.

둘째, 배터리 전용 구조로 만들 센터 모듈은 배터리의 진화를 유연하게 받아들이기 위한 것이다. 이를 위해 토요타는 5종의 새로운 배터리를 개발할 생각이다. 센터 모듈은 배터리를 일체화한 차체 구조체가 된다. 7장에서 언급한 테슬라의 배터리 구조는 '스트럭처 배터리'로 불리며 매우 높은 통합도를 구현했다. 토요타의 구조는 거기까지는 통합되지 않은 것으로 보이는데, 풀 라인으로 공세를 펼치는 토요타로서는 일정한 유연성을 남길 필요가 있을 것이다.

차체의 핵심은 '기가 캐스트'를 채용하는 것이다. UBE(구 우베코산(宇部興産))와 공동 개발한 거대한 프로토타입 주조기는 2026년 차세대 전기차에 도입하기로 정해졌다. 이 거대한 알루미늄 다이캐스트 머신은 테슬라가 2020년 모델Y에 도입해 큰 화제를 불러일으켰고, 여러 전기차 제조사가 도입하려 하는 자동차 제조의 새로운 기술이다. 놀랍게도 프런트의 91개 부품, 51개 공정, 리어의 86개 부품, 33

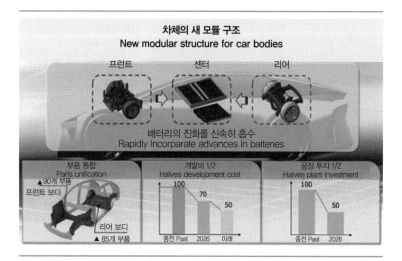

차세대 전기차 전용 플랫폼 구상
출처: 토요타 홈페이지 https://global.toyota/jp/newsroom/corporate/39330299.html

개 공정을 프런트와 리어 2개 부품, 2개 공정으로 통합할 수 있다. 프런트와 리어를 일체로 성형해 배터리 구조물을 일체화한 센터 모듈과 합체시키는 방식이다.

이 단순하고 날씬한 차체 구조의 최종 목적은 단순히 생산공정 수나 비용을 줄이려는 것이 아니다. 두 가지 혁신적인 제조법을 만들려는 것이다. 그 두 가지 혁신적인 제조법은 첫째, 자동차의 조립 방법과 공장의 모습을 변혁하는 것, 둘째, 제조를 디지털화해 토요타 생산 방식의 디지털 트윈화를 실현하는 것이다. 디지털 트윈이란, 현실 정보를 바탕으로 가상 세계(가상공간)에 데이터 '쌍둥이'를 구축해 시뮬레이션하는 기술이다.

테슬라와의 차이, 토요타의 강점

언박스드 프로세스(모노코크 보디(상자)를 만들지 않고 완성차를 조립하는 방식)를 기본으로 '병행 및 순차 결합' 공정으로 자동차를 조립하는 테슬라의 새로운 생산 방식을 떠올려 보자. 테슬라는 상황 변화에 재빨리 대응할 수 있는 여섯 개 블록의 생산성을 높여 시간 및 공간 효율을 30% 향상, 조립 효율을 40% 높이겠다는 목표를 내세웠다.

토요타의 경우, 2026년 이후 차세대 전기차 전용 공장에 컨베이어를 이용하지 않는 '자체 추진 조립 라인[4]'을 도입한다. 프런트와 리어의 모듈을 조립하고, 그 둘의 위치를 정한 뒤에 배터리 구조물을 일체화한 센터 모듈과 합체시키는 방식이다. 차체가 조립 공정을 스스로 움직인다는 개념인데, 테슬라의 언박스드 프로세스와 개념은 크게 다르지 않아 보인다.

토요타의 자체 추진 조립 라인은 유연하다. 종래의 자동차 생산 방식은 컨베이어(위에서 내려온 행어, 아래에서 수송하는 팔레트)로 모노코크 보디를 이동시키면서 차체를 조립해 왔다.

반면에 자체 추진 조립 라인은 컨베이어를 없애서 자유도가 높은 공장을 설계할 수 있다. 아마 구내 물류의 개념까지 바꿀 것이다. 공장 내 부품이 정리된 장소로 전기차가 스스로 이동해서 실장 작업을

---

[4] 공장 내 컨베이어 벨트를 없애고, 차량이 공장 내에서 자율적으로 움직이면서 차량 조립을 완성하는 방법이다.

| 기존 | 차세대 |

자체 추진 조립 라인(자동차 스스로 이동하는 라인)
출처: 토요타 홈페이지 https://global.toyota/jp/newsroom/corporate/39330299.html

할 수도 있다.

더 중요한 것은 생산 준비의 개념을 뒤집는 것이다. 기가 캐스트와 자체 추진 조립 라인은 생산 준비를 위한 리드타임을 비약적으로 단축할 수 있다. 과거 컨베이어에 묶인 생산 방식에서는 장기 연휴 기간을 몇 번이나 이용해야 설비 등을 개조할 수 있었고, 그렇기에 생산 차종을 바꾸려 해도 2년에 한 번 정도밖에 시도할 수 없었지만, 자체 추진 조립 라인의 경우는 수개월이면 종료할 수 있다.

전기차 전용 공장에 대한 투자라고 하면, 빈 땅에 새 공장을 건설하거나 기존의 휘발유 차량 공장을 한 번 멈춘 뒤 화전 농업처럼 새로운 전기차 전용 라인을 설치하는 방법 중 어느 한쪽을 고르는 것이 주류였다. 자체 추진 조립 라인을 이용하면, 기존 공장에서 생산을 계속하면서도 건물의 빈터를 이용해 전기차 전용 라인을 설치할 수 있다. 2026년 이후, 토요타는 전 세계 주력 공장에서 단시간 내에 전기차 전용 라인을 운용할 수 있게 된다.

토요타 생산 방식의 진화

기가 캐스트, 자체 추진 조립 라인을 이용하는 차세대 전기차는 부품과 공정을 조정하고 끼워 맞추는 작업이 대폭 줄어든다. 사람 손에 의존하는 정도가 줄어들기에 라인 설계, 생산 준비와 관리 영역에서 나타나는 디지털화와도 궁합이 현격히 좋아진다. 그 결과, 토요타 생산 방식이 디지털 방식으로 바뀌기 쉬워지고, 디지털 분석을 적극적으로 도입하기 쉬워진다.

예를 들어, 기가 캐스트를 도입하면 부품 간 조정 작업이 불필요하게 되어 휨이 적은 고정밀 보디를 성형할 수 있다. 생산 설계도 컨베이어에 맞출 필요가 없어진다. 조립 공정의 경우, 새 모듈 구조의 차체(아래)로부터 보디·내장(위)을 향해 한 방향으로 조립하기에 과정이 단순해진다.

현재는 생산 현장에서 로봇 등의 하드웨어를 서로 조정하고 맞추면서 정밀도를 올리는 데 엄청난 시간을 소비한다. 그러나 차세대 공장에서는 현장 내 조정 작업이나 위치 맞추기 등의 수고가 사라지기에 작업 전환의 속도가 올라가고, 생산성이 향상되며, 토요타 생산 방식을 클라우드화할 수 있다. 이렇게 되면 클라우드상에 생기는 디지털 트윈 안에서 데이터를 검증해 차기 시뮬레이션을 진행할 수 있

차세대 전기차 공장
출처: 토요타 홈페이지 https://global.toyota/jp/newsroom/corporate/39330299.html

게 된다.

소품종 대량생산을 목표로 하는 테슬라의 자동차 제조 개념과, 다양한 변종을 가지는 다품종을 유연하게 업그레이드하면서 동시에 생산을 개선해야 하는 토요타의 개념 사이에는 현저한 차이가 있다. 같은 기가 캐스트라도 테슬라는 앞으로도 차체의 통합도를 높여 효율화를 추진할 것이다. 변형이 많은 토요타는 통합도를 높이면 반대로 효율이 떨어진다. 포트폴리오에 적합한 최적의 통합도가 있다.

그렇다면 토요타는 비효율을 어떻게 만회할 수 있을까? 토요타 생산 방식의 디지털화를 통해서 카이젠을 쌓아 가는 데 해답이 있다. 일례로 테슬라의 기가 캐스트에는 130톤급 금형이 필요하며 그 금형 교체에 하루 가까이 시간이 드는데, 토요타의 기가 캐스트에서는 금형의 전용부와 범용부를 분리해 40톤 정도까지 소형화하므로 금형 교환에 드는 시간을 20분 정도로 단축할 수 있다고 한다. 양산차의 생산 준비 기간·생산 공정·공장 투자를 기존의 절반으로 줄이고 고정비도 대폭 줄인다는 목표인 것이다. 카이젠과 유연성이 비효율을 만회하는 원동력이 되어야 한다.

다섯 가지 신종 배터리

전기차의 경쟁력을 결정짓는 가장 중요한 부품은 역시 배터리다. 자동차에서 비용이 가장 많이 들기 때문이다. 배터리를 '저렴하고', '가볍게' 만들어야 전기차의 비용 경쟁력을 확보할 수 있으므로 더 적은 배터리로 주행 레인지를 높일 수 있을지가 관건이다. 앞으로도 배터리는 진화할 것으로 예상되며 토요타가 선택한 차세대 전기차 플랫폼은 센터 배터리 구조를 분리해 개별적으로 배터리 진화에 대응하는 길이다.

토요타는 2028년까지 네 개 신형 배터리를 실용화하기로 했다. 우선 2026년까지 '퍼포먼스 버전'이라고 부르는 삼원계(양극재 NCM계) 각형 액상 리튬이온배터리를 개발함으로써 비용은 20% 절감하면서 항속거리는 두 배로 늘리고, 충전 한 번으로 천 km를 주행할 수 있는 전기차를 구현할 계획이다. 파워 트레인과 Cd값(공기저항계수)을 개선해 15%, 배터리 탑재 공간 30% 확대 및 셀 에너지 밀도 향상으로 35%, 단자 구조와 하이니켈화 등으로 35%, 이들 수치를 결합한 결과, 주행 거리는 200% 개선할 수 있다는 계산이다.

두 번째로, 2026~2027년 사이에 바이폴라 구조를 도입한 양극재에 인산철(LFP계)을 이용한 저렴한 '보급판'을 실용화할 계획이다. 바이폴라 구조는 이미 아쿠아(AQUA)의 하이브리드용 리튬이온배터리가 도입한 새 형상으로 양극재, 음극재, 세퍼레이터를 빅맥처럼 쌓아올린 구조다. 셀 사이 에너지 로스를 최소로 억제해 대용량화를 실현하는 배터리다.

전기차용으로 만들기 어렵다는 평가가 대세였지만, 실용화에 도전한다. 저렴한 인산철을 양극에 이용해 가격을 낮추고 적당한 주행거리를 얻을 수 있는 배터리로서 소형차나 보급 모델의 경쟁력을 높일 수 있다고 보는 것이다. 세간에는 LFP가 2030년 세계 배터리 점유율 30~40%를 차지할 거라는 평이 많았지만, 일본에는 그 기술이 없었다. 보급판 LFP를 실용화하겠다는 토요타의 도전은 그래서 매우 중요한 의미가 있다.

세 번째로, 2028년까지 '하이퍼포먼스 버전'으로서 바이폴라 구조의 신세대 하이니켈(코발트를 이용하지 않는)의 리튬이온배터리를 실용화할 계획이다.

네 번째는 전고체 배터리다. 2021년에는 '하이브리드용으로 개발하겠다'라고 한발 물러섰지만, 전기차용으로 개발하기로 방향을 전환했다. 내구성을 극복할 기술적 돌파구를 찾아 2027~2028년까지 전기차용을 실용화해 경쟁사에 뒤지지 않겠다는 자세를 보인 것이다. 그런 뒤, 다섯 번째로 미래를 내다보고 성능을 대폭 향상한 차세대형 전고체 배터리까지 개발할 계획이다.

언론 보도는 '빠르면 2027년에 전고체 배터리 실용화'라는 부분

	배터리 종류	형상	구조	양극	완성 시기	전기차 거리 (CLTC 모드, 차량 개선 포함)	비용 (전기차 거리 동등 시)	급속 충전 시간 (SOC= 10~80%)
현행	배터리 종류	각형	모노폴라	NCM계	2022년	● 615km	● -	~30분
차세대 배터리	① 퍼포먼스 버전	각형	모노폴라	NCM계	2026년	→ 200% → bZ4X 대비	→ ▲20% → bZ4X 대비	~20분
	② 보급판	새 구조	바이폴라	LFP계	2026–27년 실용화에 도전	20% 향상 bZ4X 대비	▲40% 향상 bZ4X 대비	~30분
향후의 진화	③ 하이퍼 포먼스 버전	새 구조	바이폴라	Ni계	2027–28년 실용화에 도전	10% 향상 차세대 배터리 퍼포먼스 버전 대비	▲10% 향상 차세대 배터리 퍼포먼스 버전 대비	~20분

토요타가 개발할 차세대 액상 리튬 이온 전지

출처: 토요타 홈페이지
https://global.toyota/jp/newsroom/corporate/39330299.html

만 부각해 기대가 과하게 부풀려진 느낌도 든다. 그런데 사실은 전고체 배터리가 2030년까지의 토요타 전기차 사업의 중추가 될 가능성은 매우 낮다. 차세대 전기차를 지향하면서 하이퍼포먼스 버전과 보급판이라는 두 개의 차세대 배터리 개발을 목표로 삼았다는 것이 중요한 진전이다.

전고체 배터리란, 배터리 안의 전류를 발생시키는 전해질을 고체로 치환한 배터리를 말한다. 내열성, 수명, 높은 안전성이 특징이지만, 양산이 어렵고 비용도 매우 많이 든다. 토요타는 게임 체인저인 전고체 배터리의 세계적인 리더로 여겨졌으나, 2021년 하이브리드 차량에 주력하겠다고 방침을 전환한 바 있다. 그러는 사이 혼다가 2020년대 후반, 닛산은 2028년에 양산에 돌입한다는 목표를 내세우면서 토요타의 존재감은 퇴색했다.

그렇다고 토요타가 포기한 것은 아니다. 에너지 밀도가 높은 전고체 배터리는 전류를 만들어 내는 리튬이온의 출입이 매우 많다. 양극의 팽창·수축이 심하고, 그 내구성을 담보할 수 있는 소재 탐구가 과제다. 이번 약진을 통해 타사에 뒤지지 않고 2027~2028년까지 실용화에 도전하게 되는데 본격적인 양산과 보급은 2030년 이후가 될 것이다.

아린이 제공할 가치

휘발유 차량의 가치는 하드웨어의 성능에 있었다. 그에 반해 전기차는 그 가치가 소프트웨어로 넘어간다. 판매 시점에 얻는 전통적인 수익은 줄어들되, 자동차를 보유하는 동안 고객이 경험할 수 있는 지속적인 업데이트 체험 및 자동차의 지속적인 가치 향상이 전기차의 가치다. 테슬라, 중국의 신흥 기업들은 이미 다양한 OTA 업데이트를 비즈니스의 핵심으로 삼고 있다. 토요타가 전기차로 성공하려면 소프트웨어와 OTA로 대응할 수 있는 **토요타다운**(자동차장이만이 할 수 있는) 제공 가치를 만들어야 한다.

그 중요한 역할을 해내는 것이 자동차 OS 아린이다. 8장에서 설명한 대로 토요타는 아린의 세 가지 역할 즉 UI(사용자 인터랙션. 사람과 자동차, 자동차와 사회가 상호작용하기 위한 시스템), SDK(서드파티용 소프트웨어 개발 키트), 툴(토요타와 티어 1의 개발/평가 툴)을 재정의했다. 기존에는 아린이 자동차와 자동차 외부 세계를 잇는다는 점에 초점을 맞췄지만, 2022년에 개발이 지연된 시점을 계기로 사람과 자동차의 상호작용을 만들어 내는 자동차 OS의 역할로 초점을 옮긴 것이다.

가토가 이끄는 BEV 팩토리는 소프트웨어를 개발하는 방식을 바꾼다. BEV 팩토리에서는 토요타, 덴소, 우븐 바이 토요타가 하나의 팀을 만들어 아린의 툴 위에서 모두가 함께 개발에 뛰어드는 것이다. 이렇게 하면 소프트웨어를 자동차에 탑재하기 쉽고, 개발 기간도 단축할 수 있다. 종래는 복잡한 조직이 각각의 기능을 내세워 소프트웨어를 제각기 개발하느라 온갖 재작업과 마찰에 시간을 낭비했다.

BEV 팩토리는 새로운 방식의 성과를 우선 2025년 글로벌 양판 차량에 투입한다. 신형 멀티미디어, 토요타가 자체 개발한 차세대 음성 인식, 그것을 이용한 2백 종 이상의 차량 기능을 부분적으로 도입할 것이다. 그리고 2026년부터는 차세대 전기차에 차량제어와 ADAS(첨단 운전자 보조 시스템)를 도입할 계획이다.

토요타가 현시점에 공개한 OTA의 가치로는 'MT(매뉴얼 트랜스미션) 전기차'와 '주행을 온디맨드로 변경할 수 있는 자동차' 두 가지가 있다. 전기차에 구동 제어 장치와 클러치 같은 간단한 하드웨어를 장착하고, 소프트웨어를 업데이트하여 순간적으로 개성적인 MT 전기차로 변화시킬 수 있는 것이다. 이 점은 자동차 애호가들의 눈길을 끌며 각국 시범 공개에서 '놀랄 만한 인기'를 끌었다.

주행을 온디맨드로 변경할 수 있는 자동차는 소프트웨어를 업데이트하기만 하면 승차감이나 엔진음 등의 자동차 특성을 온디맨드로 변경할 수 있는 자동차다. 주행감을 추구하는 스포츠 타입, 옛날에 타던 추억의 애마 재현, 미래에 타보고 싶은 자동차 등 한 대의 전기차가 다양한 제공 가치를 창출해 내는 것이다.

하지만 이것만으로 토요타의 전기차가 신흥 기업에 대해 결정적인 경쟁력을 가질 수 있는 것은 아니다. 다만, 근본에 충실한 자동차장으로서 자동차장이만이 만들어 낼 수 있는 새로운 가치를 모색함으로써 차별화되고 경쟁력 있는 가치를 찾는 것이다. 여기까지 2026년 **이후** 토요타의 BEV 팩토리가 보여줄 차세대 전기차의 경쟁력, 제조 방법의 진화에 대해 살펴보았다.

토요타 전기차 전략의 3층 구조

그럼 2026년까지 150만 대라는 목표 노선은 어떻게 실현하려는 것일까? 이에 대해 이해하려면 먼저 토요타의 전기차 전략이 3층 구조로 이루어져 있음을 알아야 한다.

첫 번째는 2022년 bZ4X로 첫선을 보인 'e-TNGA'로 소형, 중형 모델을 중심으로 앞으로도 지속해서 개량 및 시장 투입할 가능성이 크다. 예를 들어 중국, 미국, 일본에는 bZ3(해치백), bZ3X(크로스오버)를 투입하고 인도, 일본에는 소형인 bZ1X를 추가 투입할 전망이다.

두 번째는 '멀티 패스웨이 플랫폼'이라고도 불리는 휘발유 차량용 TNGA 라지 플랫폼인 'GA-K'(캠리, 크라운 등에 적용)에 배터리를 탑재하고 개발하는 전기차 군이다. 이는 대형에 가격대가 높은 세그먼트

멀티 패스웨이 플랫폼
출처: 토요타 홈페이지
https://global.toyota/jp/
album/images/39288466/

용으로서 예를 들어 2025년 미국 시장용 3열 SUV나 크라운 전기차, 그 외 중·대형 모델로도 전개할 방침이다. GA-K는 주행 성능이 특징인데, 거기에 배터리를 탑재해 한층 더 저중심 구조를 실현함으로써 모터 차량 특유의 주행감과 시너지 효과를 일으켜 승차감이 매우 뛰어난 모델을 개발할 수 있다.

필자도 크라운과 같은 멀티 패스웨이 플랫폼의 전기차 프로토타입을 시승해 보고 그 주행 성능과 승차감을 체감한 적이 있다. 미드사이즈 비히클 컴퍼니(Mid-size Vehicle Company)의 수장으로 재직하던 시절에 나카지마가 도입한 멀티 패스웨이 플랫폼은 완성도가 높다. 이 비밀 병기가 있으면 e-TNGA에 다소 부족한 Fun to Drive 영역을 공략할 수 있다.

또 GA-K 기반이라 기존 공장에서 엔진 차량과 함께 생산할 수도 있다. 추가 투자 부담이 가볍기에 사업의 수익 확보가 쉽다는 장점도 있다. 큰 폭의 생산성 향상을 이룰 수 있는 차세대 전기차 전용 플랫폼에는 전용 라인이 필요한데 이와 연결하려면 GA-K는 투자 부담이 낮고, 신속하게 운용할 수 있는 점이 강점이다.

토요타는 토요타 나름의 전기차 진화 과정을 밟아야 한다. 모델이 두세 차종 정도밖에 없는 신흥 기업이라면 모두 전기차에 최적화할 수 있다. 하지만 풀 라인, 멀티 패스웨이(전방위)를 모두 취급하는 토요타에는 엔진 차량 생산 체제와 공생할 수단이 필수다. 기존 공장에서 생산할 수 있는 엔진 차량 기반의 전기차는 투자효율은 높지만, 비용은 차세대 전기차보다 비교적 비싸진다. 따라서 판매가격이 더 높은 세그먼트를 겨냥해 수익화를 노려야 한다. 멀티 패스웨이 플랫폼 기반의 전기차는 중국과 미국에 시장이 존재할 것이다.

그리고 세 번째가 바로 2026년에 첫선을 보이는 차세대 전기차 전용 플랫폼이다. 차세대 배터리, 소프트웨어, AI, OTA 가치, 기가 캐스트, 제조혁신 등 혁신적인 신기술 대부분이 이때 도입되어 토요타의 미래를 뒷받침하게 되는 것이다.

2026년까지의 150만 대 노선은 e-TNGA와 멀티 패스웨이 플랫폼으로 실현시킨다. 그 자세한 내용은 공개되지 않았지만, 아마 6 대 4 정도로 e-TNGA의 구성이 클 것으로 필자는 예상한다. 2030년 350만 대 목표는 차세대 전기차 전용 플랫폼에서 170만 대, e-TNGA와 멀티 패스웨이 플랫폼에서 180만 대로 발표되었다. 차세대 전기차 전용 플랫폼에서는 170만 대 중 100만 대가 렉서스, 70만 대가 토요타 브랜드다.

170만 대는 크게 다섯 가지 상품군으로 나뉜다. 컴팩트한 세단이 36만 대(토요타/렉서스), 중형 SUV가 36만 대(토요타/렉서스), 대형 세단이 24만 대(아마도 렉서스 전용), 대형 SUV가 60만 대(토요타/렉서스), 대형 MPV 12만 대(토요타/렉서스)다.

토요타 브랜드 전기차, 경쟁력을 확보하라

사상 최대의 전기차 작전은 토요타가 전기차 개발에 소극적이라거나 뒤처져 있다는 인식을 날려버릴 것이다. 선이 굵고 광범위한 전기차 요소 기술은 확실히 적용되고 있으니 이제 천천히 세상의 반응을 보는 일만 남았다고 할 수 있다. 토요타는 진지하게 전기차 사업을 키워 경영의 지속가능성을 확보하려 하고 있다. 이는 동시에 멀티 패스웨이 전략의 기반 강화로 연결된다.

그러나 2024년경부터 테슬라나 BYD가 치고 들어올 대중 차량 시장에서 토요타가 얼마나 경쟁력을 확보할 수 있을지, 현재 계획에서는 그 실체를 확인하기 어렵다. 차세대 전기차 전용 플랫폼 170만 대 중 134만 대, e-TNGA와 멀티 패스웨이 플랫폼 180만 대의 절반 정도(90만 대)가 GA-K 기반 멀티 패스웨이 플랫폼이라면 350만 대의 60% 이상이 프리미엄이나 D 세그먼트로 불리는 중·대형차 모델이다.

토요타는 어떻게 해야 대중 차량급 전기차에서 원가경쟁력을 확립할 수 있을까? 여기에는 답이 있다. 차세대 전기차 플랫폼에서 하드웨어는 하나의 메커니컬 액추에이터로, 소형과 대형은 모두 한 종류의 아키텍처로 표준화하는 것이다. TNGA에서는 아키텍처를 표준

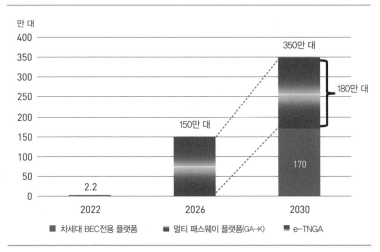

토요타의 플랫폼별 전기차 판매 계획
출처: 토요타 홈페이지에서 발췌해 필자 작성

화해도 운전자의 착석 포인트에 따른 세 개 하드웨어의 변용을 따로 만들어야 했다. 기존 엔진 차량은 스티어링 등 하드웨어가 기계적으로 연결돼 있기 때문이다.

그런 기계적 연결을 끊는 것이 전기와 모터로 제어하는 전기차의 가장 큰 장점이다. 스티어 바이 와이어(타이어와 핸들을 기계적으로 연결하지 않고 전기신호로 타이어 각을 바꾼다) 등으로 모든 것을 전기 스위치화하면, 하드웨어의 변용을 단순화할 수 있다. 전기차 전용 플랫폼에서는 소프트웨어로 메커니컬 액츄에이터의 차체 제어가 가능해진다.

배터리나 모터의 스펙은 달라도 차세대 전기차는 소형차와 대형차 모두 하드웨어 자체는 표준화된다. 배터리를 제외하면, 전기차는 하드웨어에 대한 투자가 크게 줄어들어 효율이 점점 높아지는 성질이 있다. 토요타의 전기차 사업도 마찬가지다. 처음에는 대형 모델 쪽으로 기울겠지만, 단계가 흐름에 따라 그 효과가 소형 모델 쪽으로 파급될 것이다.

2030년이 오기 전에 전기차의 왕좌가 가려진다면, 토요타의 전기차 전쟁은 힘겨워질 것이다. 그러나 전기차의 패권을 가르는 데 시간이 더 걸린다면, 토요타에게도 승산이 있다.

BEV 팩토리가 밝힌 '일하는 방식을 바꾸겠다'라는 방침이 초지일관 유지될 수 있을지도 중요하다. 일하는 방식을 바꾼다고 하지만, 역시 본질은 개발 주도적 팀이다. 소프트웨어 개발에서 아린을 기축으로 한 팀으로 정리한다는 구상은 지금까지 뿔뿔이 흩어져서 진행하던 소프트웨어 개발을 일원화함으로써 큰 성과를 기대할 수 있다. 그러나 자동차는 소프트웨어만으로는 달릴 수 없다. 생산, 사업, 해외 오퍼레이션 등 거대한 토요타 조직에는 지금까지의 일하는 방식을 고집하는 '의도치 않은' 저항이 존재한다. 성공한 조직일수록 이 의도치 않은 저항이 일어날 가능성까지 고려해야 한다.

EV

10장

변혁을 위해
필요한
토요타의 도전

TOYOTA ELECTRIC VEHICLE WAR

토요타를 덮칠 2026년 이후의 수익 절벽

우상향 수익 목표가 가능하려면

새 방침 설명회에서 부사장이자 CFO 미야자키 요이치가 발표한 2030년 미래 토요타의 수익력은 다소 낙관적이었다. 다만, 2026년 이후에는 수익이 '내리막길'을 걸을 리스크가 있다는 사실은 앞에서도 설명했다.

하이브리드를 중심으로 판매 대수를 늘리고, 밸류 체인에서 나오는 이익을 흡수해 2026년까지 토요타의 수익을 순조롭게 늘리겠다는 시나리오는 믿을 만하다. 중기적으로 판매 대수가 늘고 수익이 우상향할 것이라는 주장에 필자도 이론이 없다.

하이브리드에서 얻는 풍성한 수익을 미래 전기차 사업과 구조 전환에 재투입함으로써 지속 가능한 기반을 다지고 사업을 발전시키겠다는 계획인데 확실히 설득력이 있다. 하지만 지속가능성을 담보하려면 몇 가지 조건을 충족해야 한다.

첫째, 2026년까지 일정 수준의 전기차 판매 실적을 올려야 한다. 새 체제가 제시한 150만 대는 상당히 높은 수준이다. 백만 대 가까이 팔아야 한다고 보면 될 것이다. 둘째, 2026년부터 선보일 차세대 전기차에서 강력한 경쟁력을 확보해야 한다.

경쟁 기업들도 절차탁마 중인데, 그 와중에 차이를 좁히고 나아가 그들을 추월하기는 매우 어려운 일이다. 하지만 한번 결정을 내리면, 토요타의 실행력은 무시무시하다. 불퇴전의 각오로 시작하는 BEV 팩토리의 도전은 토요타의 명운을 좌우할 행보다. 그 도전을 현실화하기 위해서도 토요타의 사내, 그룹 기업, 관련 업계는 이 도전을 수용하고 구조 변화를 단행할 각오를 다져야 한다.

선진국의 규제 장벽을 피할 방법

선진국의 까다로운 규제 조치가 눈앞으로 다가왔다. 토요타가 이를 어떻게 어떻게 헤쳐 나갈지는 매우 중요한 논의 주제다. 평균 연비(CAFE) 규제, ZEV(온실가스 무배출 차량) 규제, NEV(신에너지 차량) 규제, GHG(온실가스) 규제 등 모든 규제는 일단 전기차 판매를 확대한 뒤에 고민할 문제다. 기준에 미달하는 부분은 배출권이나 ZEV 크레디트를 구매해 준수해야 한다. 그렇지 못하면 벌금을 내야 한다.

토요타로서는 현시점에서 최대의 '위협'은 미국의 환경 규제다. 캘리포니아주의 ZEV 규제를 보면 2026년 이후 급속도로 ZEV 비율이 높아지게 되어 있다. 신차 판매 중 ZEV 비율이 2026년 모델의 경우 35%, 2030년 모델의 경우 68%로 인상하라고 법제화되어 있는 것이다. 플러그인 하이브리드가 여기 포함되기는 하지만, 상한이 20%로 제한돼 있으므로 역시 전기차를 중심으로 강화해야 한다.

게다가 이 ZEV 규제는 2035년까지 온실가스 배출을 0으로 떨어뜨릴 것을 요구한다. 캘리포니아주의 결정에 준거하는 CAA(대기정화법) 177조를 적용해 ZEV를 채택한 주는 뉴욕주 등 12개 주다. 미국 전역에서 판매되는 신차의 40%가 이들 주에서 소비된다. 토요타는 이 12개 주에서 시장 점유율이 높고, 미국 내 판매 실적의 60% 이상을 이들 ZEV 주에서 얻고 있다.

또 2장에서 상세히 설명했다시피, 미국 EPA(환경보호청)가 요구하는 2027년 이후의 이산화탄소 배출 기준은 상상을 초월할 정도로 엄격하다. 엄청난 감축안을 법안으로 만들려면 어느 정도 타협이 이루어지기는 하겠지만, 적어도 2032년을 목표로 연평균 10% 이상(현재 감축안 요구는 13%) 이산화탄소 배출량을 줄여야 한다. EPA는 자동차 제조사들이 이 규제를 충족시키기 위해 전기차를 중심으로 한 친환경 차량(전기차, 플러그인 하이브리드차, 연료전지차)의 구성 비율을 2030년에는 60%로 끌어올려야 한다고 제시한 바 있다. 하지만 그런 규제가 정말 실현될 수 있을까?

전기차가 잘 돼야 하이브리드도 빛난다

필자는 EPA의 비정상적인 규제에 대해 토요타에 이산화탄소 감축 부족량이 얼마나 생기고, 어느 정도의 배출권 크레디트가 필요할지를 추산해 보았다. 토요타가 전기차 분야를 만회하는 데 시간이 오래 걸린다고 가정하면, 2026년 미국 시장에 판매하는 전기차 비율은 10%, 2030년이 되어도 30%에 머무른다. 추산 과정에서 적용한 잠정적인 변수는 크레디트 비용 40달러, 연 10%의 온실가스 감축 등이다.

이들 수치로 계산했더니, 2026~2030년 사이에 누적 6천5백만 톤의 이산화탄소 감축량이 부족(부족 크레디트)해진다는 답을 얻었다. 그 엄청난 수치에 깜짝 놀라지 않을 수 없었다. 이 부족분을 메울 배출권 크레디트 비용은 2026년부터 5년간 5천억 엔에 달한다. 연간 대략 천억 엔이다. 여기에 CAFE 규제, ZEV 규제 대응 비용도 더해질 것이므로 미국에서 쓰이는 규제 대응 비용만 해도 연간 수천억 엔에 달할 리스크가 있다.

새 체제가 발표한 2026년 150만 대, 2030년 350만 대를 실현할 수만 있다면, 2026년 토요타의 전기차 비율은 20%, 2030년은 50%로 상승한다. 이렇게만 되면 위에서 계산한 거액의 크레디트 비용은 대폭 삭감할 수 있다. 따라서 지속적인 경영을 원한다면 2026년 150만 대, 2030년 350만 대를 달성해야 한다.

대략적인 계산이기는 하지만, 만약 토요타가 전기차 전쟁에 패배

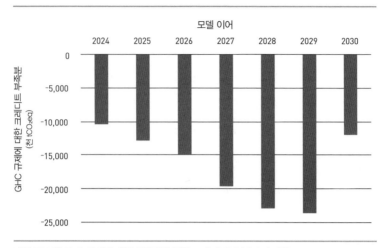

모델 이어

GHC 규제에 대한 크레디트 부족분
(천 tCO₂eq)

미국 EPA의 GHG 규제에 대한 토요타의 부족 크레디트(이산화탄소) 예상
출처: 필자 작성

한다면 미국에서만 수천억 엔, 글로벌 합계로는 그보다 더한 어마어마한 규제 대응 비용이 필요하다는 계산이다. 물론 크레디트 가격이 폭락할 수도 있고(토요타가 이만한 크레디트를 구매해야 한다는 시나리오에 크레디트 가격 폭락이라는 가정은 없을 것이다), 벌금 체계가 아직은 정해져 있지 않으니 크레디트보다 벌금이 저렴할 것이라는 상황도 시나리오로서 전혀 불가능하지는 않다.

　그러나 경영자가 그런 데 기대할 수는 없다. 우선은 규제를 준수할 수 있도록 준비하고, 정책 변화에 유연하게 대응할 수 있는 능력을 갖추어야 한다. 아무리 하이브리드로 이익을 창출한다 해도 규제 대응에 늦어져 그에 대응하는 비용이 더 든다면, 그것은 제대로 된 사업이 아니다.

규제 대응을 목표로 전기차 판매에 가속도를 붙일 경우, 수익성 높은 하이브리드에서 수익성 낮은 전기차로 제품 구성이 악화되는 영향도 따져봐야 한다. 보조금이 넉넉하다 해도 하이브리드와 전기차는 대당 30만 엔 정도의 한계이익 격차가 있다. 2030년에 350만 대를 전기차로 바꾸는 것만으로도 대략 1조 엔의 제품 구성 악화가 초래된다. 5조 엔의 전기차 선행 투자는 연간 5천억 엔 수준의 고정비 증가도 불러온다. 이익 감소 요인만 얘기해서 좀 그렇지만, 총 2조 엔 가까운 수익 압박 요인이 2030년에 발생할 수 있다는 말이다.

이는 2023년 영업이익 3조 엔의 과반을 날려버리는 수준이다. 미야자키가 그린 단계적 청사진은 단순한 이미지에 불과하겠지만, 309쪽에서 제시한 그림의 마지막 검은색 하향선, 차세대 전기차·모빌리티 콘셉트에 대한 선행 투자 부담은 더 거대한 이익 감소 요인이 될 수 있다는 말이다.

토요타의 미래는 내리막길일까, 골짜기일까, 절벽일까?

다음 338쪽에 토요타의 장기 수익 전망이 어떻게 움직일지에 관한 개념도를 제시했다. 2026년이 오기 전, 전기차로의 전환이 늦어지면 늦어질수록 더 많은 하이브리드차가 판매되고 그만큼 토요타는 가파른 수익의 산을 오르게 된다. 그러나 그 후 유럽·미국·중국에 내야 하는 환경규제 대응 비용이 늘어날 것이므로 수익력은 하락으로 돌아선다. 그 하락세가 '내리막길'이 될지, '절벽'이 될지는 토요타가 보

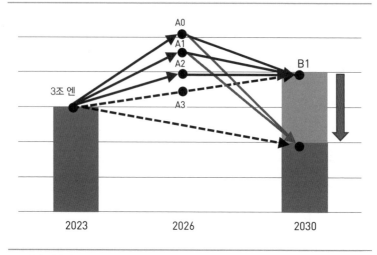

토요타의 장기 수익 전망(개념도)
출처: 필자 작성

여줄 2026년 이후 전기차 경쟁력에 따라 시나리오가 크게 달라진다.

가령, 2026년 시점에 토요타가 전기차 판매 대수를 만회할 수 없다는(예컨대, 전기차 판매 대수가 50만 대) 비관적인 전제를 세우면, 2026년 이익의 산의 정점(A0~A1)으로 향하는 급격한 상승 선은 하이브리드차의 이익이 견인하는 형국이 된다. 그 후, 2030년 B1을 향해 완만한 내리막길을 내려가게 된다. 이익의 산이 높아지면 높아질수록 2026년 이후 '골짜기'는 깊어진다는 의미다. 멀티 패스웨이(전방위)를 목적화하고 하이브리드를 신봉하는 이들에게는 이 현실이 보이지 않는다.

새 체제가 눈높이라고 밝힌 전기차 150만 대 판매가 실현되면, 2026년 시점에 산의 정상은 A3로 낮아진다. 그러나 규제 대응 비용

토요타 EV 전쟁

이나 구조 전환 비용은 줄어들므로 B1을 향해 그대로 상승 선을 그릴 수 있다. 2026년 시점에서 전기차 판매 대수 150만 대를 눈높이로 잡아 경영하려는 새 체제의 생각은 합리적이다.

'골짜기'를 미끄러져도 경영진이 제시한 고수익을 얻을 수만 있다면 그래도 좋다. 만에 하나, 2026년 이후의 전기차 새 전략이 부진하게 끝난다면, 그 '골짜기'는 '절벽'이 된다. 제아무리 토요타라고 해도 절벽에서 떨어지면 무사할 수 없다. 중상을 입고 선진국 시장 점유율이 곤두박질쳐서 수익은 2023년 수준을 크게 밑돌 것이다. 냉정하게 말해, 일류 자리에서 미끄러져 바닥으로 추락할 수도 있다. 그런 최악의 사태는 피해야 한다.

Z 조직의 빛과 그림자

자동차 개발은 Z로

토요타에는 'Z(제트)'로 불리는 조직적인 신차 개발 기능이 있다. Z란, 예를 들어 '크라운'이라는 차종 단위로 존재하는 수석 엔지니어(CE)를 정점으로 대략 열 명 정도가 모인 정예 팀이다. 설계, 기술(차체, 엔진), 원가 기획 등의 기능이 부서 간 장벽을 넘어 함께 개발에 뛰어든다.

이 Z는 CE를 최고책임자로 하여 차량 개발의 의사 결정권을 갖고, 각 부서로 도면을 보내 처리하게 한다. Z는 규칙적으로 이 과정을 반복하고, 표준화한 개발 공정을 그 외 차종에도 수평 전개함으로써 토요타 표준이라는 DNA를 꾸준히 이어왔다.

이렇게 '예술적'으로 완성된 기능 중심의 연쇄 작업을 구현하는 Z 야말로 토요타의 숨은 경쟁력이다. 엔진 차량에서 하이브리드차로 진화하는 과정에서 토요타의 세계적 경쟁력의 원천으로 자리 잡은 것이다.

그러나 Z 조직은 때로는 변화에 대해 의도치 않은 저항 세력이 되기도 한다. 모빌리티 컴퍼니로 전환하려는 회사의 뜻과 꼭 맞아떨어지지는 않기 때문이다. 토요타는 CASE를 실현하기 위한 프로젝트를 스핀오프 전략으로 삼고 본사에서 독립한 조직에 대해 톱다운 방식으로 일을 진행해 왔다. 완성된 기능 중심 조직이 지배하는 토요타 본사 안에서는 새로운 시도가 어려워서였다.

독립 조직으로는 우븐 바이 토요타, 토요타 커넥티드(TOYOTA Connected), 킨토, 토요타 코닉, 그리고 최근에는 사내 태스크포스 데라시연구소 등이 있다. 하지만 현재로서는 이들 독립 조직이 모빌리티의 가치를 크게 끌어올렸다는 결과치는 없는 상태다.

생존 본능과 변화에 대한 무의식적 저항

그 원인 중 하나로 꼽을 수 있는 것이 있다. Z가 주도하는 상품기획, 기술, 생산기술, 영업, 애프터서비스를 관통하는 표준화된 개발 작업 공정과 새로운 시도가 동기화되지 않는 것이다. 차량 기획 회의, 상품화 결정 회의, 원가 기획 회의 등 개발 공정 관련 회의에 스핀오프 조직의 존재감은 희미하다고 한다.

Z는 유전자로 프로그램되어 있지 않은, 연속성 없는 시도에 대해서는 자신들의 책임 영역이 아니라고 생각할 수도 있다. 소프트웨어

는 우븐, 커넥티드는 토요타 커넥티드, 차세대 전기차는 데라시연구소에 맡기는, 어떻게 보면 상부의 결정을 기다린 거나 다름없다. 기다린다는 표현이 듣기에는 좋지만, 이는 일종의 생존 본능이 작용한 저항이기도 하다. 수석 엔지니어는 토요타 자동차 제조의 총책임자다. Z가 이런 자세를 보인다면 자동차 개발과 관련해 참신한 서비스를 선점할 가능성은 사라진다.

"(돌아보건대, 전기차 개발은) 종래와는 완전히 다른 감으로 접근해야 했습니다."

사토 사장은 새 체제 방침 설명회에서 전기차 사업이 제대로 흘러가지 않는 원인에 대해 이렇게 답했다.

감이 무뎌진 것이 아니라 개발 방법이 완전히 다르기에 자동차를 완전히 새롭게 만들어야 하는 전기차를 현재의 Z 조직이 개발하기가 어려운 것이다. 왜냐하면 토요타 표준이라는 DNA에는 정상 진화한 유전자밖에 없기 때문이다.

킨토가 일으킨 작은 혁명

킨토는 토요타가 내세운 '모빌리티 컴퍼니'의 선봉장이다. 기존의 전통적인 판매형 수익 모델 비즈니스를 보유를 기반으로 한 서비스형으로 바꾸어 업데이트, 커스터마이징, 자동차 라이프타임의 연장 등 순환경제형 비즈니스 모델을 만들어 내는 데도 기여했다.

그러던 2023년, 신형 프리우스에서 '킨토 언리미티드'라는 새로운 구독 서비스를 시작했다. 이 서비스는 리스 기간에 소프트웨어와 하드웨어 양쪽을 다 업그레이드할 수 있다는 것이 특징이다. 또 구독자를 대상으로 이용 차량에 대한 최신 정보를 받는 대신 새로운 서비스에 대해 요금을 부과하지 않았다. 자동차의 잔존 가치 향상을 인정한 것이었다.

자동차 제조에 킨토의 비즈니스 모델을 담았다는 의미에서 토요타로서는 획기적인 시도였다. 나중에 하드웨어를 덧붙일 수 있게 하려고 토요타로서는 첫 시도인 '레디 업그레이드(Ready Upgrade) 설계'를 사전에 적용했다. 개발, 생산, 서비스, 판매, 기획 부문에서 신예들을 모아 프로젝트팀을 만든 뒤, 자동차 제조를 근본적으로 뒤엎음으로써 실현할 수 있었다.

"킨토가 신형 프리우스와 '킨토 언리미티드'로 성공을 거두면 토요타 전체의 자동차 제조까지 바꾸어 버릴지 모릅니다. 그만큼 큰 도전이라고 생각합니다."

킨토 사장 고테라 신야(小寺信也)는 이렇게 말했다.[14]

실제로 이 같은 시도는 사장 시절의 도요다 아키오가 톱다운 방식으로 결정한 프로젝트라고 한다. 독재적이라는 평가까지 받았던 도요다 전 사장조차 쉽사리 맞서지 못한 것이 Z의 DNA였던 것이다.

킨토, 커넥티드 서비스, 우븐, CJPT 등 스핀오프 기업들은 토요타에 있어 멀티 패스웨이(전방위) 전략의 지속가능성을 담보하는 가장 중요한 파트너이자 미래의 밥줄이다. 상품 최고책임자인 수석 엔지니어와 Z 조직이 그런 비즈니스 모델이나 고객에 관해 충분히 고려

하지 않고 상품을 기획한다면 미래는 불안하다.

BEV 팩토리의 완전히 새로운 시도에만 관심이 쏟아지지만, 토요타의 판매 대수 중 70%는 2030년에도 하이브리드 등 엔진 차가 차지한다. 개발 부문과 함께 이 영역에 밸류 체인을 도입할 근본적인 개혁에 서둘러 뛰어들어야 한다.

TOYOTA ELECTRIC VEHICLE WAR

공격하는 법을 잊은 토요타

모델Y의 진화에 숨은 의미

7장에서 상세히 설명한 테슬라 모델Y의 진화에 대해 다시 한번 살펴보자. 이는 전통적인 자동차 기업에서 볼 때, 믿을 수 없는 속도로 이루어진 변혁이며, 또한 기존 자동차 제조의 기본으로 자리 잡았던 플랫폼과는 완전히 다른 접근법이었다.

매우 중요한 부분이라 재차 설명하지만, 자동차에서 플랫폼이라는 것은 복잡하고 막대한 수량의 부품을 정리하며, 인터페이스(부품과 부품의 연결)를 정해 개발과 생산을 쉽게 만드는 중간 팰릿으로서의 역할을 한다. 이 플랫폼은 형태가 경직되어 있으며 해당 인터페이스에 따라 서플라이어가 수평 분업적으로 부품 개발을 진행한다. 한번 플랫폼이 만들어지고 나면 10년 이상 사용했고, 4~5년에 한 번 대폭적인 업데이트를 거쳤다.

　그러나 테슬라는 매년 차체 구조를 개조해 왔다. 3년 전에는 리어 차체를 두 개의 메가 캐스트 구조물로 조합해 성형했고, 다음 해에는 그 두 개의 메가 캐스트를 일체화해 하나의 메가 캐스트 구조물로 대체했으며, 올해는 프런트도 하나의 메가 캐스트 구조물로 대체하는 식으로 매년 대대적인 업데이트에 나선다. 그때마다 플랫폼의 구조는 통합되었고, 부품 개수는 줄었고, 한층 더 만들기 쉬워졌다. 이렇게 할 수 있는 이유는 자체적으로 수직 통합적 개발에 나서는 방식을 취함으로써 티어 1의 도움에 의존하지 않기 때문이다.

전기차의 여명기, 토요타는 도전자라야 한다

같은 모델Y라고 해도 배터리를 변경했더니, 그 배터리를 직접 구조물에 깔아 차체 구조의 일부로 만드는 '스트럭처럴 배터리 팩'이 도입됐고, 그 결과 배터리 케이스와 전자 모듈이 동시에 진화했다. 더불어 배터리 팩 위에 직접 프런트 시트의 골격을 결합해 시트를 장착한 채로 그 구조물을 직접 차량 아래로부터 끼워 넣는 것이기에 부품 개수를 줄이면서 제조공정까지 간소화할 수 있게 상황이 변했다.

　굳이 나쁘게 말하면, 가전제품처럼 안이하게 설계를 이리저리 바꾼다고도 비판할 수 있다. 그러나 이것이야말로 현재 전기차 선두 주자가 보여주는 혁신의 방식이며 경쟁력을 높이는 원천이다. BYD 역시 플랫폼 3.0을 유연하게 진화시켜 경이로운 저가를 실현했고, 중국 대중 차량 시장이 전기차로 넘어가는 데 불을 지폈다.

그만큼 전기차라는 제품은 미완성이고, 여명기에 있으며, 비연속적인 혁신으로 나날이 진화하는 생물이다. 이 진화를 선점할 수 있어야 시장을 지배할 수 있다. 2035년경에는 전기차의 개발·생산 구조가 최적화되어 현재의 엔진 차량처럼 경직되고 고정화된 플랫폼을 확립할 날이 올지도 모른다. 그 단계에 돌입하면 수직 통합형 개발 모델에서 벗어나 인터페이스에 따른 수평 분업형 개발로 한층 더 큰 규모의 장점을 누릴 날이 올 수 있다. 자동차 제조사가 제조 자산을 갖고 싶어 하지 않는다면, 현재의 스마트폰 같은 파운드리형(제조 전담 업체와 기획·판매 담당의 분리) 비즈니스 모델로 진화가 시작될 수도 있다.

어쨌든 그런 미래가 찾아오기 전까지는 전기차는 엄청난 속도로 극적인 진화를 이룰 수밖에 없다. 일본 자동차 기업들은 엔진 차량에서 연전연승하면서 얻은 자신감을 버려야 한다. 스모의 일인자 요코즈나가 도전이 있을 때만 대전을 치르는 방식은 그만둬야 한다. 처음부터 전투에 뛰어들 용기를 가져야 한다. 그렇지 않으면 전기차 선두 주자들을 따라잡을 수 없다. 토요타는 도전자라야 한다.

과거 일본 차의 성공 요인

과거 일본 차는 도전자의 위치에서 GM이나 포드가 쌓아 올린 세밀하고 고정적인 플랫폼을 무너뜨리는 시도를 했다. 1990년대 들어 월드카①와 정치적 압력에 반발하면서 일본 자동차는 빠르게 시장 점유율을 확대했고, 지금은 세계 시장의 중심적인 입지를 차지하고 있다. 그 원동력이 무엇이었는지 상기해 보자.

바닥부터 차근차근 다지며, 엄청난 노동량으로 끊임없는 시행착오를 반복하면서, 플랫폼의 개념에 얽매이지 않고, 유연하게 혁신을 일으키지 않았는가? 서플라이어들도 혼돈 속에서도 임기응변으로 유연하고 생동감 있게 설계 변경에 대응했다.

그러나 지금은 엔진 차의 성공 경험만 부여잡은 채, 엄격하고 전통적인 프로세스를 바꾸려 하지 않고, 테슬라에 대해 '저런 건 자동차도 아니야'라며 두 눈을 질끈 감고 있다. 한때 일본 자동차 기업들은 토요타를 중심으로 서구의 고정적 플랫폼을 공격하는 위치였지만, 지금은 그 고정적 플랫폼에 집착하고 있다. Z 조직의 영광과 그 유전자를 지키는 데만 치중한다면 토요타 전기차의 미래는 위태로울 수밖에 없다.

---

① 자동차 제조사가 다국적화하면서 공동 개발, 공동 부품, 하나의 기본설계에 의해 각 시장 상황에 맞게 외형과 내장을 달리해 세계 시장을 목표로 내놓은 미래형 소형차.

TOYOTA ELECTRIC VEHICLE WAR

토요타에 필요한 발상

가치 명제의 확립

테슬라나 BYD가 파괴적이고 참신한 접근으로 전기차 개발·생산의 수직 통합도를 높여 차원이 다른 생산성을 내고 있다는 사실은 이해했을 것이다. 기존의 전통적 자동차 제조사들은 싸우는 방법을 잘못 알고 있었음이 명백하다. 지금은 너나없이 자신들의 오류에 대한 대책에 다 나서고 있다. 토요타 역시 BEV 팩토리를 만들어 구조 변화에 진지하게 맞대응 중이다.

자원의 수급 관계 악화, 중국 공급망 배제, 에너지 위기 등을 고려할 때, 종래의 많은 싱크탱크가 예상한 2026년경에 백 달러/kWh(킬로와트시)를 밑도는 배터리 비용을 바라기는 어렵다. 전기차와 엔진차의 가격 동등성(Cost Parity, 양쪽의 비용이 일치하는 균형점)도 2030년까지 실현하기는 어려워 보인다.

전기차가 계속 보급되려면 ① 배터리 비용 하락에 의존하지 않는 새로운 비용 절감 노력, ② SDV(소프트웨어 정의 자동차)가 제공할 새로운 고객 체험의 창조, ③ 테슬라 주장대로 전기차를 보유·활용함으로써 생기는 새로운 경제적 가치의 제공, ④ 전기차 비즈니스의 모네타이즈 기법 전환이라는 네 가지 접근법을 검토해야 할 것이다. 향후 전기차의 가치 명제(고객에게 제공할 가치)를 구축하는 데 있어 이들은 중요한 대응책이 될 것이기 때문이다.

그럼, 대중 차량 중심인 토요타 전기차의 가치 명제란 무엇인가? 고장이 없고, 쉽게 고칠 수 있고, 오래 가고, 경제 합리성 면에서 단연 최고의 엔진 차를, 소비자가 원하는 적당한 가격에 제공해 온 기업이 토요타 브랜드다. 같은 가치 명제를 전기차가 확립할 수 있을지, 대중 차량 전기차에는 전혀 다른 가치 명제가 존재할지, 애초에 전기차가 어디로 향하고 있는지 확신을 가지고 예단하기는 어렵다. 그러나 토요타는 그 해답을 찾아야 한다.

테슬라나 BYD가 지향하는 가까운 미래의 전기차는 혁신적인 비용 구조와 생산성에 힘입은 저가의 전기차다. 이들은 동시에 순환 경제적이고 에너지 매니지먼트를 통해 유지비가 거의 들지 않거나, 모네타이즈의 새로운 경제적 가치를 소비자에게 창출함으로써 전기차의 매력을 한층 높이려 하고 있다.

7장에서 테슬라를 분석하면서도 비슷한 경고를 했다. 테슬라나 BYD가 판매가 3만 달러를 밑돌면서도 강력한 가치를 가진 전기차를 대량으로 판매하면, 토요타의 대중 차량 시장은 기존의 전통적인 판매형 모델로는 지속 가능한 수익을 확보할 수 없게 된다. 이 같은 위협은 규제가 주도하는 선진국에서만 나타나는 것이 아니라, 중국의 정치적인 영향을 받는 동남아시아 시장까지 갉아먹을 가능성이 크다.

토요타 전기차의 강점은 무엇인가?

2023년 4월의 새 체제 방침 설명회에서 전기차 전략으로 강조한 내용은 ① 전기차와 플러그인 하이브리드의 전기 항속거리를 두 배로 늘리겠다는 점, ② 생산성과 투자효율을 두 배로 늘리겠다는 점, ③ 자동차의 진화(SDV 추진) 세 가지였다.

전기 항속거리를 두 배로 늘릴 수 있으면 1km 주행에 필요한 배터리 양을 반감시킬 수 있어 그만큼 배터리를 가볍고, 저렴하게 만들 수 있게 된다. 공기 저항부터 소재 특성까지 포함해 종합적인 기술이 필요하지만, 관건은 전압·전류 관리다.

생산성, 투자효율을 두 배로 늘린다는 것은 전기차 부품 개수를 줄인다는 의미다. 부품 개발 및 제조 통합도를 높여 제조·조립의 생산성을 비약적으로 높여야 한다. 이를 실현하면 테슬라가 내세우는 기가 캐스트나, '병행 및 순차 결합' 방식의 조립 방식을 살짝 활용해도 좋을 것이다. 원래 토요타는 도전자로서 다양한 기술과 비즈니스를 GM에서 배운 과거가 있으니 말이다.

토요타는 토요타 생산 방식을 추진하면서 키워온 개선(카이젠)의 힘이 있다. '순차형' 라인이어야만 토요타 생산 방식이 유효하다고 할 수는 없을 것이다. '병행 및 순차형'이든 '셀 생산 방식'이든 각 공정에서 토요타 생산 방식은 힘을 발휘할 수 있다.

자동차의 OS화, SDV(소프트웨어 정의 자동차)의 경우, 현시점에서는 중국 기업들이 압도적으로 앞서고 있다. 중국 시장 특유의 클라우드, AI, 통신, 나아가 국가가 주도하는 표준화된 구조가 있기 때문이다. 다만, 중국 SDV가 세계의 표준은 아니며, 앞으로 SDV의 몇몇 계통이 생겨날 것이다. 이러한 흐름 속에서 토요타는 토요타다운 SDV의 가치 명제를 확립해야 한다.

BEV 팩토리를 서둘러 분사하라

테슬라와 BYD가 공략 중인 선진국의 대중 차량 세그먼트와 신흥국도 레드오션이다. 따라서 여러 자동차 기업이 전략적으로 레드오션을 피하려 한다. 가령, 마쓰다나 스바루는 저렴한 전기차로 정면승부할 생각은 없을 것이다. 저렴한 전기차 시장은 전기차로 수익을 내기 어렵기 때문이다. 기업 규모가 비교적 작은 마쓰다나 스바루는 더 틈새시장을 노려 프리미엄 세그먼트로 도피한 다음, 전기차의 미래상이 분명해질 때까지 비교적 안전한 곳에서 생존을 도모할 수도 있다.

그러나 덩치 큰 토요타는 도망갈 곳이 없다. 대놓고 가격 경쟁력이 높은 전기차를 개발·생산하고 소프트웨어와 밸류 체인을 연결해 수익성을 확립할 수밖에 없다. 토요타에는 탄탄한 재무 기반이 있고 세계적으로 폭넓은 시장을 보유하고 있으므로 남은 시간과 여유는 상대적이다. 그러나 안이하게 대처하다가는 위험해질 수 있다. 토요타의 점유율이 높은 신흥국에도 머지않아 전기차의 시대가 찾아올 테니 말이다.

글로벌 시장에서 풀 라인을 멀티 패스웨이(전방위)로 전개하기 위한 자원은 방대하기에 모빌리티에 대한 선행 투자도 꾸준히 해 나가야 한다. 가격 경쟁력이나 재무적 압박은 상당히 어려운 문제가 될 것이다. 역시 무엇을 남기고 무엇을 포기하느냐 하는 선택과 집중은 단계적으로 실시해야 한다.

그중에서도 일단 돈이 벌리지 않는 전기차에 대해, 전략적인 투자를 망설이지 않고 지속할 수 있는 구조를 확립하는 데 대한 논의가 중요하다. 투자 합리성을 확보해 벤처기업처럼 적자사업에도 과감하게 투자를 이어갈 수 있는 구조를 만들 수 있을지가 관건이다. 장기적으로 축소 균형이 불가피한 엔진 차로부터 앞으로 계속 성장해야 하는 전기차 사업을 명확히 떼어내서 투자 판단을 내려야 한다.

BEV 팩토리와 전통적 토요타를 회계적으로 분리해야 효과적이다. 오히려 BEV 팩토리의 완전한 분사를 서둘러야 한다. 연속적인 진화를 신조로 한 엔진 차량 사업과, 비연속적인 진화와 비약이 필요한 전기차 사업을 분리해 두 방향에서 정면승부 하는 전략을 택해야 할 것이다.

토요타의 조직은 거대하다. 동시에 각 기능이 완성되어 고정되어 있다. 새로운 접근이 필요한 전기차 사업에는 일의 진행 방식에서 불리한 요소가 많다. 이는 초기 bZ4X 개발 때 각 기능 부서 간 줄다리기로 시간이 소모된 것만 보아도 알 수 있다. 실패의 대가도 컸다.

BEV 팩토리는 세계 수준의 인재를 모을 뿐 아니라 일의 추진 방식부터 근본적으로 토요타와 이별해야 한다. BEV 팩토리와 덴소가 가진 소프트웨어나 전동 제어 기술을 일체화한 뒤, 대담한 수직 통합형 개발을 진행하는 것도 하나의 방안일 것이다. 토요타가 주도하다가 논의가 명확한 방향으로 흘러가지 않을 것 같다면, 전기차 소프트웨어는 덴소에 과감히 위임할 정도로 발상을 전환해야 한다는 말이다. 새 체제가 발표한 차세대 전기차와 관련해 공정 수와 투자 원단위 50%의 절감이라는 목표를 달성하려면, 과감한 개혁을 추진해야 한다. 그렇지 않으면 실현은 요원해진다.

토요타답게 반격하라

토요타가 바라는 바는 이른바 아무도 소외되지 않는 이동의 자유, 범용 제품②을 탈피했기에 느낄 수 있는 자신만의 이동의 즐거움, 미래지향적 연소 기술, 행복의 양산 등이다. 필자도 진심으로 응원한다. 그러나 이러한 목적을 실현하려면 토요타가 전기차 분야에서 확고

---

② 범용 제품은 상품이나 서비스의 품질에서 경쟁자와의 차별화를 도모할 수 없는 상태로 볼 수 있다.

한 경쟁 우위를 차지해야 한다.

'전기차가 발전하면 토요타는 망한다'라는 소리가 있다. 과연 전기차를 피해 토요타와 일본 제조업이 살아남을 수 있는 길이 있기는 한 걸까?

'자원이 부족해서 전기차가 어렵다'라는 반론도 자주 듣는데, 자원이 부족하다면 더더욱 배터리를 보유한 기업·나라와 보유하지 못한 기업·나라로 판세가 나뉘지 않을까? 배터리를 보유하지 못한 기업·나라는 망하는 길밖에 없다. 배터리를 보유한 나라는 중국과 한국, 배터리를 보유하지 못한 나라는 유럽과 일본이다.

미국은 '배터리를 못 만드는 나라가 되어도 좋은지'를 자문자답한 결과, '그럴 리가 없다'라는 결론을 내리고 IRA(인플레이션 억제법)를 법제화해 배터리를 보유한 나라가 되려는 중이다. 중요한 것은 변화에 대응할 수 있는 능력을 익히는 일이다. 멀티 패스웨이든 전기차 최우선 전략이든 변화에 대응할 힘부터 기른 뒤 유연하게 대응하면 된다.

토요타가 위기를 맞는다면 선택지는 두 가지다. 단번에 역전을 노리는 길이 그 하나요, 자신들을 강인하게 만들어 준 본질적 철학으로 돌아가는 길이 나머지 하나다. 도요다 전 사장은 2023년의 신년사에서 재차 "본질과 철학으로 돌아가라"라고 직원들에게 강조했다. 당시는 이미 사토 현 사장에게 사장 교체가 통보된 상황이었으니 그 말은 신임 사장에게 한 말이기도 했을 것이다.

토요타는 과거에는 자동차 산업 벤처로서 도전정신을 가지고 모방품을 개선하고 혁신을 일으켰다. 이는 토요타를 강하게 단련시킨 본질이자 철학이다. 단숨에 역전하려 한다면 그것은 개혁이 아니다. 자동차의 원점으로 돌아가면서도 새로운 기술과 시장을 바라보며 기업과 직원들이 진보하고 구조 변화를 일으켜야 혁신이다. 테슬라나 BYD에 뒤지지 않는 새로운 전기차의 가치와 제조법을 찾아내고 토요타답게 반격하기를 바란다.

결국은 사람

2018년에 토요타가 모빌리티 컴퍼니로의 완전 변화를 선언한 뒤 5년이 지났다. 그동안 토요타의 경영진은 톱다운 방식의 결단력과 속도감으로 모빌리티 컴퍼니로 변신하는 데 필요한 요소 기술부터 스핀오프 기업 설립, 파트너 구축 작업을 엄청난 기세로 밀어붙였다. 그 성과는 인정하지만, 2020년 말을 기점으로 지금은 토요타가 환경 변화에 유연하게 대응하는 힘도 떨어졌고, 전기차와 소프트웨어 측면의 필수 포석도 무뎌진 것 같다. 이렇게 느끼는 사람이 과연 필자뿐일까?

그동안 일본에서는 정부의 탄소 중립 선언을 계기로 에너지 및 자동차규제에 대한 정책 논의가 일어났고, 일본자동차공업회를 중심으로 자동차 관련 산업 종사자 550만 명이 '우리는 움직인다'[3]라는 캠페인을 펼쳤다. 그 무렵이 하나의 전환점이 됐다고 보는데, 토요타는 일본 국내 550만 명의 고용, 일본과 내연기관의 미래를 너무 혼자서 짊어지려 했다는 생각이 든다.

　물론 일본 자동차 관련 산업의 고용인원이 552만 명이나 되고 국내 취업 인원의 8%가 조금 넘으니 엄청난 산업이기는 하다. 직접적으로 제조와 판매에 간여하는 사람만 2백만 명이다. 이들을 안고 가는 것도 엄청난 일인데, 이용 부문이라고 할 수 있는 운송업 부문의 270만 명까지 포함하면 혼자서 책임을 짊어지려는 생각은 지나치다. 550만 명을 지킬 수 있는 구체적인 솔루션이 쉽게 찾아질 리도 없고, 깊이 생각하자니 결단이 늦어지다 보니 결국은 쉽게 결론 낼 수 있는 방향으로 세상은 어느새 토요타만 바라보기 시작했다.

　도요다 전 사장이 발휘한 리더십은 대단했다. 그러나 조직을 평등한 구조로 바꾼 결과, 온갖 안건을 도요다에게 직접 들고 가야만 결정이 떨어졌고, 사안에 따라서는 멋대로 결재를 건너뛰는 일도 발생했다. 어찌 보면, 최근 2년은 결정이 불가능한 조직으로 전락한 것

---

③　어떤 어려움이 있어도 일상생활을 지탱하는 이동을 멈추지 않겠다는 자동차 업계의 광고 캠페인.

아닌가 하는 느낌도 있었다.

　수소 관련 안건은 장기적으로 일본을 위해서라는 목표 아래 공감
대를 얻기 쉬웠다. 그러나 정작 시급한 전기차 관련 출자 및 연계는
눈에 띄는 결정 사례가 없다. 도요다 전 사장이 전기차를 싫어해서라
는 소문과 험담마저 돌았지만, 정말 그랬을까? 2021년 전기차 설명
회 영상을 몇 번이나 되돌려 봐도 당시의 토요타가 전기차를 진심으
로 추진하려 했던 굳은 의지는 도요다 전 사장의 말, 표정, 감정으로
볼 때 전혀 의심할 여지가 없다.

　물론 멀티 패스웨이 전략을 추진하면서 일본과 자동차 문화의 미
래를 짊어지고 내연기관의 미래를 지탱하려 한 도요다 전 사장의 자
세는 존경할 만하다. 자신의 사명이라 여기고 깊이 빠져들었던 것이
틀림없다. 그러나 사명감과 회사 경영은 별개다. 기업 가치를 훼손할
리스크를 지적하는 말들, 도움이 될 정보로부터 귀를 닫아서는 안 되
는 것이었다.

　국내 고용을 위협하고 업계 구조에 엄청난 변화를 일으키는 귀찮
은 안건을 놓고, 사장을 괴롭히지 않으려 한 토요타 직원들의 과도한
배려가 있었음을 부인하기 어렵다. 그러한 풍토를 허용한 도요다 전
사장과 집행 임원들의 책임이 무겁다.

　신임 사장 사토는 무섭다는 소문도 들리는데, 그는 뭐든지 말하게
하고 이치를 따지는 엔지니어 기질의 인물이다. 정체된 조직력을 활
성화하고, 소통을 개선하고, 쌓인 중요 안건을 결정해 속도감 있게
실행하는 것이 그의 임무다. 결정할 수 없는 조직에서 결단하고 실행

하는 조직으로 바꾸어야 하는 것이다.

필자는 30년 넘게 토요타라는 회사를 업무상 주목했다. 어딘가 종교적이기도 하고 신기한 회사지만, 필자가 가장 감탄하는 부분은 토요타가 사람을 키우는 데 있어 대담한 조직력을 발휘한다는 점이다. 이렇게 거대한 조직이면서도 파벌도 없이 인사가 움직이는 게 신기할 정도다. 메커니즘은 매우 단순하다. 키워낸 인재가 많을수록 상사가 출세하고, 계파 없이도 거대 조직의 리더에 오를 수 있는 문화가 있어서다.

토요타라는 기업은 기탄없는 논의의 장을 보장하기에 결론이 언제 날지 모를 정도로 시간이 오래 걸리기는 해도, 한번 결정하면 숙연하게 그 길의 끝장을 보는 우직함이 있다. 직원들이 자유롭고 활기차고 여유롭게 움직일 수 있다면, 난관은 극복할 수 있다.

"정답을 알려 줄 것 같은 베테랑이 사장을 맡는 것보다 '사토가 정답을 말할 리가 없지'라고 생각하면서 직원 모두가 활발히 움직이는 회사를 만들어야죠. 그러려고 제가 사장이 된 것 아닐까요?"[15]

사토 사장은 한 언론 인터뷰에서 자학적인 농담으로 자신이 사장 자리에 오른 이유를 말했다. 바로 이런 태세가 지금의 토요타에 필요하다.

EV

11장

세계 자동차 산업의 판도와 새로운 과제

TOYOTA ELECTRIC VEHICLE WAR

세계 전기차 시장의 현재와 미래

전기차 시장의 현재

코로나 위기가 지나가자, 전 세계에는 전에 없던 풍경이 펼쳐졌다. 전기차를 중심으로 하는 전기 모빌리티는 지난 2년 사이 비약적으로 성장해 SDV(소프트웨어 정의 자동차)로 불리는 디지털 대응 차량이 새 시대의 승패를 가르는 관건으로 대두한 것이었다. 마지막 11장은 세계 자동차 산업의 미래와 함께 토요타를 비롯한 일본 자동차 기업의 앞날을 점쳐보고자 한다.

2022년 전 세계 전기차 시장 규모는 758만 대, 전체 신차 수요에서 차지하는 구성 비율은 10%였다. 그중 60% 이상은 중국이 차지했고, 그 규모는 487만 대에 달했다. 여기에 플러그인 하이브리드차를 더하면 시장 규모는 천만 대, 전체 신차 수요에서 차지하는 구성 비율은 14%에 달했다.

필자의 판단에 따르면, 2023년 전기차 시장은 한층 가파른 성장을 이루어 전 세계 판매 대수 중 구성 비율이 13%, 2025년에 16%, 2030년에 27%, 2035년에는 38%로 성장할 것으로 보인다.

2022년 국가별 전기차 보급률은 중국이 24%, 유럽이 12%, 미국이 약 6%로 순이었고 일본은 불과 2%에 불과했다. 세계 전기차의 약 절반이 중국에서 만들어져 소비되고 있다. 전기차 대국 중국의 존재감은 앞으로도 변하지 않을 것이다.

제조사에 주목해 보면, 세계 최대 전기차 제조사는 미국 테슬라로 154만 대, 2위가 중국 BYD의 91만 대다. 유럽의 경우 폭스바겐이 57만 대, 일본에서는 닛산이 9만 대, 혼다는 2.5만 대, 토요타는 2만 대에 불과하다. 2025년 전기차 판매 대수는 테슬라가 3백만 대, 폭스

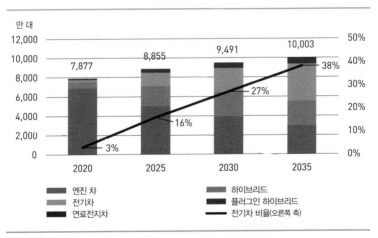

전 세계 전기차 시장의 성장세
출처: 필자 작성

바겐이 2백만 대 규모로 성장할 전망이다. 토요타가 내세운 2026년 150만 대라는 목표는 뒤처진 전기차 부문의 만회를 노린 규모임을 짐작할 수 있다.

미국의 환경규제는 변하지 않을 것

2장에서 지적한 대로, 미국 IRA(인플레이션 억제법)의 목적은 막대한 보조금을 풀어서라도 미국을 배터리와 친환경 산업 국가로 육성하는 데 있다. 정세가 배터리를 보유한 나라(중국·한국)와 배터리를 보유하지 못한 나라(유럽·일본)로 나뉠 조짐이 보이자 우격다짐으로 배터리를 가지려 한 것이다. 미국은 현재 3,690억 달러(약 50조 엔)를 투자해 세계 청정에너지 산업을 미국, 캐나다, 멕시코로 끌어들이고 있다.

또 2026년부터는 GHG(온실가스) 규제를 단숨에 강화해 전기차를 급격히 확산시킴으로써 에너지와 모빌리티 산업을 세계적으로 경쟁력 있는 산업으로 부상시키려 하고 있다. 동시에 캘리포니아의 ZEV(온실가스 무배출 차량) 규제도 2026 모델 이어(Model year)부터는 35%라는 비정상적일 정도의 ZEV(전기차, 플러그인 하이브리드차, 연료전지차) 비율을 요구한다. 2025 모델 이어의 ZEV 규제에 따르면 8% 정도의 전기차 비율로 충족할 수 있지만, 과거로부터 이월되는 크레디트를 고려하지 않는다면 그다음 해부터는 전기차 비율이 28% 이상이 되어야 비로소 충족할 수 있다.

현재 전기차를 늘리기 위해 세계에서 가장 악독한 환경규제를 펼치려 하는 나라는 미국이다. 일본 기업은 바로 그러한 미국이 수익원인 만큼 방향을 잘못 잡으면 목숨이 왔다 갔다 할 수도 있다.

현시점의 미국 환경규제와 전기차 정책은 에너지와 산업 정책이 연계된 국가 경제 안보의 수단이다. 따라서 여간해서는 정책이 변경될 일은 없을 것 같다. 2024년 대선이나 의회 선거 결과에 따라 정책의 흐름이 바뀔 가능성이 없지는 않다. 그러나 이미 시행 중인 법을 바꾸려면 최소 2~3년은 걸릴 것이다. 따라서 2027년 무렵까지는 규제정책이 이미 굳었다고 생각해야 하며, 규제를 충족하고 시장 점유율과 수익성을 확보할 수 있는 체질을 갖춰야 한다. 이렇게 생각하면, 미국 시장의 전기차 비율은 25%에서 30% 수준으로 단숨에 뛰어오를 가능성이 크다.

물론 그 이후로도 미국 시장이 전기차만을 부르짖을 것인가 하면, 확실히 수많은 불확실성이 있기는 하다. 때에 따라서는 2028년 이후 전기차 비율 추이에 변화가 생길 가능성도 있다. 현재 추세대로 2030년에 50%를 넘길지, 아니면 숨 고르기에 들어갈지는 예견하기 어렵다. 기업들은 변화에 대응할 수 있는 유연성을 갖춰야 한다.

유럽의 전략 전환과 그 의미

미국보다 앞서 제로 에미션(Zero Emission) 규제를 추진한 유럽에서는 정책의 고삐를 늦추고 있다. e-Fuel(그린수소 유래 합성연료)을 연료로 쓰는 신차에 대해 2035년 이후에도 판매를 인가하기로 합의한 것이다. 이것이 전환점이 될까?

독일을 비롯한 여러 유럽 국가는 러시아 위기에서 비롯된 에너지 부족 사태 및 화석연료로의 회귀로 인해 탄소 중립 실현에 제동이 걸린 상태다. 설상가상 미국이 IRA를 시행하면서 유럽으로 와야 할 청정에너지 투자가 봇물 터지듯 북미로 쏟아졌다.

이 같은 상황에서 유럽은 단계적으로 전기차 외의 탈탄소 기술 선택지를 늘릴 가능성이 높다. 2장에서 설명했다시피, 세계 최초로 ZEV 100%를 목표로 내걸고 지역 자동차 산업이 ZEV에 대응하도록 촉구했다가, 목표가 어느 정도 실현될 조짐이 보이니 탈탄소 쪽으로 선택지를 넓힐 길을 모색하기 시작한 것이다. 유럽 정계의 일구이언은 어제오늘 일이 아니다. 그들의 전략적인 처신을 만만하게 봐서는 안 된다.

유럽의 방향 전환을 두고 SNS에서는 '유럽이 방침을 바꿔 엔진 차량을 인정했다', '역시 토요타의 멀티 패스웨이(전방위)가 옳았다'라는 등 일본이 승자라도 된 양 떠들지만, 낙관해서는 안 된다. 어디에 우선순위를 두는지가 중요하다. 복합적인 에너지 기반을 구축한 다음 응용으로서 전동차의 종류를 선택할 수 있다면 우선은 전기차를 고른 뒤, 단계적으로 선택지를 넓히는 것이 합리적이다.

전기차를 둘러싼 시시비비는 무용하다

필자가 생각하기에 진심으로 전 지구의 탄소 중립을 지향한다면, 선택지는 멀티 패스웨이가 맞다고 본다. 그래서 필자는 수소를 전기로 환원하는 연료전지차나 합성연료 및 차세대 바이오연료를 연소시키는 엔진 차로 선택지가 넓어지는 데에 거부감이 없다.

애초에 전기차를 이용해 이산화탄소를 줄여서 탈탄소에 접근할 수 있는지의 가능성은, 전력 에너지 구성을 이용한 '온실가스 배출계수(전기에너지 1kWh(킬로와트시)를 생산할 때 배출하는 이산화탄소의 양)', '전비(1km 주행에 필요한 전력, 와트시(Wh)로 표시)', 차량의 전체 라이프 사이클 중 '주행 거리'의 상관관계로 정해진다.

적어도 현시점에서는 자동차를 전기차로 전환한다고 해서 탈탄소가 실현되는 것이 아니다. 유럽에서는 전기차가 큰 해결책이 되더라도 배출계수가 높은 일본, 중국, 인도에서는 환경 문제 해결을 위한 출구전략이 되지 못한다. 그래서 하이브리드차를 비롯해 플러그인 하이브리드차, 연료전지차 등의 기술을 균형 있게 보급하자는 주장이 합리적이라고 보는 것이다.

도요다 아키오가 주장한 "적군은 탄소지, 내연기관이 아니다"라는 말은 완전한 정론이다.

그러나 이 책은 이러한 시시비비에는 페이지를 할애하지 않았다. 무용하기 때문이다. 이산화탄소를 줄일 수 있든, 줄일 수 없든 관계없이 유럽·미국·중국은 전기차를 추진하겠다며 파워 폴리틱의 방망이를 휘두르고 있다. 이 상황에서는 정론을 펴서 얻을 수 있는 것이 없다. 전기차는 환경에 좋지 않다며 신중론을 주장해 본들 일본의 자동차 산업은 배터리도 없는 쭉정이가 되어 무대에서 사라질 일만

기다려야 하지 않는가 말이다.

　2장의 '공적 표준 전략 vs 사실상 표준 전략'에서 설명한 대로, 유럽·미국·중국의 공적 표준 전략에 대해 토요타를 비롯한 일본 자동차 기업은 사실상의 표준 전략으로 소비자의 선택을 받아야 한다. 그리고 거대한 유럽·미국·중국 시장에서 비즈니스로 살아남아야 한다. 일본 차는 전기차에서 이기되 국내 산업의 미래를 위해서 다양한 선택지도 남겨두는, 만만치 않은 전략을 목표로 삼아야만 하는 것이다.

토요타의 전기차 전쟁, 그 끝은?

실기한 비즈니스 판단

토요타는 날로 전기차 경쟁력을 높이고 있는 테슬라와 BYD에 맞설 수 있을까? 미래 토요타의 전기차 경쟁력에 불안감이 있었던 것은 분명하다. 2023년 '테크니컬 워크숍'은 토요타가 전기차 개발에 소극적이라거나 기술이 뒤처진다는 의구심을 일정 부분 떨쳐냈다. 다만, 이를 사업으로 연결하는 상황에서 토요타는 주저했고, 비즈니스 판단이 적확한 시기를 놓친 점은 부인할 수 없다.

토요타 생산 방식은 소비자가 원하는 바를 원하는 타이밍에 제공하되 최종 양산 시점에 승리하면 된다는 개념이다. 애초에 토요타는 의도한 지연 전략이 특기인 것이다. 토요타의 멀티 패스웨이(전방위) 전략은 합리적이다. 이는 일본 산업의 미래로 이어진다. 아직 인프라며 기술이며 어느 하나 성숙하지 않은 전기차를 무리하게 보급해서 소비자에게 불편을 주는 것은 토요타의 문화가 아니다.

안이하게 전기차로의 전환을 시도하다가는 토요타뿐 아니라 일본 자동차 산업의 밥줄인 하이브리드 시장을 무너뜨릴 수 있다. 그러다가 일본의 미래를 무너뜨리고, 전기차 부문에서도 패배하면 연쇄적인 공멸로 일본은 모든 것을 잃고 만다. 토요타 전기차 기술의 사업화를 주저하게 만든 것은 이 같은 고민이 아니었을까?

냉정하고 분명하게 말하자. 토요타의 현재 전기차 사업 계획으로는 2027년 무렵이면 미국과 중국 시장에서 점유율을 잃을 것이며, 규제 대응 비용으로 인해 수익성이 크게 악화할 가능성이 크다. 2026년 이후 BEV 팩토리의 성과가 나올 때까지는 전기차에서 눈에 띄는 역전극을 일으키기 어려울 것이다.

특히 북미 지역 경쟁력 저하와 시장 점유율 악화 리스크는 간과할 수 없다. 미국은 현재 가장 엄격한 규제 강화에 나서고 있다. 그 결과로 자국 자동차 기업의 일각이 무너지더라도 테슬라와 같은 신흥 기업이 그 자리를 메우기만 한다면 시대에 맞는 건전한 신진대사를 만들어 낼 수 있다. 노조의 득실이 논란이 되겠지만, 중국과의 패권 다툼이 계속되는 한, 미국이 규제와 구조 전환의 고삐를 늦추지는 않을 것으로 보인다. 따라서 토요타는 장기적으로 볼 때, 규제에 대응하는 데 상당한 어려움을 겪을 수밖에 없을 것으로 보인다.

경쟁자만 좋은 일 시키는 악순환

토요타가 만일 새 체제가 목표로 내건 2026년 전기차 150만 대를 달성한다고 해도 그 중 북미에서 판매되는 것은 30만 대 정도로 보면 된다. 이렇게 되면 토요타의 북미 시장 전기차 점유율은 10%를 조금 넘는 수준이며, 30% 가까운 ZEV 비율이 요구되는 캘리포니아주의 ZEV 규제를 충족시키기는 한참 어려운 수치다. 10장에서 산출한 대로, GHG 규제에 대한 크레디트 부족 사태도 심각해질 것이다.

초대형 기업인 토요타가 크레디트를 대량으로 구매하면 시장의 수급 관계가 꼬여 크레디트 단가는 상승하게 된다. 사면 살수록, 가격이 오르면 오를수록 전기차 시장에 크레디트를 제공하는 테슬라 같은 경쟁자만 좋은 일 시키는 악순환이 시작되는 것이다.

2023년 6월 16일, 경제산업성은 토요타, 토요타 산하의 PPES(프라임 플래닛 에너지 앤 솔루션), PEVE(프라임 어스 EV 에너지, 주로 하이브리드용 배터리를 생산), 토요타자동직기 4사의 국내 배터리 설비와 연구 투자에 대해 천2백억 엔의 보조금을 지급한다고 발표했다. 이 대상에는 3천 3백억 엔을 쏟아붓는 25GWh(기가와트시)(약 35만 대의 전기차를 제조 가능)의 국내 생산설비와 차세대 배터리 개발비도 포함된다. 일본 안에서는 이 보조금으로 한숨을 돌릴 수 있을 것이다.

그러나 토요타의 미국 내 배터리 공급 능력은 10GWh 정도밖에 되지 않는다. 지금부터 아무리 서둘러 봐야 배터리 능력은 2026년 이후나 되어야 커질 것이다. IRA의 혜택을 받기에는 경쟁사와 비교해 너무 늦지 않을까?

BEV 팩토리에 남은 과제

토요타가 밝은 미래 청사진을 그리려면 BEV 팩토리가 주도하는 구조 전환이 있어야 한다. 변화가 부족하고 메커니컬하며 몸집 무거운 기존 사업의 속박에서 해방되어 전기차에 필요한 구조 전환과 소프트웨어 및 디지털 경쟁력을 주도할 수 있기 때문이다. 다만, 이를 실행하려면 많은 어려움을 극복해야 한다. 과제는 크게 세 가지라고 생각한다.

첫째, 자체 제조 배터리의 생산성, 비용을 극복해야 한다. 현시점에서 자회사 PPES는 양산에 상당히 고전 중이다. 배터리 비용도 상당히 비싸다고 한다. 자체적으로 다섯 개의 배터리를 개발하면서 대규모 양산까지 해내기란 매우 어려운 일이다.

둘째, 토요타 사내, 토요타 그룹의 변혁에 대한 저항을 이겨낼 수 있는지다. 배터리뿐 아니라 자동차 OS, 소프트웨어, 전동 유닛, 인버터, 파워 반도체 등 중요한 차세대 전기차 기술은 토요타와 그룹 기업과의 협업으로 그룹 내에서 해결하겠다는 의지가 강하다. 테슬라나 BYD의 성공 요인을 바탕으로 판단할 때, 핵심 기술을 내부에서 해결하겠다는 판단은 옳다. 그러나 하이브리드 사업으로 몸집을 불려 움직임이 둔해진 토요타 그룹이 간여할 경우, 변혁에 맞설 각오가 없다면 의도치 않은 저항 세력이 될 수도 있다. 가장 중요한 것은 변혁의 속도인데 이를 상실할 우려가 있다.

셋째, 9장에서도 지적했다시피 코롤라나 라브(RAV)4 급의 저가 전기차에서 토요타가 어떠한 제공 가치를 보여주고, 비용 경쟁력을 찾아내려는 것인지 최대 난제에 대한 답이 보이지 않는다. 개발 중인 여러 전기차 콘텐츠, 자동차를 진화시킬 소프트웨어를 포함해 고가의 중형, 대형 상품에는 큰 효과를 기대할 수 있을 것이다. 그러나 범용화로 인해 가격 저하가 불가피한 대중 차량 급 전기차에 대해 토요타가 제공할 가치가 무엇인가? 이 점은 아직도 불투명하다.

혼다가 2023년 CES 무대에 선 이유

꼴찌에서 일본 전기차 전환의 선봉장으로

혼다는 최근 몇 년 사이 전기차의 기반을 단숨에 마련한 기업이다. 혼다는 2023년 1월 라스베이거스에서 열린 CES(국제전자제품박람회) 무대에 소니와의 합작사 소니혼다모빌리티가 판매하는 신형 전기차 '아필라(AFEELA)'를 당당히 선보였다. 최신 소프트웨어로 무장한 아필라는 그해 CES의 주인공 중 하나였다.

당시 CES는 모바일(스마트폰 중심)에서 모빌리티(소프트웨어 정의 전기차 중심)로 주역이 완전히 교체되는 시대상을 역력히 보여주었다. 그 속에서 일본 자동차 기업과 서플라이어의 존재감은 희미했고, 혼다 혼자 기염을 내뿜은 꼴이었다.

그 원동력은 엔진으로 후퇴할 퇴로를 끊고, 전기차 최우선 전략에 철저히 매진한 미베 도시히로(三部敏宏)의 리더십이었다. 2021년 4월 사장직에 오른 미베는 2040년 글로벌 시장에서 전기차와 연료전지차 등 ZEV 차량 판매 비중을 100%로 끌어올리겠다는 목표를 내걸었다.

그 중간 목표로 2030년에 해당 비율을 일본에서 20%, 중국 40%, 북미 40%까지 높이겠다고도 발표했는데, 상당히 높은 수치다. 혼다는 2015년 이후 자동차 사업의 경쟁력이 떨어졌고, 온갖 과제 해결과 구조 대응에 쫓기느라 세계적인 전기차 전환의 흐름에서 꼴찌로 평가받아 왔다. 미베의 주문은 사내 의식개혁을 촉구하는 내부용 메시지였고, 솔직히 실현 가능성은 없어 보였다.

그러나 미베는 거친 파도처럼 과감한 결단을 내렸다. 전기차 개발을 위해 GM, 소니와의 전략적 제휴에 나섰고, 배터리 영역에서는 LGES와 함께 40GWh(기가와트시)(전기차 약 55만 대에 상당)의 새 공장을 설립했으며, 경제산업성으로부터 천8백억 엔의 보조금을 받아 20GWh(전기차 약 28만 대에 상당)의 생산을 목표로 GS유아사(GS Yuasa)와 국내 합작회사를 설립하는 등 수많은 결단을 내렸다.

2024년에는 두 개의 대형 전기차, 2025년에는 아필라와 대형 SUV, 2026년 이후에는 GM과 공동 개발하는 'CR-V'급 콤팩트 전기차까지 모두 IRA가 제공하는 7천5백 달러의 세금 공제(보조금) 대상에 들 전망이다. LGES와 합작한 공장은 2025년 말부터 미국에서 배터리 공급을 시작하는데, 이 배터리는 2025년에 전기차 생산공장으로 전환되는 오하이오 공장(생산 능력 45만 대)의 전기차 생산과도 연

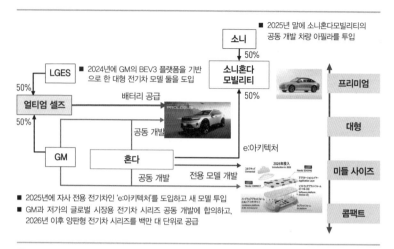

혼다의 북미 전기차 전략
출처: 필자 작성, 사진은 혼다, 소니혼다모빌리티 홈페이지에서 발췌

관이 있다. 혼다는 2026년부터 급격히 강화되는 미국 연방정부와 캘리포니아주의 규제 강화를 준수하기 위해 꾸준히 준비하고 있다. 미국에 배터리, 전기차 공장의 허브를 갖추고, 이곳을 거점으로 개발에 임한 것이 효과를 거두고 있다.

북미 지역의 차기 전기차 전쟁터는 테슬라가 노리고 있는 3만 달러(약 400만 엔) 이하 시장이다. 혼다는 이 만만치 않은 시장에서는 GM과 공동 개발하는 'CR-V'급 콤팩트 전기차로 방어할 생각이다. 그러나 이 시장에서 탄탄한 위상을 확보하기는 쉽지 않다. 자동차의 SDV화를 추진해 밸류 체인을 모조리 빨아들이는 비즈니스 모델을 구축하지 않고서는 생존을 보장하기 어려울 것이다.

혼다와 GM의 진지한 파트너십

혼다와 GM의 제휴 관계는 2013년에 연료전지 시스템의 개발과 생산을 양사가 통합하면서 관계가 깊어졌다. 2018년에는 자율주행 모빌리티 크루즈에 출자하면서 무인 라이드셰어 서비스용 전기차 전용차를 공동 개발하는 단계로 발전했다. 혼다는 크루즈에 대해 출자액 7.5억 달러(당시 환율로 825억 엔)와 2030년까지 사업 자금 약 20억 달러(당시 환율 2천2백억 엔)를 내기로 했다. 이 무인 로보택시 사업을 일본에도 도입하기 위해 혼다와 GM의 제휴는 확대되고 있다.

2020년에는 북미에서 전략적 제휴를 맺기로 발표했고, 전동 파워트레인을 포함한 플랫폼을 공유하기로 했다. 또 GM의 전기차 전용 플랫폼(BEV3)에 GM과 LGES의 합작사 얼티엄 셀즈의 배터리를 탑재한 대형차 모델을 둘 개발해 2024년부터는 GM으로부터 공급받기로 했다.

2022년에는 혼다의 차세대 전기차 전용 플랫폼 'e:아키텍처'를 기

CES 2023에서 아필라를 소개하는 미즈노 야스히데(水野泰秀) CEO
출처: 소니혼다모빌리티 홈페이지
https://www.shm-afeela.com/
ja/news/2023-01-04/

반으로 하는 CR-V 급의 콤팩트 크로스오버-SUV를 공동 개발하기로 했다. 이는 백만 대라는 거대 규모의 새 전기차 모델로서 2026년 이후 북미, 남미, 중국을 목표로 글로벌 무대에 선보일 계획이다. 해당 모델은 3장에 등장한 GM 쉐보레 이쿼녹스의 후속 모델이 될 가능성이 높다.

소니와의 연계로 선보일 IT 기업형 SDV

2022년 6월, '소니혼다모빌리티'가 출범했다. 소니가 보유한 센서, 통신, 네트워크, 엔터테인먼트 기술과 혼다가 가진 차체 제조, 환경·안전 기술, 애프터서비스 시스템을 모아 IT와 자동차 기업이 함께 전기차(SDV)를 개발·판매하고, 모빌리티용 서비스의 생태계를 구축하려는 것이다.

SDV에는 크게 3가지 타입이 있다. 첫 번째는 중국 시장에서 뜨고 있는 중국형 SDV로 이 형태가 가장 앞서 있다. 두 번째는 토요타나 메르세데스가 목표로 하는 SDV로서 전통적 자동차 기업답게 안심·안전을 중시하면서 중국형 SDV를 뒤쫓고 있다. 그 사이에 있는 것이 소니와 테슬라, 애플 같은 IT 기업이 추진하는 IT형 SDV다. 소니혼다모빌리티는 IT 기업과 전통적 자동차 기업의 장점만을 살릴 수 있다는 점에서 흥미롭다. 자동차의 외부(아웃카)에 대한 서비스 연결은 소니가 주도하고, 자동차의 내부(인카) 설계는 혼다가 맡는 분업을 통해 개발에 임하는데, 아필라의 개발 속도가 가히 놀랄 만하다. 소니의 특기인 시공간 확장, 혼다의 특기인 신체 확장을 향후 2년간 어디까지 구현할 수 있을지가 관전 포인트가 될 것 같다.

TOYOTA ELECTRIC VEHICLE WAR

닛산, 마쓰다, 스바루의 각자도생

닛산의 운명을 쥔 르노와의 지분구조 재편

2023년 2월, 르노와 닛산은 르노가 닛산의 43%, 닛산이 르노의 15%를 상호 출자하는 제휴를 검토했고, 이러한 지분구조 재편이 기본 합의에 이르렀다는 기자회견을 열었다. 일본 언론은 닛산과 르노 경영진에게 "(동맹이) 끝난다는 의미인가?"라고 물었다.

르노의 CEO 루카 데 메오(Luca de Meo)는 "의결권은 43%에서 15%로 떨어지는 것이 아니라 제로가 15%가 되는 것이다. 그건 닛산도 마찬가지다"라고 맞받아쳤다. 까다로운 답변인데, 데 메오는 동맹관계의 실체는 '제로와 제로'지만, '15%와 15%'의 대등한 관계로 출발선에 다시 서는 것임을 주장하고 싶었던 것 같다.

르노는 닛산의 43%를 소유하는 실질적인 지배권을 갖지만, 카를

토요타 EV 전쟁

로스 곤 전 회장이 제정한 '개정 연합 기본합의서(RAMA)'에 따라 닛산의 이사회 결의에 르노가 반발할 수 없게 되어 있다. 르노는 닛산의 경영에 전혀 간섭할 수 없었다. 프랑스 회사법에서는 자회사가 모회사의 의결권을 행사할 수 없기에 닛산이 소유한 르노의 15%에는 의결권이 없었다. 그것이 '제로와 제로'의 관계를 만들어 낸 것이다.

르노는 전기차 부문에서 살아남기 위해 2022년 11월에 구조개혁안을 발표하고 계획을 단행해 왔다. 전기차와 SDV를 담당할 '암페어(Ampere)', 하이브리드 등 엔진 사업을 맡을 '호스(Horse)'를 포함한 다섯 개 유닛으로 사업을 분할한다. 핵심 역할을 할 암페어는 본체로부터 스핀오프 해 주식을 상장시킨다. 여기에 닛산이 참여하고 전기차 사업의 기반으로 삼는다는 내용이 기본 합의에 있는 것이다.

토요타는 파트너(스바루, 스즈키, 다이하쓰)들과 일본에, 혼다는 GM과 북미에, 닛산은 르노와 유럽에 각기 허브를 구축하게 된다. 각각 지역은 달라도 목적은 모두 규모 확대다. 반도체·소프트웨어·배터리 등 세계적인 규모가 필요한 기술의 경우, 규모의 장점은 지대하니까 말이다.

닛산의 전기차 전략

그런데 기본 합의에 바탕을 둔 RAMA로 바꾸는 새 제휴는 목표로 했던 2023년 3월을 넘기고도 진전 없이 협상이 길어졌다. 닛산 내부가 르노와의 제휴 추진파와 신중파로 나뉘어 경영진의 의견이 갈렸

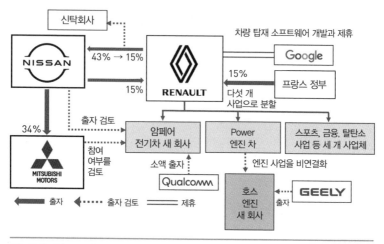

28%의 닛산 주식을 신탁, 기한을 정하지 않고
닛산의 합의하에 닛산과 제삼자가 매수

르노와의 지분구조 재편
출처: 2023년 2월 발표된 해당 기업 자료를 바탕으로 필자 작성

기 때문이다.

그러나 닛산은 내분 따위에 1초도 시간을 낭비할 수 없었다. 닛산의 경쟁력으로 이어지도록 르노와 기본적인 제휴 계약에 사인한 뒤, 암페어와의 관계 방식, 중국·북미 내 전기차 사업을 강화할 중기 경영계획을 조속히 수립해야 했다. 중국·북미에서는 르노 이외의 다른 자동차 기업과의 협업도 포함해 닛산의 자체 힘으로 경쟁력을 뚫어야 했다.

2023년 2월, 닛산은 전동화 전략에 대한 대처에 더욱 박차를 가하겠다고 발표했다. 2026년 시점의 글로벌 전동차(전기차와 하이브리드차의 합계) 판매 비중을 기존 40%에서 44% 이상으로 끌어올린 것이다.

하지만 전기차 판매의 목표가 어느 정도인지는 일본 국내 주요 업체 중 유일하게 명확히 밝히지 못하고 있다.

스트레스 없이 기분 좋은 설렘만을 느낄 수 있고, 불필요한 진동이 없는 전동차 운전 체험은 모터 제어 기술이 있어야 실현된다. 닛산은 그러한 가치를 극대화함으로써 전동화 경쟁에서 살아남으려 하고 있다. 닛산의 전기차 전략에 나타나는 가장 큰 특징은 2010년대 앞섰던 전기차 기반을 바탕으로 하이브리드 e-POWER를 보급하고, 100% 모터 구동으로 달리는 전동차의 가치를 엔진 차량과 동등한 비용으로 만들어 내는 것이다. 그렇게 해서 전기차와 하이브리드차가 모터, 인버터, 기어 부품과 제어를 공유함으로써 규모와 가격 경쟁력을 확보하려 한다.

이는 전기차를 위해 전용 플랫폼과 전동 파워 유닛을 개발하고, 표준화를 추진해 규모를 확보하려는 테슬라 및 글로벌 자동차 기업들의 전략과는 완전히 다른 것이다. 2028년에 선보일 전고체 배터리로 경쟁에서 앞서 게임 구도를 바꿔보겠다는 목표와 함께, 닛산의 방식이 진정한 경쟁력을 획득할 수 있을지 앞날을 주시할 필요가 있다.

전기차 사업의 자립을 꿈꾸는 마쓰다

마쓰다는 2022년 11월, '2030년 경영 방침'을 발표했다. 해당 방침은 2030년 글로벌 시장에 선보일 전기차의 비율을 종래의 25%에서 25~40% 수준으로 대폭 늘리겠다는 의지를 보여줬다. 세계적인 전기차 보급 흐름에 대해 슬로우 팔로워 전략에는 변함이 없지만, 변화에 대한 대응력을 갖추겠다는 의지였다. 전기차 관련(배터리 포함) 사업에 총 1.5조 엔을 투자할 계획이라고 한다.

이에 따르면 2030년까지 남은 기간을 셋으로 나누어 1단계(2022~2024년) 때는 전동화 시대의 기반이 될 전략적 대형 플랫폼 상품(CX-60/80, CX-70/90)을 시장에 투입한다. 2단계(2025~2027년)는 전동화로의 전환 기간으로 정하고 SKYACTIV 기술을 발전시킨 '멀티 솔루션 스케일러블 아키텍처'를 보급해 엔진, 하이브리드, 플러그인 하이브리드, 소형 플랫폼을 기반으로 한 전기차까지 포함한 멀티 솔루션을 제공한다. 마지막으로 3단계(2028~2030년)에는 스케이트보드형 '전기차 전용 스케일러블 아키텍처'를 도입해 전기차를 본격 도입할 생각이다.

자체 구동 유닛을 지향한다는 점은 마쓰다다운 선택이다. 온도(ONDO), 히로시마알루미늄공업, 히로텍(HIROTECH)과 손잡고 MHHO 일렉트릭 드라이브(MHHO Electric Drive)를 설립해 전동 구동 유닛을 공동 개발한다는 것이다. 모터는 도미타전기(富田電機), 주오카세힌(中央化成品)과 함께 MCF 일렉트릭 드라이브(MCF Electric Drive)를 설립해 선행 개발한다. 인버터의 경우는 롬(ROHM), 이마센전기(今仙電機)와 마쓰다이마센 일렉트릭 드라이브(Mazda Imasen Electric Drive)를 설립해 개발에 나선다.

이렇게 마쓰다는 지역과의 공동 창조라는 콘셉트를 기본으로 히로시마 경제권의 지속가능성을 추구하려 한다. 동시에 마쓰다의 독자적인 수직 통합형 전기차 개발·생산 체제를 히로시마와 야마구치에서 확립하려 한다. 배터리 조달과 관련해서는 중국 자본 산하에 있으나 일본 기업인 엔비전 ASEC(Envision AESC)에서 도입하고, 앞으로는 파나소닉 에너지(Panasonic Energy)의 원통형 배터리도 도입을 검토한다. 스바루가 토요타와 함께 배터리 및 구동 유닛을 표준화하려는 데 반해, 마쓰다는 독자적, 자립적 전기차 전략을 선택한다는 것이다. 다만, 국내에 전기차 기반을 구축하겠다는 생각은 스바루와 같아서 미국으로 중심축을 완전히 옮기려는 혼다와는 생각의 차이가 분명하다.

지역경제와 함께하겠다는 목적도 있지만, 마쓰다가 지향하는 '달리는 기쁨'이 브랜드 가치의 본질이라면 이렇게까지 독자적인 제공 가치를 중시하는 행보가 이해되는 측면도 있다. 그러나 본격적인 전기차 투입이 2028년이라고 할 때, 미국의 IRA, 캘리포니아 ZEV 규제에 대한 대응력이 얼마나 될지 현시점에서는 불투명하다고 밖에 말할 수 없다.

스바루의 주파 성능은 전기차에서도 드러날까?

독자 노선인 마쓰다와 대조적으로 스바루의 전기차 플랫폼 'e-SGP'는 토요타와의 표준화를 중시해 왔다. 따라서 토요타의 e-TNGA와 표준화된 부분이 많으며, 스바루의 브랜드 아이콘인 첨단 안전 시스템 '아이사이트(EyeSight)'는 탑재되지 않았다. 이는 전자 플랫폼의 토대가 토요타의 전자 플랫폼 'e-PF2.0'이기 때문이다.

토요타와 공동 개발한 '솔테라'는 'bZ4X'와 마찬가지로 토요타 모토마치 공장에서 생산된다. 스바루는 규모가 작다는 점이 전기차 전환에 엄청난 핸디캡이다. 그러나 향후 전기차 규제가 가장 높아질 미국이 승부처가 될 것이므로 토요타와의 표준화는 피할 수 없는 전략이다.

스바루가 미국 내 판매의 절반을 전기차로 바꾸려면 2030년에는 30만~40만 대의 북미용 EV를 판매해야 한다. 북미 사업에 목숨을 건 스바루로서는 북미 소비자가 인정할 만한 전기차의 가치를 제공하고, 규제에 대한 대응책을 마련하는 것이야말로 살길이다.

그 기반으로서 국내에 전기차 공장을 만들고, 비용 경쟁력의 관건이 되는 배터리와 전동 구동 유닛을 토요타와 표준화하는 행보는 덩치가 작은 스바루가 살아남을 길로서 합리적인 선택이다. 다만, IRA가 제공하는 보조금을 받을 기회는 줄어들 것이다. 가치를 높이고, 전기차 부문에서는 종래보다 고가의 세그먼트를 공략해야 경쟁력을 유지할 수 있을 것이다.

그러려면 수평 대향 엔진과 시메트리컬(Symmetrical) AWD가 만들어 내는 스바루다운 주파 성능과 브랜드 아이콘인 '아이사이트'를 살려 독자적인 주행과 안전 가치가 전기차에도 드러나게 해야 한다. 따라서 2027년 이후 차세대 e-SGP의 개발 과제는 공조 영역인 배터리나 전동 구동 유닛을 토요타와 표준화하면서도 차체 설계, 전자 플랫폼에서 독자성을 키우는 것이라 할 수 있다.

2023년 6월, 스바루의 신임 사장에 기술계 출신으로 제조 본부장을 지낸 오사키 아쓰시(大崎篤)가 올랐다. 새 체제의 중요 과제는 차세대 e-SGP를 어떻게 발전시켜서 토요타의 새 BEV 팩토리 전략과 동조화하는지다.

스바루는 2023년 4월에 전동화 전략을 업데이트한 바 있다. 2026년까지 토요타와의 제휴를 활용해 세 개의 전기차를 추가한다고 하니 스바루의 오리지널 모델을 설계, 제조할 가능성이 있다.

연도별 계획을 보면 이렇다. 하이브리드와 전기차를 함께 생산하는 이른바 혼류 생산을 이용해 2025년에는 야지마 공장에서 전기차 생산을 시작하고, 2026년에는 20만 대의 전기차 생산 능력을 확립한다. 2027년경에는 오이즈미 공장 부지에 전기차 전용 공장을 신설

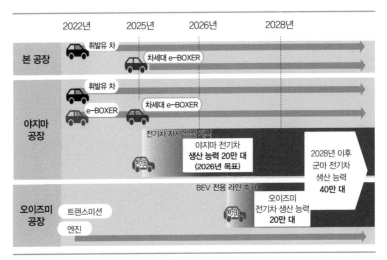

스바루의 국내 전기차 생산 능력 증강 계획
출처: 해당 기업 자료를 바탕으로 필자 작성

해서 20만 대의 생산 능력을 추가하며, 2028년 이후에는 군마현에서 전기차 생산 40만 대 체제를 확립할 계획이다. 야지마 공장에서는 현행 e-SGP(e-TNGA와 동질), 오이즈미 새 전기차 공장에서는 차세대 e-SGP를 기반으로 하는 전기차가 생산될 것이다. 나아가 2030년경에는 북미에서 전기차를 현지 생산하는 안에 대해서도 검토가 필요하다.

마쓰다와 스바루는 국내에 전기차 생산 허브를 구축하려 한다. 상대적으로 규모가 작아서 그래야 투자를 회수하기 쉽기 때문이다. 그러나 두 기업 모두 수익의 주축은 북미 시장이다. 수출형 전기차 사업을 정립하려면 독자적이고도 뚜렷한 가치를 제공해야 한다. 이를 실현하지 못하면 양사의 사업 규모는 크게 위축될 가능성이 있다.

2030~2035년의 청사진

중국 SDV 시장에서 싸울 방법

2023년 상하이 모터쇼에는 자율주행차, 스마트 콕핏(Smart Cockpit)[①], 커넥티드카 등 SDV가 제공할 수 있는 고객 체험이 가득했다. 스마트화를 자동차의 최대 세일즈 포인트로 삼은 SDV가 그만큼 큰 시선을 끄는 것이다. 이제 소비자들은 자동차에 AI나 에너지 매니지먼트라는 가치를 요구한다.

[①] 커넥티드, 세이프티 앤드 인포메이션, HMI(휴먼 머신 인터페이스), 사운드 선행 기술을 융합한 자동차 사회의 미래를 실현하는 차세대 솔루션. 가령, 풀 LCD 중앙 제어 스크린 및 고해상도 디스플레이에 음성 인식 기능을 추가할 수 있다. 고품질 사운드와 주변 라이팅을 통해 음악을 듣거나 동승자가 영화를 볼 수도 있다. OTA 기술은 운전자의 휴대전화와 차량 시스템을 연결하고, 스마트 콕핏이 운전자 상태를 모니터하고 긴급 도로 상황을 조기에 경고할 수도 있다.

중국 브랜드가 도입 중인 스마트 콕핏은 놀랄 만큼 빠르게 진화하고 있다. 모니터 크기도 점점 커지고 있다. 중국에서는 BAT(비에이티)라고 불리는 3대 IT 기업인 바이두(Baidu), 알리바바(Alibaba), 텐센트(Tencent)가 생태계를 이루고 있으며, 이들은 클라우드에서 데이터 처리를 표준화해 여러 시장 참여자가 이 세계에 뛰어들기 쉽게 만들어 놓았다.

멀티미디어와 통신을 통합하는 도메인 컨트롤러라 불리는 통합 ECU도 표준화되어 있다. 이 덕분에 중국 자동차 기업들은 힘들이지 않고도 최신 스마트 콕핏을 도입하며, 수많은 기능을 빼곡히 집어넣고도 저렴한 가격에 판매할 수 있다. 중국 표준과 글로벌 표준은 완전히 분리되어 있는데, 중국 표준이 무서운 속도로 SDV를 견인하고 있다. 중국 내 데이터는 세계와 차단되어 있다. 이에 해외 기업이 만든 중국 시장용 SDV는 중국 전용으로서 개발해야 하며, 무슨 수를 써도 중국 기업의 개발 속도를 따라잡지 못하는 것이 현실이다. 코로나 사태로 대략 3년을 손 놓고 있는 사이, 따라잡을 수 없는 막대한 차이가 생겨버렸다.

일본 자동차 기업에는 새로운 과제가 생겼다. 기존에는 글로벌 시장용 SDV를 따라잡고 앞지르겠다는 과제를 염두에 뒀지만, 이제는 완전히 별천지인 중국 SDV 시장에서 어떻게 싸울지, 또 하나의 난제를 풀어야 한다. 최악의 경우, 상당수의 일본 자동차 기업은 중국 시장 철수도 염두에 둬야 한다. 전기차가 SDV로 진화할 것이라는 사실에는 의심의 여지가 없다. 자동차는 디지털로 바뀌었고, 센서, 반도체, SOC(Security Operation Center, 사이버 공격을 저지하기 위한 보안 운영 센터), AI, 소프트웨어, 가상화 기술 등에서 일본 기업의 존재감은 미미하며, 세계 각국에 표준을 빼앗기기 시작한 이 상황에서 일본 기업의 싸움은 매우 어려워질 수밖에 없다.

궁지에 몰린 전통적 자동차 기업

자동차가 전기차로 바뀌면 세계 자동차 산업의 판도에는 어떤 변화가 일어날까? 현재 필자의 예상에 따르면, 중국과 인도 기업은 급부상하고, 미국과 일본 기업은 후퇴할 것 같다.

일본 기업의 세계 시장 점유율은 2030년에는 29%로 약간 감소하는 데 그칠 것으로 보인다. 이는 신흥국에서 지속해서 성장 중인 토요타와 스즈키의 시장 점유율이 상승할 것이라는 예상이 포함돼 있어서다. 현 단계에서는 토요타가 전기차 전쟁에서 최종적으로 승리할 수 있다는 전제가 있다. 만일 2026년부터 본격 가동을 계획 중인 BEV 팩토리가 실패하면 일본 기업의 점유율 하락은 한층 커질 위험이 있다.

중국과 미국 시장 내 고전이 예상되는 혼다와 닛산의 점유율 하락은 불가피해 보인다. 일본 기업의 시장 점유율은 토요타가 37%에서 41%로, 스즈키가 10%에서 14%로 크게 늘겠지만, 혼다는 19%에서 16%로, 닛산은 17%에서 13%로 후퇴할 것이라 예상된다. 선진국에서 판매 대수를 늘리기 어려운 탓에 제품 구성을 조절해 밸류 체

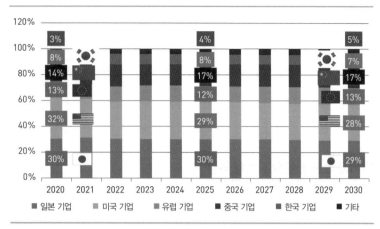

국가별 자동차 기업의 세계 시장점유율 판도 분석
출처: 필자 작성

인이나 리커링 비즈니스(recurring business, 지속해서 제공하는 서비스를 통해 얻는 수익)로 벌어들이는 구조로 재빨리 변화하려 하는 것도 이러한 이유 때문이다.

더 눈여겨봐야 할 구조 변화는 신흥 자동차 기업들이 무섭게 등장한다는 사실이다. 앞으로는 토요타나 GM 같은 전통적 자동차 기업과 신흥 자동차 기업의 명암이 갈릴 것이다. 신흥 기업들은 2020년에는 세계 시장 점유율이 1%밖에 되지 않았지만, 2030년에 세계 시장의 8%, 2035년에는 15% 정도까지 확대될 가능성이 크다.

그러한 성장을 견인하는 기업들이 바로 테슬라나 애플 카 같은 벤처, 그리고 타 업종에서 뛰어든 신흥 자동차 기업이다. 또 하나는 중국의 전통적인 자동차 기업들이 속속 출범시키고 있는 브랜드인데 이는 신흥 자동차 기업들의 비즈니스를 똑같이 흉내 낸 것으로 지

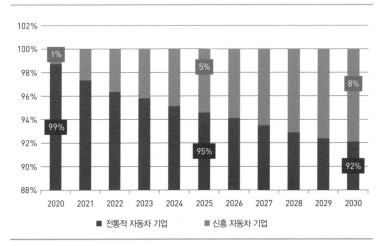

102%
100% [1%]
98%
96%
94% [99%]
92%
90%
88%
2020 2021 2022 2023 2024 2025 2026 2027 2028 2029 2030

[5%]
[95%]
[8%]
[92%]

■ 전통적 자동차 기업   ■ 신흥 자동차 기업

전통, 신흥 속성별 판도 분석
출처: 필자 작성

리자동차(Geely Automobile) 산하의 ZEEKR과 만리장성자동차(Great Wall Motor)의 ORA 등이 여기에 속한다. 2030년 시점에서 신흥 자동차 기업의 판매 대수는 6백만 대, 신흥 브랜드는 2백만 대 수준으로 그 규모가 확대될 전망이다. 결코 무시할 수 없는 규모다.

전통적인 자동차 기업들은 기존 시장 규모의 90% 안에서 싸워야 한다. 그 시장의 상당 부분이 이윤이 적은 전기차라고 한다면, 종래의 전통적인 판매형 수익 모델로는 버티기 어렵다. 만들어서 벌고, 팔아서 벌고, 고쳐서 버는 방식의 사업은 막을 내려야 하는 것이다.

6천6백만 년 전 멕시코에 떨어진 거대한 소행성은 공룡을 포함한 지구상 생물의 75%를 멸종시켰다. 하지만 동굴 등에 서식하던 포유류 같은 작은 동물은 살아남았다. 규모가 작고 동굴 등으로 피난이 가능한 마쓰다와 스바루는 좀 더 작은 규모로 프리미엄과 틈새시장으로 도망치면 생존의 기회가 있을 것이다. 그러나 공룡으로 변한 토요타, 혼다, 닛산은 도망갈 곳이 없다. 살아남으려면 환경 변화에 대응할 수밖에 없다.

토요타는 파트너사인 스즈키, 스바루, 마쓰다와 함께 판매 대수를 확보할 수 있다. 혼다, 닛산은 단독 생존이 어려울 수도 있다. 양사의 전기차 전략에는 유사성이 있다. 두 기업은 모두 판매 구성을 조금이라도 고가 라인으로 바꾸고, 판매 금융 사업으로 전기차 자산을 보호하며, 배터리의 2차 이용을 포함한 밸류 체인에 집중하는 방식으로 혼돈의 10년을 극복하려 하고 있다.

전략이 유사하다면, 차라리 양사가 손잡을 수 있는 부문에서는 철저히 제휴하는 것도 좋은 선택일 것이다. 일본 시장만 바라보는 경차 제조 등에 제각기 매달리는 방식은 의미가 없다. 아예 국내 판매 부문에서까지 손을 잡을 수도 있을 것이다. 일본 자동차 산업이 토요타의 파트너사와 혼다의 파트너사로 양분되는 시나리오도 생각해 볼 수 있다.

서플라이어를 직격할 2030년 절벽

일본 내 서플라이어들은 경영 환경에서 엄청난 변화를 겪게 될 것이다. 전기차가 확대되면 부품 개수가 줄어들고 차량 생산 대수도 줄어들 것이 명백하기 때문이다. 여기에 자동차 기업이 직접 관여하는 수직 통합형 개발·생산이 확대되고, 자동차의 SDV화에 따라 하드웨어 업데이트 기간이 길어지는 등 질적·양적 구조의 변화가 일어날 테니 직격탄을 피하기는 어려울 것이다.

전기차가 늘어나 일본 내 전기차 비율이 2030년 15%, 2035년 30%로 늘어난다는 시나리오 하에 국내 부품 생산액을 추산해 보았다. 일본자동차부품공업회가 집계한 품목별 출하 금액을 토대로 계산한 것이다.

코로나 이전인 2019년도의 일본 내 자동차 부품 생산액은 약 19조 엔이었다. 앞으로 몇 년은 하이브리드의 비율이 늘어나겠지만, 전기차의 확산은 전통적인 엔진과 전장품, 전동 계열의 대당 부품 매출액을 크게 떨어뜨릴 수밖에 없다.

일본의 자동차 부품 총 출하 금액은 배터리, 모터의 출하 금액이 늘어나야 일정 수준을 유지할 수 있다. 그러나 엔진 관련 출하 금액은 2.4조 엔에서 1.8조 엔으로 30% 줄어들고 정보와 배터리 등의 전동차량용 부품을 제외한 전체 출하 금액도 18조 엔에서 15조 엔으로 20% 줄어들 것이라 예상된다. 2025년까지 천천히 회복하기는 하겠지만, 2030년을 기점으로 급격히 감소세로 돌아서 2035년까지는 절벽처럼 곤두박질칠 것으로 예상된다.

2023년 4월에 열린 토요타 새 체제 방침 설명회에서 토요타가 판매 대수 성장에 관해 천만 대부터 시작해 2030년까지 우상향하는 그래프를 제시하자, 이를 보고 안도하는 서플라이어가 많았다고 들었다. 이는 오해다. 원래 토요타의 세계 점유율은 하락할 리스크가 있

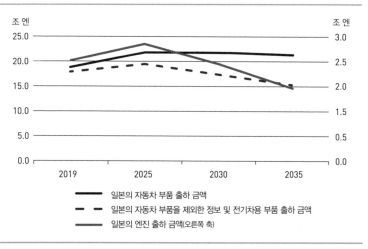

조 엔				조 엔

일본의 자동차 부품 출하 금액 예상(생산 감소 시나리오)
출처: 필자 작성

일본의 자동차 부품 출하 금액
일본의 자동차 부품을 제외한 정보 및 전기차용 부품 출하 금액
일본의 엔진 출하 금액(오른쪽 축)

는 데다가 배터리를 제외한 한 대당 부품 매출은 전기차의 확산으로 인해 확실히 감소로 돌아설 것이다. 2030년부터는 수주 급감 사태가 서플라이어를 덮칠 것이 틀림없다.

토요타의 하이브리드 전략을 따라가면 미래 사업을 지킬 수 있을 것이라는 신화만 믿고 생각하기를 멈춘 서플라이어가 일본에는 많다. 토요타는 분명 하이브리드를 끝까지 끌고 가려 할 것이다. 그러나 이에 안주하며 구조 전환을 게을리해서는 장래에 큰 부담이 될 수 있다. 또 토요타의 전기차 경쟁력을 키울 구조 개혁에 걸림돌이 될 수 있다. 토요타와 혼다 모두 진지하다. 이에 비해 서플라이어는 각오가 되어 있는 걸까?

자동차 부품산업은 구조 개혁을 추진해 성장을 기대할 수 없는 영역은 적극적으로 정리 통합하겠다는 기개를 가져야 한다. 이러한 사업 재편에 대해 비관적으로 여기거나 위축되어서는 안 된다. 저성장 사업이라도 창의적인 접근으로 그 가치를 높일 수 있다. 아무것도 하지 않고 서서히 빈털터리로 전락하다 보면 머지않아 막다른 골목에 다다르게 될 것이다.

과거의 도전자 정신을 기억하라

1990년대 일본 자동차 기업은 도전자의 입장이었다. 그 정신을 되살릴 때가 왔다. 당시만 해도 월드카와 정치적 압력으로 인해 일본 차의 기세는 위축됐지만, 그 위기를 극복하고 하이브리드의 성공과 함께 번영의 시대를 맞이했다. 그 원동력은 무엇이었나? 차근차근 성공을 향해 나아가면서 거칠어도 다양한 시행착오를 감내하며 개선에 매진하는 도전자 정신이 아니었던가? 일본 자동차 산업은 지금 테슬라가 전기차의 비용을 줄이기 위해 끊임없이 도전하고 있는 것처럼 우직하게 엔진의 열효율을 높이기 위해 달려왔다.

엔진 차의 성공 체험에 안주하며 전통적인 과정을 바꾸려 하지 않는 지금의 자동차 산업을 보면, 디지털화의 흐름에 뒤처져 스러진 일본 전기산업과 같은 운명이 느껴진다. 다행히 자동차는 가진만큼 단숨에 디지털화의 파고가 덮치지는 않을 것이다. 아직은 시간이 있다. 지금 바로 움직이면 일본 차도 훌륭한 전기차의 가치를 만들어 제공할 수 있다. 일본 차는 다시 한번 도전자의 자세로 전기차에 진지하게 임해야 한다.

토요타는 오래전부터 온갖 위기를 극복하고 여기까지 성장했다. 가장 큰 위기였던 2010년 품질 문제에서 회생하고 재차 발전할 수 있었던 것은 도요다 아키오의 14년 사장 재임 기간 내내 과거의 토요타다움을 되찾는 싸움에서 승리했기 때문이다.

그렇다면 앞으로의 리더는 누구를 상대로 무엇을 위해 싸워야 하는가? 전기차와 관련한 새로운 게임 규칙과 싸우고, 나아가 그 안에서 토요타다움을 발견하는 싸움이어야 한다. 과거의 성공 경험 중, 부정해야 할 부분은 부정하며 새로운 토요타에 변혁을 가져오는 싸움이어야 한다.

구조 개혁을 단행하려면 사내 그룹사들의 거센 저항에도 맞서야 한다. 토요타의 EV 전쟁. 신임 사장 사토 고지가 이끄는 새 체제는 결코 져서는 안 되는 싸움을 벌여야 한다.

처음으로 토요타를 제목에 붙인 졸저《토요타 대 폭스바겐》(국내 미출간-옮긴이)을 2013년에 세상에 내놓은 지 벌써 10년이 지났다. 그 사이 필자의 애널리스트 인생도 30년을 맞았다. 10년 전 책은 '하이브리드 대 디젤'이라는 엔진 차 내 전쟁 구도 속에서 토요타가 어떻게 하면 국제적 경쟁력을 회복할 수 있을지를 논한 책이었다. 당시 토요타는 판매 대수 성장주의, 토요타 표준을 떠받들며 표준화에 늦어져 비용 경쟁력과 품질이 모두 악화해 최대 위기를 맞고 있었다.

그러한 폭풍 속에 출범한 도요다 아키오 체제는 당초 경영 상태가 매우 불안했다. 그러나 TNGA 전략으로 훌륭하게 되살아났고, 지속 가능한 진정한 경쟁력을 추구하며 토요타를 세계에서 가장 성공한 자동차 기업으로 키워냈다. 한편, 지금의 토요타는 전기차 전략의 초동 대응이 늦어진 데다 조직 내 소통도 막힌 탓에 앞으로는 조직의 정체성을 개선해야 하는 과제가 눈앞에 있다.

이 책을 집필하면서 10년 전에 선보인《토요타 대 폭스바겐》을 다시 읽었다. 당시 필자가 토요타를 얼마나 냉혹하게 비판했는지를 재확인했다. 그리고 최근 토요타에 대한 시선이 지극히 무뎌진 자신을 반성했다.

필자는 일본 자동차 산업에 사상 최대의 위기가 닥쳤다고 인식하고 있다. 그리고 이는 업계 최고인 토요타의 위기이기도 하다. 세계적 강국의 파워 폴리틱이 장악해 버린 전기차와 SDV 게임에서 이기지 못하면 일본 자동차 산업뿐 아니라 일본 경제 전체의 미래에 먹구름이 드리우게 될 것이다. 이러한 위기의식 속에서 담담하게, 그러나 토요타에 다소 엄격하고 비판적인 관점을 유지하려 했다.

토요타는 필자를 응원단이라고 생각해 오지 않았을까 추측해 본다. 그런 응원단이 갑자기 엄격한 잣대를 들이대니 실망할지도 모른다. 필자는 애널리스트로서 항상 중립적인 관점에서 기업 가치를 높여 세계를 제패할 수 있는 기업만을 응원해 왔다. 지난 10년간 토요타를 응원한 것처럼 보인 이유도 토요타가 진정한 기업 가치를 창출해 냈기 때문이다.

이 책은 토요타를 다시 당당하게 응원할 수 있는 날을 기다리며 토요타가 직면할 위기를 극복했으면 하는 마음을 담아 썼다. 과거의 성공 경험과 토요타의 영광만을 기억하는 토요타와 토요타 그룹의 젊은 인재들이 꼭 읽어 주기를 바란다. 그리고 과감하게 구조 개혁에 나서기를 바란다. 토요타와 일본의 미래는 그런 인재들의 손에 달려 있다.

이 책을 구상하기 시작한 시점은 2022년 초였다. 2021년 말, 토요타가 전기차에 진심이라는 선언이 나온 뒤, 그에 따른 새로운 토요타의 전쟁에 관해 그릴 생각이었다. 그러나 처음부터 다시 기획해야 했다. 토요타의 전기차 전략이 날마다 균열을 일으킨다는 소식이 필자의 귀에 지속해서 들어왔기 때문이다. 그 후, 새 전기차 전략의 골격을 다루어 2023년 초에는 출판하겠다는 목표로 재차 구상에 들어갔는데 이번에는 전격적으로 사장이 교체되며 새 체제가 출범했다. 숨 돌릴 틈도 없이 새 방침 발표가 이어졌다. 구체적으로 드러나는 새 전략을 최대한 담을 수는 있었지만, 한 번도 경험한 적 없는 실시간 집필에 도전하는 계기도 되었다.

감사의 말

집필에 1년 반이나 걸렸지만, 많은 여러분의 협조 덕에 마무리할 수 있었다. 이 책에 등장한 자동차 기업, 자동차 부품회사 등의 IR, 홍보 담당자 여러분께는 큰 신세를 졌다. 이 자리를 빌려 깊이 감사드린다.

출판의 기회를 주신 고단샤BC의 이이호시 슌사쿠(飯干俊作) 님은 대단히 유익한 조언과 편집상 귀한 도움을 받았다. 깊이 감사드린다.

집필을 위한 자료 수집, 편집, 교열부터 잡무까지 도와준 우리 회사 인턴인 와세다대학교 대학원 기간이공학연구과의 조 가이키(張開旋) 씨, 같은 대학원 상학연구과의 요 슈(楊姝) 씨, 노스이스턴대학교 대학원의 사라 씨에게도 감사의 말씀을 전한다. IT 담당 가즈 씨, 제프리즈(Jefferies)증권 도쿄지점 조사부의 당 진훼이(鄧競飛) 씨, 오기노 시게미(荻野茂美) 씨에게도 신세를 졌다. 마지막으로 끊임없이 지지해준 가족과 친구들의 도움이 없었다면 집필을 마치지 못했을 것이다. 고맙게 생각한다.

모든 관계자들의 직함은 집필 당시의 직함이며 경칭은 생략했다.

2023년 7월

나카니시 다카키

주

1 「『トヨタbZ4X』でまさかの電欠!? 長距離試乗で実感した最新国産EVの実力と現在点」, 2022年6月10日. https://www.webcg.net/article/-/46473.

2 「EU, 35年以降もエンジン車販売容認 合成燃料利用で」, 日本経済新聞, 2023年3月25日. https://www.nikke.com/article/DGXZQOGR252US0V20C23A3000000/

3 「グローバル化・経済安全保障」, 通商政策局・貿易経済協力局, 2023年4月, https://www.meti.go.jp/shingikai/sankoshin/shin_kijiku/pdf/014_04_00.pdf.

4 『合成燃料(e-fuel)の導入促進に向けた官民協議会(日本自動車工業会)』. 一般社団法人日本自動車工業会, 2022年9月16日. https://www.meti.go.jp/shingikai/energy_environment/e-fuel/pdf/001_07_00.pdf.

5 「COP27を踏まえたパリ協定6条(市場メカニズム)解説資料」, 環境省, 2023年3月, https://www.env.go.jp/content/000060573.pdf. パリ協定では, すべての国が自国の温室効果ガスの排出削減目標(Nationally Determined Contribution: NDC)等を定めることが規定されている一方, 世界の温室効果ガスの排出削減を効率的に進めるため, パリ協定6条には, 排出を減らした量を国際的に移転する『市場メカニズム』が規定されている.

6 「GMの25年EV生産, 60万台下回る可能性 電池増産に遅れ=調査会社」, ロイター, 2023年5月18日. https://www.reuters.com/arlicle/gm-electric-

battery-idJPL4N37G0NW

7 「ディースCEOを事実上の解任 独VW新体制, EVシフトの行方は」, 日経ビジネス, 2022年8月3日, https://buisness.nikkei.com/arcl/NBD/19/depth/01514/?P=2.

8 「『山積課題の全体最適解探れ 危機克服への道筋』藤本隆宏 東京大学教授」, 日本経済新聞. 2021年1月7日. https://www.nikkei.com/article/DGXKZO67918950W1A100C2KE8000/.

9 「『なぜEVのこと知りたい?』トヨタ佐藤新社長, 逆質問の真意」. 日経ビジネス. 2023年4月21日, https://business.nikkei.com/atcl/gen/19/00109/042100211/?P=2.

10 「テスラインベスターディ」. Tesla. 2023年3月1日. https://www.youtube.com/warch?v=HllzEzVUV7w.

11 「Elon Musk Details 'Excruciating' Persona Toll of Tesla Turmoil」. The New York Times. 2018年8月16日. https://www.nytimes.com/2018/0/16/business/elon-musk-interview-tesla.html.

12 「CASE革命2030年の自動車産業」. 中西 孝樹. 日本経済新聞, 2018年.

13 「The Software-Defined Vehicle Enabling the Updatable Car」. 2021年7月. https://insight.sbdautomotive.com/rs/164-IYW-366/images/Preview%20-%20The%Software-defined%20Vehicle%20report.pdf.

14 「[なぜ]新型プリウスがリーズナブルになる? サブスク『KINTO』が仕掛ける新たな一手」, 2022年12月22日. https://newspicks.com/news/7909453/body/?ref=user_3481.

15 「『なぜEVのこと知りたい?』トヨタ佐藤新社長, 逆質問の真意」. 日経ビジネス. 2023年4月21日. https://business.nikkei.com/arcl/gen/19/00109/042100211/?P=2.

참고문헌

[도서]

湯進『中國のCASE革命=CASE Revolution in China:2035年のモビリティ未來図』日経BP日本経濟新聞出版本部,2021年

安井孝之『2035年「ガソリン車」消滅』青春出版社, 2021年

加藤康子, 池田直渡 岡崎伍朗『EV推進の罠:「脱炭素政策」の嘘』ワニブックス, 2021年

桑島浩彰, 川端由美『日本車は生き殘れるか』講談社, 2021年

中西孝樹『CASE革命:2030年の自動車産業』日本経濟新聞出版社, 2018年

中西孝樹『トヨタ對VW(フォルクスワーゲン):2020年の覇者をめざす最强企業』日本経濟新聞出版社, 2013年

深尾幸生『EVのリアル:先進地歐州が示す日本の近未來』日経BP 日本経濟新聞出版社, 2022年

黑川文子『自動車産業のESG戰略』中央経濟社, 2018年

佐伯靖雄『自動車電動化時代の企業経営』晃洋書房, 2018年

藤村俊夫『EVシフトの危険な未來 間違いだらけの脱炭素政策』日経BP, 2022年

片山修『豊田章男の覺惡:自動車産業グレート・リセットの先に』朝日新聞出版, 2022年

丸川知雄, 徐一睿, 穆堯芋編『高所得時代の中國経濟を讀み解く』東京大學出版會, 2022年

ジャック・ユーイング『フォルクスワーゲンの闇:世界制覇の野望が招いた自動車帝國の陷穽』譯者長谷川圭と吉野弘人, 日経BP社, 2017年

村澤義久『日本車敗北:「EV戰爭」の衝擊』プレジデント社, 2022年

[잡지·신문]

「ソフトで勝ち拔く ビークルOS時代の自動車戰略」『日経Automotive』2020年7月1日

「背水のホンダ」『東洋経齊』2023年2月11日

「EV産業革命」『東洋経齊』2021年10月9日

「マスク氏の微妙な戰略 テスラ値下げは吉か凶か」『THE WALL STREET JOURNAL』2023年5月2日

「製造業, 顧客との協働力磨け 日本企業, 復活できるか」藤本隆宏『日本経濟新聞』2022年4月4日

「米運輸省, 2026年モデル車の燃費を1ガロン49マイルとする新規則發表」『日本貿易振興機構』2022年4月6日

「トヨタ自動車のEVシフトに關して」『グリーンピース・ジャパン』2022年5月19日

「脱炭素化でトヨタが果たす役割に強く期待-グリーンピース, 積極的な對策求め本社前で訴え」『グリーンピース・ジャパン』2022年6月15日

「絶頂トヨタの眞實」『ダイアモンド』2022年3月5日

「再生可能エネルギーとEV拔きに日本の將來は描けない」小泉進次郎『中央公論』2021年3月

[웹사이트]

「〈自動車人物〉豊田英二…トヨタ中興の祖」.2014. GAZOO. https://gazoo.com/feature/gazoo-museum/car-history/14/03/20/（閲覽日2022年11月12日）.

「2050年カーボンニュートラルに伴うグリーン成長戦略を策定しました」.2020. 経済産業省.https://www.meti.go.jp/press/2020/12/20201225012/ 20201225012.html (閲覧日2020年12月26日).

「Big news from Mercedes-Benz, Volkswagen and Tesla」. 2023. Linkedin. https://www.linkedin.com/pulse/big-news-from-mercedes-benz-volkswagen-tesla-christof-horn (閲覧日2023年4月7日).

「Carbon Neutrality by 2050」. 2022. OICA. https://www.oica.net/wp-content/uploads/OICA-Position-Paper-on-Carbon-Neutrality-by-2050-NOV2022.pdf (閲覧日2022年12月2日).

「COP27を踏まえたパリ協定6條(市場メカニズム) 解説資料」.2023. 環境省 地球環境局 國際脱炭素移行推進・環境インフラ担当参事官室. https://www.env.go.jp/content/000060573.pdf (閲覧日2023年4月5日).

「Elon Musk Details 'Excruciating' Personal Toll of Tesla Turmoil」. 2018. The New York Times. (閲覧日2023年1月5日).

「EU, バッテリー規則案に政治合意, 2024年から順次適用へ」. 2022. JETRO. https://www.jetro.go.jp/biznews/2022/12/12e41e15f44c73df.html (閲覧日2023年1月5日).

「EVバッテリーの高電壓化の背景」.2022. Mapion. https://www.mapion.co.jp/ news/column/cobs2445584-1-all/ (閲覧日2022年8月4日).

「General Motors and Samsung SDI Plan to Invest More than $3 Billion to Expand U.S. Battery Cell Manufacturing」. 2023. GM Homepage. https://news.gm.com/newsroom.detail.html/Pages/news/us/en/2023/ apr/0426-samsungsdi.html (閲覧日2023年4月26日).

「GMの25年EV生産, 60万台下回る可能性 電池増産に遅れ=調査會社」. 2023. Reuters. https://www.reuters.com/article/gm-electric-battery-idJPL4N37G0NW (閲覧日2023年5月20日).

「Haru Oni: Base camp of the future」. 2021. Siemens Energy. https://www.

siemens-energy.com/global/en/news/magazine/2022/haru-oni.html
（閲覧日2023年3月1日）.

「Investor Day 2023」. 2022. GM Homepage. https://investor.gm.com/static-
files/374bb801-7774-44d3-9356-3fa708a393a5（閲覧日2023年12月1日）.

「Tesla FSD cost and price increase history」. 2022. not a tesla app. https://
www.notateslaapp.com/tesla-reference/958/tesla-fsd-price-increase-
history Kevin Armstrong.（閲覧日2022年6月5日）.

「Tesla Crashes on Full Self Driving BETA」. 2022. https://www.youtube.
com/watch?v=sbSDsbDQjSU&t=200s（閲覧日2022年2月15日）.

「The Software-Defined Vehicle Enabling the Updatable Car」. 2021.
SBD. https://insight.sbdautomotive.com/rs/164-IYW-366/images/
Preview%20-%20The%20Software-defined%20Vehicle%20report.pdf
（閲覧日2023年3月2日）.

「Volkswagen AG Annual Media and Analyst and Investor Conference
2023」. 2023. VWG Homepage. https://www.volkswagenag.com/
presence/investorrelation/publications/presentations/2023/03/ 2023-
03-14_VolkswagenAG_JPK_long_final.pdf（閲覧日2023年3月15日）.

「VW社長退場, 未完の『ミッションT』EV改革後退も」.2022. 日経モ
ビリティ.https://www.nikkei.com/prime/mobility/article/
DGXZQOGR234R90T20C22A7000000（閲覧日2022年10月31日）.

「自動車の持続可能な未来へ-自動車環境ガイド2022發表」. グリーンピ
ース・ジャパン. https://www.greenpeace.org/japan/campaigns/
story/2022/09/13/59187/（閲覧日2023年6月6日）.

「脱炭素化でトヨタが果たす役割に強く期待-グリーンピース, 積極的な對策求
め本社前で訴え」. グリーンピース・ジャパン. https://www.greenpeace.
org/japan/campaigns/press-release/2022/06/15/57696/（閲覧日2023年4
月4日）.

「クルマ作りを大変革するトヨタの『ソフトウェアファースト』とは」. 2023.
Response. https://response.jp/article/2023/02/21/367844.html?pickup-
text-list=2 (閲覧日2023年4月1日).

「ビジョナリーカンパニー3衰退の伍段階」. 日経BP. ジェームズ・C・コリンズ
と山岡洋一. 2010. (閲覧日2023年2月11日).

「シェフラーなど自動車業界10社で合弁會社Cofinity-Xを設立」. 2023. https://
kyodonewsprwire.jp/release/202302082789 (閲覧日2023年2月11日).

「タイタニック なんでハード・スターボードなの？」. 2021. ふなむしのひとり
ごと(2021). http://www.funamushi.jp/note/2021/note202102.html (閲覧
日2023年4月9日).

「AIの役割は人間の代替ではなく，人間の知能を擴張することだ」. デイビッド・
デ・クレーマーとガルリ・カスパロフ. 2021. Harvard Business Review.
(閲覧日2023年5月9日).

「テスラが明かした『モデル3』生産地獄の實態」. 2018. 東洋経濟オンライン.
https://toyokeizai.net/articles/-/208352 (閲覧日2023年5月12日).

「テスラを侮る人に知ってほしい(評価される譯)」.2021. 東洋経済オンライン.
https://toyokeizai.net/articles/-/422534 (閲覧日2023年5月5日).

「テスラ，次の一手は自動車生産の大変革『EV製造コストを半分に』」. 2023. 日経
ビジネス. https://business.nikkei.com/atcl/gen/19/00109/031700207/?P
=2 (閲覧日2023年4月5日).

「テスラ『次世代PFでサプライヤーさらに絞る』，コロナ禍の"惡夢"が教訓」.
2023. 日経BP. https://xtech.nikkei.com/atcl/nxt/column/18/02385/0322
00008/ (閲覧日2023年3月24日).

「トヨタ『bZ4X』東京-青森長距離走行で實感した『疑問』について考えてみる」.
2022. Car Watch. https://car.watch.impress.co.jp/docs/news/1296023.
html (閲覧日2023年3月10日).

「トヨタ自動車, 新体制を公表」. 2016. トヨタ. https://global.toyota/jp/detail/

11234112 (閱覽日2023年5月1日).

「トヨタ渾身のEV『bZ4X』でリコール′脱輪懸念の裏にねじ締結の設計変更」. 2023. 日経クロステック. https://xtech.nikkei.com/atcl/nxt/mag/nmc/18/00016/00046/?P=5 (閱覽日2023年3月3日).

「『なぜEVのこと知りたい?』トヨタ佐藤新社長, 逆質問の真意」. 2023. 日経ビジネス. https://business.nikkei.com/atcl/gen/19/00109/042100211/?P=2 (閱覽日2023年5月18日).

「液体水素を搭載した水素エンジンカローラ, スーパー耐久シリーズ第1戦鈴鹿大會は欠場も, 富士24時間レースに向けて挑戦を継續」. 2023. トヨタ. https://global.toyota/jp/newsroom/corporate/38934532.html?adid=ag478_mail&padid=ag478_mail (閱覽日2023年3月19日).

「歐州EVに地盤沈下不安 米中攻勢のはざまで打つ手なし」. 2023. 産経新聞. https://www.itmedia.co.jp/business/articles/2303/26/news033_2.html (閱覽日2023年3月27日).

「[核心]トヨタの『死』について議論しよう」. NEWSPICKS. 2019. https://newspicks.com/news/3613786/body/ (閱覽日2022年4月5日).

「現代自動車, 2030年までに國內EV産業に2.4兆円を投資」. 2023. 日経Automotive. https://xtech.nikkei.com/atcl/nxt/news/18/14988/?P=2 (閱覽日2023年4月15日).

「顧客が求めるものを提供するトヨタ生産方式(TPS)」. 2023. monorevo. https://monorevo.jp/ (閱覽日2023年4月16日).

「國境炭素調整で歐米連携か」. 2021. 日経新聞. https://www.nikkei.com/article/DGKKZO69172610X10C21A2EA1000/ (閱覽日2023年4月5日).

「自動運轉システムの訓練に特化′テスラの獨自チップから見えた″クルマの未來″」. 2021. wired. https://wired.jp/2021/09/14/why-tesla-designing-chips-train-self-driving-tech/ (閱覽日2022年9月16日).

「自動走行の實現及び普及に向けた 取組報告と方針」. 2023. 自動走行ビジネ

ス檢討會. https://www.meti.go.jp/policy/mono_info_service/mono/automobile/jido_soko/pdf/20230428_houkokusyo.pdf（閲覽日2023年4月29日）.

「小泉環境相が見た首相決斷『脫炭素』へのルビコン」. 2020. 日本經濟新聞. https://www.nikkei.com/article/DGXZQOGH071NQ0X01C20A2000000/（閲覽日2022年11月1日）.

「第18回『自動車業界におけるクラウドネイティブ技術の活用例』」. 2022. BM. https://www.ibm.com/blogs/solutions/jp-ja/container-cocreation-center-18/（閲覽日2022年11月1日）.

「第二百三回國會における菅內閣總理大臣所信表明演說」. 2020. 首相官邸. https://www.kantei.go.jp/jp/99_suga/statement/2020/1026shoshinhyomei.html（閲覽日2020年10月27日）.

「電氣自動車はガソリン車より石油消費量が多いのか？」. 2013. スマートジャパン. https://www.itmedia.co.jp/smartjapan/articles/1307/12/news107_2.html（閲覽日2022年12月1日）.

「製造業, 顧客との協働力磨け 日本企業, 復活できるか」. 藤本隆宏. 2022. 日本經濟新聞. https://www.nikkei.com/article/DGXZQOCD251L60V20C22A3000000/（閲覽日2023年4月1日）.

「日米通商交涉の歷史(槪要)」. 2012. 外務省. https://www.mofa.go.jp/mofaj/gaiko/tpp/pdfs/j_us_rekishi.pdf（閲覽日2022年11月15日）.

「日本自動車工業會ホームページ記者會見」. 2022. 日本自動車工業會. https://www.jama.or.jp/release/press_conference/2022/1331/（閲覽日2023年3月1日）.

「配屬ガチャで『氣絶しそうに』人事に泣いたトヨタ新社長の人づくり」. 2023. 日経ビジネス. https://business.nikkei.com/atcl/gen/19/00109/042100212/（閲覽日2023年5月6日）.

「Catena-X(カテナ-X)とは? 歐州自動車業界の『カーボンニュートラル戰略』最

新動向」. 福本 勳. 2021. 東芝. https://www.sbbit.jp/article/cont1/76153（閲覧日2023年4月5日）.

「米環境保護廳が自動車排ガスの新規制案を發表, 2032年までに2026年比56%の削減を要求」. 2023. JETRO. https://www.jetro.go.jp/biznews/2023/04/81f90adffd8cec8c.html（閲覧日2023年4月22日）.

「利益でVWに勝ち續けるトヨタの秘密〜開發組織ZのHWPM. 組織と勞働〜」. 野村 俊郎. 2015. https://core.ac.uk/download/pdf/235019048.pdf（閲覧日2023年5月15日）.

세계 1위 토요타, 전기차 전략의 위기와 도전

토요타 EV 전쟁

초판 1쇄 인쇄 | 2024년 7월 22일
초판 1쇄 발행 | 2024년 7월 30일

지은이 | 나카니시 다카키
옮긴이 | 정문주
펴낸이 | 전준석
펴낸곳 | 시크릿하우스
주소 | 서울특별시 마포구 독막로3길 51, 402호
대표전화 | 02-6339-0117
팩스 | 02-304-9122
이메일 | secret@jstone.biz
블로그 | blog.naver.com/jstone2018
페이스북 | @secrethouse2018
인스타그램 | @secrethouse_book
출판등록 | 2018년 10월 1일 제2019-000001호

ISBN 979-11-92312-98-9 03320

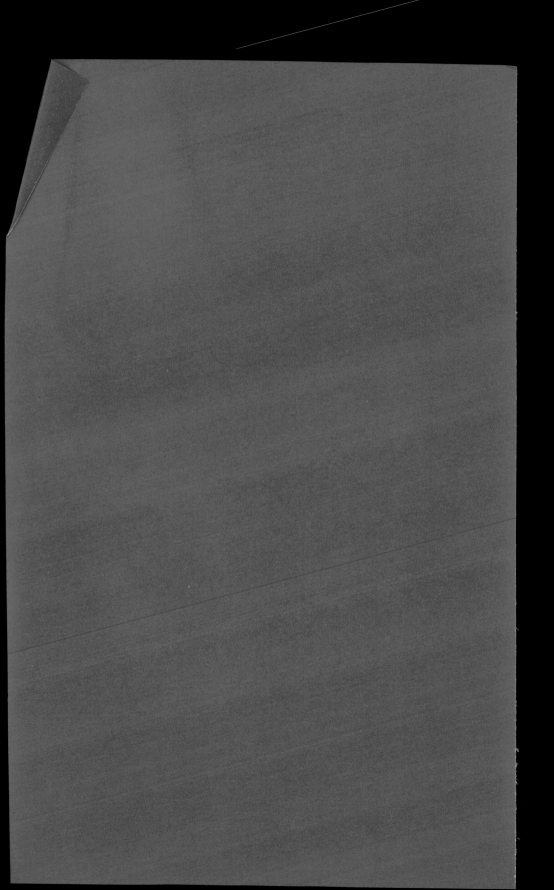